NH농협은행

5회분 실력평가 모의고사

NH농협은행 필기시험
5회분 실력평가 모의고사

개정판 1쇄 발행   2023년 01월 13일
개정 2판 1쇄 발행   2024년 01월 08일

편 저 자 │ 취업적성연구소
발 행 처 │ (주)서원각
등록번호 │ 1999-1A-107호
주　　소 │ 경기도 고양시 일산서구 덕산로 88-45(가좌동)
대표번호 │ 031-923-2051
팩　　스 │ 031-923-3815
교재문의 │ 카카오톡 플러스 친구 [서원각]
홈페이지 │ goseowon.com

PREFACE

농협은 은행업, 보험업, 무역업, 농산물 유통업, 가공업, 교육지도사업, 영농자재업 등 다양한 사업을 전개하고 있습니다. 본인의 적성에 맞는 분야를 선택하여 능력을 발휘할 수 있다는 점이 매력적이며 연고지 및 희망지에서 지역사회발전을 위해 일할 수 있고, 공익 지향적 사업을 추구하므로 일에 대한 가치와 보람을 느낄 수 있다는 장점이 있습니다. 또한 비교적 안정적인 직장이라는 인식에 취업준비생들에게 큰 매력을 느끼게 해줍니다.

광범위한 필기시험 준비에 적지 않은 부담을 느낄 것으로 생각됩니다. 본서는 농협은행 필기을 준비하는 수험생 여러분의 부담을 덜기 위해 기획하게 되었습니다.

서류전형 이후에 당락의 결정적인 영향을 주는 필기시험은 출제범위 파악이 어렵고 무엇을 공부해야할지 갈피를 잡기 어렵기도 합니다. 시험 출제유형은 지속적으로 매번 변화하고 있고 예상치 못한 문제가 출제되는 것이 농협은행의 필기시험의 특징 중에 하나입니다.

이러한 시험을 적절하게 대비할 수 있도록 본서는 다음과 같이 구성하였습니다.

- 직무능력평가 45문항(의사소통능력, 문제해결능력, 수리능력, 정보능력)을 수록하였습니다.
- 직무상식평가 25문항 공통분야/일반분야/IT분야로 구분하여 수록하였습니다.
- 가장 최근 농협 기출시험 키워드를 토대로 일부 복원하여 모의고사를 수록하였습니다.

자신이 노력했던 땀과 열정을 결과로 보상받기 위해서는 끝까지 노력하여야만 합니다. 마지막까지 자신을 믿고, 노력하는 수험생 여러분을 위해 힘이 되는 교재가 되길 바랍니다.

STRUCTURE

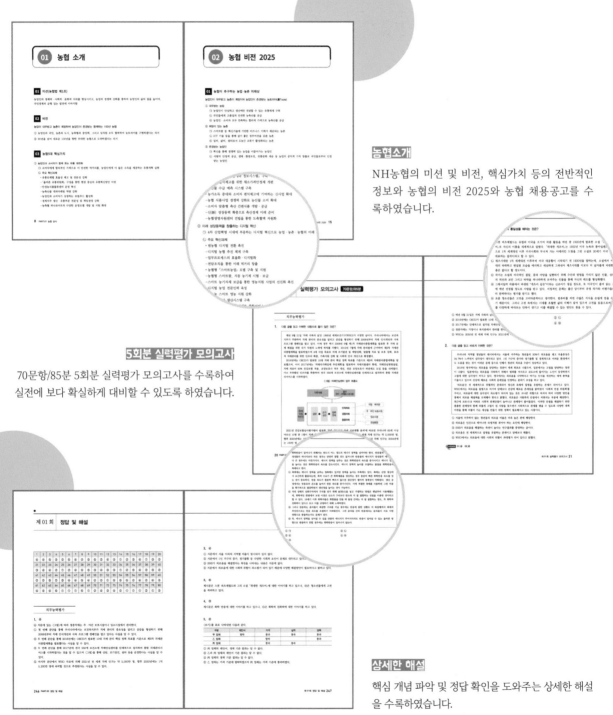

농협소개

NH농협의 미션 및 비전, 핵심가치 등의 전반적인
정보와 농협의 비전 2025와 농협 채용공고를 수
록하였습니다.

5회분 실력평가 모의고사

70문항/85분 5회분 실력평가 모의고사를 수록하여
실전에 보다 확실하게 대비할 수 있도록 하였습니다.

상세한 해설

핵심 개념 파악 및 정답 확인을 도와주는 상세한 해설
을 수록하였습니다.

CONTENTS

PART 01

농협상식

01 농협 소개

01 미션(농협법 제1조)

농업인의 경제적 · 사회적 · 문화적 지위를 향상시키고, 농업의 경쟁력 강화를 통하여 농업인의 삶의 질을 높이며, 국민경제의 균형 있는 발전에 이바지함

02 비전

농업이 대우받고 농촌이 희망하며 농업인이 존경받는 함께하는 100년 농협

① 농업인과 국민, 농촌과 도시, 농축협과 중앙회, 그리고 임직원 모두 협력하여 농토피아를 구현하겠다는 의지
② 60년을 넘어 새로운 100년을 향한 위대한 농협으로 도약하겠다는 의지

03 농협5대 핵심가치

① 농업인과 소비자가 함께 웃는 유통 대변화
　　㉠ 소비자에게 합리적인 가격으로 더 안전한 먹거리를, 농업인에게 더 많은 소득을 제공하는 유통개혁 실현
　　㉡ 주요 혁신과제
　　　• 유통단계별 효율성 제고 및 전문성 강화
　　　－「올바른 유통위원회」 구성을 통한 현장 중심의 유통혁신방안 마련
　　　－안성농식품물류센터 운영 혁신
　　　－농축산물 대외마케팅 역량 강화
　　　－농업인과 소비자가 상생하는 로컬푸드 활성화
　　　－경제지주 생산 · 유통부문 전문성 및 책임경영 강화
　　　－농축협 하나로마트의 다양한 운영모델 개발 및 지원 확대

- 선제적 수급 및 가격 안정 시스템 구축
  - -10대 농작물 「수급예측 정보시스템」 구축
  - -농업인 실익제고를 위한 채소가격안정제 개편
  - -축산물 수급 예측 시스템 구축
- 농가소득 증대와 소비자 편익제고에 기여하는 신사업 확대
  - -농협 식품사업 경쟁력 강화로 농산물 소비 확대
  - -소비자 맞춤형 축산 간편식품 개발·공급
  - -신(新) 성장동력 확충으로 축산경제 미래 준비
  - -농협생명자원센터 건립을 통한 도축혈액 자원화

② 미래 성장동력을 창출하는 디지털 혁신
  ㉠ 4차 산업혁명 시대에 부응하는 디지털 혁신으로 농업·농촌·농협의 미래 성장동력 창출

  ㉡ 주요 혁신과제
  - 범농협 디지털 전환 촉진
    - -디지털 농협 추진 체계 구축
    - -업무프로세스의 효율화·디지털화
    - -전담조직을 통한 미래 먹거리 창출
  - 농협형 「스마트농업」 모델 구축 및 지원
    - -농협형 스마트팜, 자동 농기계 시험·보급
    - -스마트 농기자재 보급을 통한 영농지원 사업의 선진화 촉진
    - -디지털 농업 전문인력 육성
    - -중소농 스마트 영농 지원 강화
    - -스마트 축산 생산시스템 구축
    - -축산 부문 빅데이터 연계로 종합서비스 제공
  - 온라인/빅데이터 기반 농협 유통 신모델 개발
    - -온라인 쇼핑몰 경쟁력 강화
    - -온라인 농산물거래소 개설을 통한 유통환경 변화 대응
    - -소매유통 빅데이터를 활용하여 대고객 마케팅 혁신
  - 디지털 플랫폼 기반 스마트 금융 확산
    - -디지털 금융 혁신으로 상호금융 미래 경쟁력 강화
    - -이동형 점포, 태블릿 점포 확대를 통한 농축협 마케팅 채널 다변화
    - -농협금융 통합 빅데이터 플랫폼 구축
    - -디지털 대표 금융상품 개발 및 서비스 개선

③ 경쟁력 있는 농업, 잘사는 농업인

  ㉠ 농업인 영농지원 강화 등을 통한 농업경쟁력 제고로 농업인 소득 증대 및 삶의 질 향상

  ㉡ 주요 혁신과제

  • 농업 경쟁력 강화를 위한 농협 경제사업 모델 내실화

  − 국제협정 대비 「농업 경쟁력 강화 방안」 마련

  − 농기자재 가격경쟁력 제고 및 적기 · 적소 공급

  − 농기계 및 자재센터 지원 확대를 통한 농작업 효율화 도모

  − 농업인 시설부담 완화를 위한 농기계 리스 확대

  − 한우산업 구심체로서의 축산경제 역량 강화

  − 농협 종돈사업 혁신

  • 농업인 실익 확대를 위한 지도 · 지원 사업 강화

  − 「농업인 소득안정제도」 확대 도입 추진

  − 농업인 실익증대 상호금융 상품 개발

  − 농가 경영안정성 제고를 위한 재해 피해 지원 확대

  − 공동방제단 운영 고도화로 가축 방역역량 강화

  • 농축협 경쟁력 강화를 통한 농업인 소득 간접 지원

  − 농촌 여건을 반영한 조합원 관련 제도 개선 추진

  − 농축협 금융점포 모범 모델 개발 및 보급

  − 「금융사업 공동점포」 설립 · 운용

  − 농축협 지속가능 경영기반 마련을 위한

  • 다양한 운용수단 제공

  − 농축협 여유자금 외부운용 지도 · 지원 기능 강화

  − 농축협 맞춤형 리스크관리 지원 체계 강화

④ 지역과 함께 만드는 살고 싶은 농촌

  ㉠ 지역사회의 구심체로서 지역사회와 협력하여 살고 싶은 농촌 구현 및 지역경제 활성화에 기여

  ㉡ 주요 혁신과제

  • 청년, 여성 등 농업 · 농촌의 미래 주체 육성 지원

  − 청년 농업인 육성을 위한 교육 및 영농정착 지원

  − 여성조합원 지원 확대를 위한 제도 개선 추진

  − 농업인 · 농식품기업 컨설팅 지원 확대

  • 농촌 삶의 질 제고를 위한 지원 확대

  − 조합원 복지사업의 효율화 · 내실화

  − 농협형 케어팜(치유농장) 도입 및 육성

  − 농촌 · 농업인 특화 금융상품 개발

  − 친환경축산 종합대책 마련 및 역점 추진

- 지역과의 협력 · 연대 강화
  - 지자체 협력사업을 통한 농업인 영농지원 확대
  - 농정활동 협력 강화(농업의 공익적 가치 헌법반영, 고향사랑기부제 추진 등)
  - 조합장의 지역본부 대표(농정) 기능 수행
  - 품목별 · 지역별 자율성 강화를 위한 조합상호지원자금 지원체계 개편
  - 예산 배정과 사업시행을 지역 균형적으로 배정
  - 도농상생을 위한 「농축협 균형발전위원회」 운영 내실화

⑤ 정체성이 살아 있는 든든한 농협
  ㉠ 농협의 정체성 확립과 농업인 실익 지원 역량 확충을 통해 농업인과 국민에게 신뢰받는 농협 구현
  ㉡ 주요 혁신과제
  - 농업인과 농축협 중심의 사업 추진체계 개편
    - 중앙회와 농축협 간의 소통경영 강화
    - 농 · 축 · 원예 · 인삼협별 1개 숙원사업 해결
    - 농축협 운영 효율화를 위한 제도 개선
    - 농축협 경제사업을 품목별로 재편하여 지원 강화
    - 중앙회장 직선제 도입 추진
    - 축산부문의 독립성 유지 및 발전방안 마련
  - 농협의 견고한 재무구조 확립을 위한 혁신방안 수립
    - 중앙회 재무구조 개선(차입금 감축 실행방안 마련 · 추진)
    - 상호금융 조직 강화 및 수익성 제고
  - 사업경쟁력 강화를 위한 사업 체계 혁신 · 범농협 시너지 제고
    - 모든 계열사, 시장 1등 상품 시현
    - NH멤버스 기반 확대 및 활성화
    - 범농협 공동투자 활성화를 위한 CIB 확대
    - 농협금융 글로벌 진출(금융거점) 확대
    - 축협과 농협사료 간에 배합사료 공동사업 추진
    - 범농협 수출 강화를 위한 개도국 및 국제 협동조합과의 협력 확대
  - 공정과 소통이 넘치는 수평적 조직문화 구현
    - 대내외 소통경영을 위한 자문기구 운영
    - 경험과 전문성이 풍부한 인력 중심 인사
    - 임직원 직무교육 강화 등 교육원 운영 개선
    - 임직원간 다양한 소통의 기회 마련

04 농협이 하는 일

① **교육지원부문** : 농업인의 권익을 대변하고 농업 발전과 농가 소득 증대를 통해 농업인 삶의 질 향상에 도움을 주고 있다. 또한 또 하나의 마을 만들기 운동 등을 통해 농업·농촌에 활력을 불어넣고 농업인과 도시민이 동반자 관계로 함께 성장·발전하는데 기여하고 있다. 교육지원 사업으로는 농·축협 육성·발전지도·영농 및 회원 육성·지도, 농업인 복지증진, 농촌사랑·또 하나의 마을 만들기 운동, 농정활동 및 교육사업·사회 공헌 및 국제 협력 활동 등이 있다.

② **경제부문** : 농업인이 영농활동에 안정적으로 전념할 수 있도록 생산·유통·가공·소비에 이르기까지 다양한 경제사업을 지원하고 있다. 경제사업 부문은 크게 농업경제부문과 축산경제 부문으로 나누어지며, 농축산물 판로확대, 농축산물 유통구조 개선을 통한 농가소득 증대와 영농비용 절감을 위한 사업에 주력하고 있다.

    ㉠ **농업경제사업** : 영농자재(비료, 농약, 농기계, 면세유 등) 공급, 산지유통혁신, 도매사업, 소비자유통 활성화, 안전한 농식품 공급 및 판매

    ㉡ **축산경제사업** : 축산물 생산, 도축, 가공, 유통, 판매사업, 축산지도(컨설팅 등), 지원 및 개량 사업, 축산 기자재(사료 등) 공급 및 판매

③ **금융부문** : 농협의 금융사업은 농협 본연의 활동에 필요한 자금과 수익을 확보하고, 차별화된 농업금융 서비스 제공을 목적으로 하고 있다. 금융사업은 시중 은행의 업무 외에도 NH카드, NH보험, 외국환 등의 다양한 금융서비스를 제공하여 가정경제에서 농업경제, 국가경제까지 책임을 다해 지켜나가는 우리나라의 대표 금융기관이다.

    ㉠ **상호금융사업** : 농촌지역 농업금융 서비스 및 조합원 편익 제공, 서민금융 활성화

    ㉡ **농협금융지주** : 종합금융그룹(은행, 보험, 증권, 선물 등)

05 농협의 역사

① 1961년 종합농협으로 출범, 우리 농업·농촌과 함께 성장한 대한민국 대표 협동조합

② 2000년에 분산되어 있던 농업협동조합중앙회, 축산업협동조합중앙회 및 인삼업협동조합중앙회를 통합, 통합 농협중앙회체계 구축

③ 2011년 창립 50주년에 농협법 개정을 통한 경제사업과 신용사업 체제를 전문화, 지역 농축협과 농업인들의 실질적인 권익을 향상시킬 수 있는 역량 강화

④ 2012년 3월 2일 개정된 농협법에 따라 새롭게 출발

⑤ 2020년 5월 농협, 새로운 100년을 향한 비전 2025 선포식 개최

06 농업·농촌 그리고 농협

① **1960년대 식량증산을 달성** : 1962년 정부는 농협이 비료와 농약을 전담 공급하도록 하여 영농자재를 편리하게 공급하고 시비 합리화, 경종법 개선, 병충해 방제 등 식량 증산을 위한 지도사업을 적극 추진하였다.

② **1970년대 농촌경제 발전에 기여**

　　㉠ **마을운동 활성화** : 새마을교육지원, 협동새마을육성, 마을식량증산지원, 마을환경개선, 새마을 소득종합개발 등 농협을 주축으로 추진하였다. 1972년에는 농협대학에 새마을지도자 양성을 위한 독농가연수원을 설립, 1973년에는 새마을지도자연수원으로 변경하고 전문적인 역량을 지닌 지도자를 양성하였다.

　　㉡ **상호금융 도입 및 연쇄점 개설** : 1970년 연쇄점 방식의 현대식 소매점을 개설하여 농가가 생활물자를 저렴하게 구입할 수 있도록 하였으며, 1973년부터 농어촌 1조 원 저축운동을 추진하여 목돈 마련의 기회를 제공하였다. 이는 농가 가계비 절감과 농촌 물가 안정에 크게 기여하였다.

③ **1980년대 농업생산성 향상과 영농지도** : 농기계 구입 자금융자 확대 및 농기계 공동이용사업을 추진하여 농업기계화를 촉진하였고, 1983년 단위농협에 영농지도원을 확보하여 농업경영, 지역농업종합개발계획, 복합영농사업, 농산물유통지도, 출하지도 업무를 전담하게 하여 농가소득 증대를 도모하였다.

④ **1990년대 농·축산물 시장개방에 대응**

　　㉠ 협상으로 농·축산물 시장이 개방되자 1991년 쌀 수입 개방 반대 범국민 서명운동과 함께 신토불이, 농토불이 구호와 함께 우리농촌 살리기 운동을 전개하였다.

　　㉡ 1998년 기존 도매기능에 저장, 소포장, 집배송, 소매기능을 통합한 농산물 물류센터를 전국에 설치하여 유통단계를 축소하고 불필요한 유통비용을 절감하였으며, 미곡종합처리장과 산지유통센터 등을 확충하여 농·축산물 시장과 유통시장 개방에 대응하였다.

⑤ **2000년대 통합농협으로 농업인·국민 곁에** : 2000년 7월 농·축·인삼협 중앙회를 하나로 통합하여 사업 규모를 확대하고 농업인에게 다양한 지원이 가능하게 되었다. 2004년 농협문화복지재단을 설립하여 장학사업과 복지사업을 체계적으로 전개하였다. 또한 농·축산물 안전에 대한 관심이 대두되면서 농업과 농촌의 중요성에 대한 범국민적 공감대 형성하기 위하여 농촌사랑운동을 전개하였다.

⑥ **2010년대 사업전문성을 강화, 농업인 실익 지원을 확대** : 2012년 사업 부문별 전문성 및 효율성 강화를 위한 사업구조 개편이 실시되었다. 산지유통 혁신, 도매물류 인프라 구축, 소비지 유통망 확충과 농협로컬푸드직매장 등의 직거래 사업을 추진하였으며 6차 산업 지원과 함께 농업인 행복콜센터를 비롯한 다양한 농촌복지 사업을 전개하였다. 또한 농업·농촌 가치에 대한 국민 공감대를 높이기 위해 전개된 운동은 38일 만에 1,153만 8,570명의 국민이 서명에 동참하였다.

07 농업·농촌 그리고 농협

① 새농민운동(1965년~현재)

② 신토불이 운동(1989년)

③ 농토불이 운동(1996년~2002년)

④ 농촌사랑운동(2003년~현재)

⑤ 식사랑 농사랑 운동(2011년~2015년)

⑥ 또 하나의 마을 만들기(2016년~현재)

⑦ 국민과 함께 하는 도농상생 활성화(2020년~현재)

02 농협 비전 2025

01 농협이 추구하는 농업·농촌 미래상

농업인이 대우받고 농촌이 희망이며 농업인이 존경받는 농토피아(農Topia)

① 대우받는 농업
    ㉠ 농업인이 안심하고 생산에만 전념할 수 있는 유통체계 구축
    ㉡ 국민들에게 고품질의 안전한 농축산물 공급
    ㉢ 농업인·소비자 모두 만족하는 합리적 가격으로 농축산물 공급

② 희망이 있는 농촌
    ㉠ 스마트팜 등 혁신기술에 기반한 비즈니스 기회가 제공되는 농촌
    ㉡ ICT 기술 등을 통해 살기 좋은 정주여건을 갖춘 농촌
    ㉢ 일터, 삶터, 쉼터로서 도농간 교류가 활성화되는 농촌

③ 존경받는 농업인
    ㉠ 혁신을 통해 경쟁력 있는 농업을 이끌어가는 농업인
    ㉡ 식량의 안정적 공급, 생태·환경보전, 전통문화 계승 등 농업의 공익적 가치 창출로 국민들로부터 인정받는 농업인

02 새로운 100년을 향한 농협의 지속가능한 성장의지

새로운 100년 지속가능 성장농협

① 창의적 · 혁신적 성장
  ㉠ 유통 및 디지털 혁신
  ㉡ 미래 먹거리 창출

② 내실 있는 성장
  ㉠ 협동조합 정체성 강화
  ㉡ 안정적 경영기반 구축

03 포용과 상생의 가치

① 농업 · 농촌의 여건 변화
  ㉠ 농업의 공익적 가치 인식 확산 → 농촌과 도시의 조화
  ㉡ 식품안전, 농촌의 휴식공간 관심 증대 → 농업인과 소비자의 상생

② 농정의 틀 대전환
  ㉠ 지속가능성, 포용성 강조 → 사람과 환경의 공존
  ㉡ 자치분권-지역 중심의 농정 확대 → 지역사회 공동체 협력

③ 사회적 가치 변화
  ㉠ 동반성장, 사회적 경제 활성화 → 계층간 · 지역간 균형
  ㉡ 기업의 사회적 역할 중요성 증대 → 공공 및 취약계층 배려

④ 시장환경 변화
  ㉠ 4차 산업혁명 시대의 본격화 → 혁신성장 기술의 융합
  ㉡ 소비트렌드 및 고객니즈의 다양화 → 금융과 유통의 융복합

⑤ 키워드 : 포용 · 상생 · 조화 · 공존 · 협력 · 균형 · 배려 · 융합 → 함께

03 농협 채용

01 농협의 인재상

① **시너지 창출가** : 항상 열린 마음으로 계통간, 구성원간에 존경과 협력을 다하여 조직 전체의 성과가 극대화될 수 있도록 시너지 제고를 위해 노력하는 인재

② **최고의 전문가** : 꾸준히 자기계발을 통해 자아를 성장시키고, 유통·금융 등 맡은 분야에서 최고의 전문가가 되기 위해 지속적으로 노력하는 인재

③ **정직과 도덕성을 갖춘 인재** : 매사에 혁신적인 자세로 모든 업무를 투명하고 정직하게 처리하여 농업인과 고객, 임직원 등 모든 이해관계자로부터 믿음과 신뢰를 받는 인재

④ **행복의 파트너** : 프로다운 서비스 정신을 바탕으로 농업인과 고객을 가족처럼 여기고 최상의 행복 가치를 위해 최선을 다하는 인재

⑤ **진취적 도전가** : 미래지향적 도전의식과 창의성을 바탕으로 새로운 사업과 성장동력을 찾기 위해 끊임없이 변화와 혁신을 추구하는 역동적이고 열정적인 인재

02 채용절차

① **지원서 작성** : 채용 공고문을 확인하고 접수 기간 안에 지원서와 자기소개서를 작성한다. 허위작성을 하거나 불성실하게 작성하면 불이익이 있을 수 있다.

② **서류전형** : 전공, 학점, 어학능력, 자격증, 봉사활동, 자기소개서 등의 기본자질을 심시한다.

③ **필기전형** : 인·적성 및 직무능력검사를 중심으로 한다.
　　㉠ **인·적성검사** : 업무태도/대인관계/문제해결능력 등 성격특성 요인을 측정하여 채용에 적정성 여부를 판단한다.
　　㉡ **직무능력검사** : 농협의 업무능력, 채용수준 등을 감안하여 언어능력, 계산능력, 추진력, 판단력, 창의력 등 직무에 필요한 능력을 측정한다.

④ **면접전형** : 농협이 추구하는 인재상에 부합하는지, 잠재역량, 열정 등을 평가한다.

⑤ **신체검사, 최종합격 및 배치**

PART

02

실력평가 모의고사

직무능력평가

1. 다음 글을 읽고 이해한 내용으로 옳지 않은 것은?

> 매년 9월 21일 '치매 극복의 날'은 1995년 세계보건기구(WHO)가 지정한 날이다. 우리나라에서는 보건복지부가 주관하여 치매 관리의 중요성을 알리고 공감을 형성하기 위해 2008년부터 치매 인식개선과 극복 프로그램 캠페인을 열고 있다. 이에 정부 역시 2008년 9월 제1차 치매관리종합계획을 발표한 후 치매 문제 해결을 위한 국가 차원의 노력에 박차를 가했다. 2012년 7월에 치매 관리법에 근거하여 제2차 치매관리종합계획을 발표하였으며 4대 사업 목표로 치매 조기발견 및 예방강화, 맞춤형 치료 및 보호 강화, 효과적 치매관리를 위한 인프라 확충, 가족지원 강화 및 사회적 인식 개선으로 확정했다.
>
> 2016년에는 OECD가 발표한 10대 치매 관리 핵심 정책 목표를 기준으로 제3차 치매관리종합계획을 발표했으며, 이어 2017년에는 '치매국가책임제 추진계획'을 발표하여 치매지원센터 확대, 치매안심병원설립, 치매 의료비 90% 건강보험 적용, 요양보호사 처우 개선, 전문 요양보호사 파견제도 도입 등을 내세웠다. 다소 부족했던 인프라를 확충하여 전국 256개 보건소에 치매안심센터를 단계적으로 설치하여 통합 치매관리서비스를 시작하였다.
>
> 〈그림〉 치매안심센터 업무 흐름도
>
>
> 2021년 건강보험심사평가원이 발표한 '치매 경도인지 장애 진료현황 분석'에 따르면 우리나라 65세 이상 어르신 10명 중 1명이 치매 환자이며, WHO 자료에 따르면 2021년 전 세계 치매 인구는 약 5,000만 명, 향후 2050년에는 1억 5,200만 명에 육박할 것으로 추정된다. 우리나라 65세 이상 치매 인구는 2024년에는 100만 명, 2050년에는 300만 명을 넘어설 것이라는 예상이다.

풀이종료시간 : [   ] – [   ]
풀이소요시간 : [   ]분 [   ]초

① 매년 9월 21일은 치매 극복의 날로 세계보건기구가 지정한 날에 해당한다.
② 2016년에는 OECD가 발표한 10대 치매 관리 핵심 정책 목표를 기준으로 치매관리종합계획이 발표됐다.
③ 2017년에는 단계적으로 설치된 치매안심센터는 치매에 관한 상담, 조기검진, 쉼터 등을 운영하고 있다.
④ 경증치매는 가정이나 복지관에서 관리를 한다.
⑤ WHO는 2050년 전 세계 치매 인구는 2021년에 비해 세 배 넘게 증가할 것으로 추정한다.

2. 다음 글을 읽고 바르게 이해한 것은?

> 우리나라 지역별 청년들의 데이터에서는 서울에 거주하는 청년들의 20%가 외로움을 겪고 우울증상은 34.7%가 느끼면서 심각성이 대두되고 있다. 1인 가구의 증가와 경기불황 및 경제적으로 어려운 환경에서도 도움을 받는 것이 어려운 문제 등으로 인해서 청년의 외로움 수준이 상승하고 있다.
>
> 2018년 영국에서는 외로움을 담당하는 장관이 세계 최초로 나왔으며, 일본에서는 고립을 담당하는 장관이 나왔다. 일본에서는 외로움을 극복하기 위해서 범죄를 저지르고 교도소에 들어가는 노인이 등장하면서 고립에 대한 심각성이 커지고 있다. 영국에서는 외로움을 나약하다고 여기는 인식을 개선하는 데에 총력을 기울이고 있으며 건강에 해로운 사회적 문제임을 인정하는 분위기 조성을 하고 있다.
>
> '외로움'은 전 세계적으로 위협적인 존재되어 정신과 육체에 질병을 유발하는 존재가 되어가고 있다. WHO에서는 외로움을 질병으로 여기며 담배보다 건강에 해로운 존재임을 밝히면서 '사회적 연결 위원회'를 꾸리고, 외로움에 대한 심각성이 과소평가 되어져 있는 것은 크나큰 위협으로 여겨야 하며 다양한 방안을 통해서 외로움 해결책을 모색해야 한다고 밝혔다. 외로움은 사람과의 단절에서 비롯되는 부분에 해당한다. 최근에 코로나19 여파로 사회적 관계단절이 늘어나고 관계망이 줄어들었다. 이러한 단절을 해결하기 위한 촘촘한 관계망과 함께 외롭게 고립이 된 사람을 찾으면서 사회적으로 관계를 맺을 수 있도록 다양한 대책 마련을 통해 더불어 가는 세상을 만들기 위한 정책이 필요해지고 있는 시점이다.

① 서울에 거주하지 않는 청년들의 외로움 비율은 더욱 높은 편에 해당한다.
② 외로움은 인간으로 태어나면 숙명처럼 겪어야 하는 요인에 해당한다.
③ SNS가 외로움을 해결하는 측면이 높다는 연구결과를 증명하는 글이다.
④ 외로움은 전 세계적으로 질병을 유발하는 존재이고 담배보다 해롭다.
⑤ WHO에서는 외로움에 대한 사회적 위협이 과대평가 되어 있다고 밝혔다.

 **ANSWER** 01.④ 02.④

▮ 3 ~ 4 ▮ 다음 중 글의 통일성을 해치는 것은?

3.

> ㉠ 스콧 피츠제럴드는 유럽과 미국을 오가며 작품 활동을 하던 중 1925년에 발표한 소설 「위대한 개츠비」로 자신의 이름을 세계적으로 알렸다. 「위대한 개츠비」는 1922년 미국 뉴욕과 롱아일랜드를 배경으로 1차 세계대전 이후 미국사회와 무너져 가는 아메리칸 드림을 그린 소설로 20세기 미국 소설을 대표하는 걸작이라고 할 수 있다.
>
> ㉡ 재즈시대란 1차 세계대전 이후부터 미국 대공황이 시작되기 전 1920년을 말하는데, 소설에서 이 시대의 타락하고 변질된 모습을 예리하고 세심하게 그려내어 재즈시대를 이보다 더 날카롭게 비판한 작품은 없다고 할 정도이다.
>
> ㉢ 작가는 소설의 비극적인 결말, 꿈과 야망을 실현하기 위해 수단과 방법을 가리지 않은 인물, 상류층의 위선과 교만 그리고 타락을 적나라하게 보여주는 인물을 통해 자신의 태도를 형상화했다.
>
> ㉣ 그래서일까 작품에서 파생된 "개츠비 같은"이라는 신조어가 생길 정도로, 또 미국인이 즐겨 읽는 고전에 매년 선정될 정도로 사랑을 받고 있다. 서정적인 문체는 출간 당시부터 유명 작가와 비평가들로부터 완벽하다는 평가를 받기도 했다.
>
> ㉤ 요즘 청소년들은 고전을 고리타분하다고 생각한다. 컴퓨터를 켜면 수많은 지식을 손쉽게 얻을 수 있기 때문이다. 그러나 고전 속에서는 시대를 초월한 삶의 지혜가 담겨 있으며 고전을 읽음으로써 문제를 다양하게 바라보는 안목이 생기고 이를 해결할 수 있는 방안도 찾을 수 있다.

① ㉠　　　　　　　　　　　　　② ㉡

③ ㉢　　　　　　　　　　　　　④ ㉣

⑤ ㉤

4.

⊙ 화학반응이 일어나기 위해서는 반드시 어느 정도의 에너지 장벽을 넘어야만 한다. 반응물의 에너지가 생성물의 에너지보다 작은 경우는 당연히 말할 것도 없거니와 반응물의 에너지가 생성물의 에너지보다 큰 경우에도 마찬가지다. 에너지 장벽을 낮추는 것은 화학반응의 속도를 증가시키고 에너지 장벽을 높이는 것은 화학반응의 속도를 감소시킨다. 에너지 장벽의 높이를 조절하는 물질을 화학반응의 촉매라고 한다.

ⓛ 촉매에는 에너지 장벽을 낮추는 정촉매도 있지만 장벽을 높이는 부촉매도 있다. 촉매는 산업 생산에서 요긴하게 활용되는데, 특히 수요가 큰 화학제품을 생산하는 경우 충분히 빠른 화학반응 속도를 얻는 것이 중요하다. 반응 속도가 충분히 빠르지 않으면 생산성이 떨어져 경제성이 악화된다. 생산 공정에서는 반응로의 온도를 높여서 반응 속도를 증가시킨다. 이때 적절한 촉매를 사용하면 그런 비용을 획기적으로 절감하면서 생산성을 높이는 것이 가능하다.

ⓒ 자연 상태의 산화구리에서 구리를 얻기 위해 숯(탄소)을 넣고 가열하는 방법은 옛날부터 사용해왔는데, 화학적인 관점에서 보면 이것은 산소가 구리보다 탄소와 더 잘 결합하는 성질을 이용한 것이라고 할 수 있다. 18세기 이후 화학자들은 화합물을 만들 때 물질 간에는 더 잘 결합하는 정도, 즉 화학적 친화력이 있다고 보고 이를 규명하기 위해 노력하였다.

ⓔ 그러나 반응하는 분자들이 복잡한 구조를 지닐 경우에는 반응에 얽힌 상황도 더 복잡해져서 촉매의 투입만으로는 반응 속도를 조절하기 어려워진다. 그런 분자들 간의 반응에서는 분자들이 서로 어떤 방향으로 충돌하는가도 문제가 된다.

ⓜ 즉, 에너지 장벽을 넘어설 수 있을 만큼의 에너지가 주어지더라도 반응이 일어날 수 있는 올바른 방향으로 충돌하지 못할 경우에는 화학반응이 일어나지 않는다.

① ㉠

② ㉡

③ ㉢

④ ㉣

⑤ ㉤

5. 다음 〈보기〉 중 항상 참인 것을 고르면?

보기

N사에서는 외부 업체에게 채용 데이터베이스 구축을 맡기려고 한다. 甲, 乙, 丙 업체 중 내부 기준에 맞춰 통과/탈락 여부를 정하려고 한다.

※ 내부 조건 : 제안서, 제안 가격, 관련 실적, 경력

- 甲 업체와 丙 업체는 제안서와 경력 중 한 가지만 통과했다.
- 甲 업체는 제안서에서 탈락했다.
- 각 담당자들은 甲 업체와 乙 업체의 경력에 대해 같은 평가를 부여했다.
- 甲 업체와 乙 업체는 제안 가격 평가 여부가 서로 다르다.
- 甲 업체와 丙 업체는 세 가지 기준에서만 통과했다.

① 甲, 乙, 丙 업체 모두 1개 기준 이상 탈락했다.
② 甲과 丙 업체는 관련 실적 기준에서 같은 평가를 받았다.
③ 세 업체 모두 제안서에서 탈락했다.
④ 乙 업체가 경력 기준을 통과한다면 세 업체는 모두 경력 기준에 통과하는 것이다.
⑤ 乙과 丙 업체는 가격 기준 통과 여부를 알 수 없다.

▌6 ~ 7▐ 다음은 문화센터의 취미 클래스 가격 및 할인에 대한 내용이다.

도자기 수업	오일 파스텔 수업
1일 : 50,000원 주 3회(1주) : 140,000원 주 2회(1개월) : 350,000원	1일 : 30,000원 주 3회(1주) : 170,000원 주 2회(1개월) : 210,000원

수업명	할인 대상	할인 내용	비고
도자기	생계급여 수급자 및 의료급여 수급자	30% 감면	• 수업 동시 결제 시 중복 할인 불가 • 장애인 또는 장애인 동승 차량 주차 요금 30% 감면 • 65세 이상 노인(자가 차량) 20% 감면 • 1일 수강권은 할인 혜택에서 제외 ※ 할인 적용 시 신분증 및 관련 서류 제출 요망
	독립 유공자, 국가 유공자, 등록 장애인	40% 감면	
	55세 이상 어르신	20% 감면	
	한부모 가족 구성원	40% 감면	
오일 파스텔	생계급여 수급자 및 의료급여 수급자	30% 감면	
	독립 유공자, 국가 유공자, 등록 장애인	40% 감면	
	55세 이상 어르신	50% 감면	
	한부모 가족 구성원	30% 감면 1개월 등록 시 1일 수강료 추가 면제	

6. 다음 대화를 보고 A 씨가 결제해야 하는 금액은?

> A 씨 : 안녕하세요. 수강 등록을 하고 싶은데요.
>
> 담당자 : 안녕하세요, 고객님. 어떤 클래스 문의신가요?
>
> A 씨 : 저는 도자기 수업이고 저희 어머니는 도자기랑 오일 파스텔 수업을 등록하려고요. 저는 주 3회, 어머니는 주 2회반이요.
>
> 담당자 : 네. 수강 등록 도와드릴게요. 가격과 할인에 대한 안내 사항은 확인하셨나요?
>
> A 씨 : 아, 어머니가 57세세요.
>
> 담당자 : 저희가 55세 이상 어르신에게는 수강료를 할인해드리고 있어요. 다만 수업 동시 등록 시에는 중복 할인이 적용되지 않습니다.
>
> A 씨 : 그럼 어떤 걸로 할인 받을 수 있나요?
>
> 담당자 : 제일 할인이 많이 되는 걸로 선택하시면 됩니다.
>
> A 씨 : 그럼 그렇게 해주세요.
>
> 담당자 : 다른 할인 적용 사항은 없으신가요?
>
> A 씨 : 네. 없습니다.

① 235,000원

② 240,000원

③ 245,000원

④ 430,000원

⑤ 595,000원

7. 위 취미 클래스에 대한 설명으로 옳은 것은?

① 자녀 차로 주차장을 이용한 70세 甲은 주차요금 30%를 할인받을 수 있다.

② 혼자 초등학생 아이를 키우는 45세 乙은 오일 파스텔 수업 1일 등록 시 30%를 할인받을 수 있다.

③ 사회복지사 丙은 장애인을 태우고 방문할 시 주차요금 절반을 할인받을 수 있다.

④ 생계급여 수급자 丁은 도자기 수업 등록 시 30%를 할인받을 수 있다.

⑤ 독립유공자 戊는 두 과목 동시 등록 시 각각 40%씩 할인 혜택을 받을 수 있다.

8. 다음은 금융소비자 보호에 관한 법률 제2조(정의)의 일부이다. 다음 자료를 바르게 해석한 사람은?

1. "금융상품"이란 다음 각 목의 어느 하나에 해당하는 것을 말한다.

　가. 「은행법」에 따른 예금 및 대출

　나. 「자본시장과 금융투자업에 관한 법률」에 따른 금융투자상품

　다. 「보험업법」에 따른 보험상품

　라. 「상호저축은행법」에 따른 예금 및 대출

　마. 「여신전문금융업법」에 따른 신용카드, 시설대여, 연불판매, 할부금융

　바. 그 밖에 가목부터 마목까지의 상품과 유사한 것으로서 대통령령으로 정하는 것

2. "금융회사"란 다음 각 목의 어느 하나에 해당하는 회사를 말한다.

　가. 「은행법」에 따른 은행(「중소기업은행법」, 「한국산업은행법」, 「신용협동조합법」, 「농업협동조합법」, 「수산업협동조합법」, 「상호저축은행법」에 따라 「은행법」의 적용을 받는 중소기업은행, 한국산업은행, 신용협동조합중앙회의 신용사업 부문, 농협은행, 수협은행 및 상호저축은행중앙회를 포함)

　나. 「자본시장과 금융투자업에 관한 법률」에 따른 투자매매업자, 투자중개업자, 투자자문업자, 투자일임업자, 신탁업자 또는 종합금융회사

　다. 「보험업법」에 따른 보험회사(「농업협동조합법」에 따른 농협생명보험 및 농협손해보험을 포함)

　라. 「상호저축은행법」에 따른 상호저축은행

　마. 「여신전문금융업법」에 따른 여신전문금융회사

　바. 그 밖에 가목부터 마목까지의 자와 유사한 자로서 금융소비자 보호의 필요성을 고려하여 대통령령으로 정하는 자

3. "금융소비자"란 금융상품에 관한 계약의 체결 또는 계약 체결의 권유를 하거나 청약을 받는 것에 관한 금융상품판매업자의 거래상대방 또는 금융상품자문업자의 자문업무의 상대방인 전문금융소비자 또는 일반금융소비자를 말한다.

4. "전문금융소비자"란 금융상품에 관한 전문성 또는 소유자산규모 등에 비추어 금융상품 계약에 따른 위험감수능력이 있는 금융소비자로서 다음 각 목의 어느 하나에 해당하는 자를 말한다. 다만, 전문금융소비자 중 대통령령으로 정하는 자가 일반금융소비자와 같은 대우를 받겠다는 의사를 금융상품판매업자 또는 금융상품자문업자에게 서면으로 통지하는 경우 금융상품판매업자등은 정당한 사유가 있는 경우를 제외하고는 이에 동의하여야 하며, 금융상품판매업자등이 동의한 경우에는 해당 금융소비자는 일반금융소비자로 본다.

　가. 국가

　나. 「한국은행법」에 따른 한국은행

　다. 대통령령으로 정하는 금융회사

　라. 「자본시장과 금융투자업에 관한 법률」에 따른 주권상장법인(투자성 상품 중 대통령령으로 정하는 금융상품계약체결등을 할 때에는 전문금융소비자와 같은 대우를 받겠다는 의사를 금융상품판매업자등에게 서면으로 통지하는 경우만 해당한다)

　마. 그 밖에 금융상품의 유형별로 대통령령으로 정하는 자

5. "일반금융소비자"란 전문금융소비자가 아닌 금융소비자를 말한다.

① 가현 : 「은행법」에 따라서 제1금융권 은행에서 판매하는 예금 이외의 상품은 금융상품이 아니다.

② 나현 : 농협은행과 수협은행, 상호저축은행중앙회는 금융회사에 해당합니다.

③ 다현 : 금융상품판매업자의 거래상대방은 금융상품자문업자를 말합니다.

④ 라현 : 일반금융소비자와 같은 대우를 받겠다는 의사를 금융상품판매업자에게 서면으로 통지하고 동의를 받은 경우에는 대통령령으로 정한 금융회사는 해당 금융소비자를 전문금융소비자로 봐야 합니다.

⑤ 마현 : 일반금융소비자는 국가와 한국은행을 의미합니다.

9. 다음 글의 빈칸에 들어갈 내용으로 가장 적절한 것은?

> 자본주의 경제체제는 이익을 추구하는 인간의 욕구를 최대한 보장해 주고 있다. 기업 또한 이익 추구라는 목적에서 탄생하여, 생산의 주체로서 자본주의 체제의 핵심적 역할을 수행하고 있다. 곧, 이익은 기업가로 하여금 사업을 시작하게 된 동기가 된다. 이익에는 단기적으로 실현되는 이익과 장기간에 걸쳐 지속적으로 실현되는 이익이 있다. 기업이 장기적으로 존속, 성장하기 위해서는 _____ 실제로 기업은 단기 이익의 극대화가 장기 이익의 극대화와 상충될 때에는 단기 이익을 과감하게 포기하기도 한다.

① 두 마리의 토끼를 다 잡으려는 생각으로 운영해야 한다.

② 당장의 이익보다 기업의 이미지를 생각해야 한다.

③ 단기 이익보다 장기 이익을 추구하는 것이 더 중요하다.

④ 장기 이익보다 단기 이익을 추구하는 것이 더 중요하다.

⑤ 아무도 개척하지 않은 길을 개척할 수 있는 도전정신이 필요하다.

ANSWER 8.② 9.③

10. 다음 글의 주제로 가장 적절한 것을 고른 것은?

> 유럽의 도시들을 여행하다 보면 벼룩시장이 자주 열리는 것을 볼 수 있다. 벼룩시장에서 사람들은 낡고 오래된 물건들을 보면서 추억을 되살린다. 유럽 도시들의 독특한 분위기는 오래된 것을 쉽게 버리지 않는 이런 정신이 반영된 것이다.
>
> 영국의 옥스팜(Oxfam)이라는 시민단체는 헌옷을 수선해 파는 전문 상점을 운영해, 그 수익금으로 제3세계를 지원하고 있다. 파리 시민들에게는 유행이 따로 없다. 서로 다른 시절의 옷들을 예술적으로 배합해 자기만의 개성을 연출한다.
>
> 땀과 기억이 배어 있는 오래된 물건은 실용적 가치만으로 따질 수 없는 보편적 가치를 지닌다. 선물로 받아서 10년 이상 써온 손때 묻은 만년필을 잃어버렸을 때 느끼는 상실감은 새 만년필을 산다고 해서 사라지지 않는다. 그것은 그 만년필이 개인의 오랜 추억을 담고 있는 증거물이자 애착의 대상이 되었기 때문이다. 그러기에 실용성과 상관없이 오래된 것은 그 자체로 아름답다.

① 서양인들의 개성은 시대를 넘나드는 예술적 가치관으로부터 표현된다.
② 실용적 가치보다 보편적인 가치를 중요시해야 한다.
③ 만년필은 선물해준 사람과의 아름다운 기억과 오랜 추억이 담긴 물건이다.
④ 오래된 물건은 실용적인 가치보다 더 중요한 가치를 지니고 있다.
⑤ 오래된 물건은 실용적 가치만으로 따질 수 없는 개인의 추억과 같은 보편적 가치를 지니기에 그 자체로 아름답다.

11. 다음 글을 읽고 알 수 있는 매체와 매체 언어의 특성으로 가장 적절한 것은?

텔레비전 드라마는 텔레비전과 드라마에 대한 각각의 이해를 전제로 하고 보아야 한다. 즉 텔레비전이라는 매체에 대한 이해와 드라마라는 장르적 이해가 필요하다.

텔레비전은 다양한 장르, 양식 등이 교차하고 공존한다. 텔레비전에는 다루고 있는 내용이 매우 무거운 시사토론 프로그램부터 매우 가벼운 오락 프로그램까지 섞여서 나열되어 있다. 또한 시청률에 대한 생산자들의 강박관념까지 텔레비전 프로그램 안에 들어있다. 텔레비전 드라마의 경우도 마찬가지로 이러한 강박이 존재한다. 드라마는 광고와 여러 문화 산업에 부가가치를 창출하며 드라마의 장소는 관광지가 되어서 지방의 부가가치를 만들어 내기도 한다. 이 때문에 시청률을 걱정해야 하는 불안정한 텔레비전 드라마 시장의 구조 속에서 상업적 성공을 거두기 위해 텔레비전 드라마는 이미 높은 시청률을 기록한 드라마를 복제하게 되는 것이다. 이것은 드라마 제작자의 수익성과 시장의 불확실성을 통제하기 위한 것으로 구체적으로는 속편이나 아류작의 제작이나 유사한 장르 복제 등으로 나타난다. 이러한 복제는 텔레비전 내부에서만 일어나는 것이 아니라 문화 자본과 관련되는 모든 매체, 즉 인터넷, 영화, 인쇄 매체에서 동시적으로 나타나는 현상이기도 하다.

이들은 서로 역동적으로 자리바꿈을 하면서 환유적 관계를 형성한다. 이 환유에는 수용자들, 즉 시청자나 매체 소비자들의 욕망이 투사되어 있다. 수용자의 욕망이 매체나 텍스트의 환유적 고리와 만나게 되면 각각의 텍스트는 다른 텍스트나 매체와의 관련 속에서 의미화 작용을 거치게 된다.

이렇듯 텔레비전 드라마는 시청자의 욕망과 텔레비전 안팎의 다른 프로그램이나 텍스트와 교차하는 지점에서 생산된다. 상업성이 검증된 것의 반복적 생산으로 말미암아 텔레비전 드라마는 거의 모든 내용이 비슷해지는 동일화의 길을 걷게 된다고 볼 수 있다.

① 텔레비전과 같은 매체는 문자 언어를 읽고 쓰는 능력을 반드시 필요로 한다.
② 디지털 매체 시대에 독자는 정보의 수용자이면서 동시에 생산자가 되기도 한다.
③ 텔레비전 드라마 시청자들의 욕구는 매체의 특성을 변화시키는 경우가 많다.
④ 영상 매체에 있는 자료들이 인터넷, 영화 등과 결합하는 것은 사실상 불가능하다.
⑤ 텔레비전 드라마는 독자들의 니즈를 충족시키기 위해 내용의 차별성에 역점을 두고 있다.

12. 다음 내용과 부합하지 않는 것은?

> 왜 행복을 추구하면 할수록 행복하지 못하다고 느낄까? 어떤 이는 이것에 대해 행복의 개념이 공리주의에서 기원하였기 때문이라고 말한다. 원래 행복을 가리키는 영어의 'happiness'는 단지 '행운'이라는 뜻으로만 쓰였다고 한다. 그런데 벤담이 '최대 다수의 최대 행복'을 공리주의의 모토로 내세우면서 '사회 전체의 복지 증진'이라는 개념이 등장하게 되었다.
>
> 공리주의 이전의 전근대 사회에서는 진정한 의미의 '개인'이 존재하지 않았을 뿐 아니라 '개인의 행복'은 논의의 대상이 아니었다. 개인은 자신이 속한 공동체로부터 정치적 속박을 받을 뿐만 아니라 경제적 예속 관계에 놓여 있었기 때문이다. 그러다 민주주의와 시장주의가 발전하기 시작하는 근대 사회에서 개인의 중요성이 강조되면서 전통적인 공동체는 해체가 불가피하였다. 여기에 공리주의의 확산으로 '사회 전체의 복지 증진'을 보장하려는 법과 제도가 자리 잡게 되었지만 이미 공동체가 해체되고 있는 터라 사회 복지의 최종적인 수혜자인 '개인'이 '행복의 주체'로 부각되었다. 개인은 민주주의와 시장주의를 기반으로 자신의 행복을 달성함으로써 공리주의가 보장한 사회 전체의 행복 증진에 기여할 수 있게 된 것이다.
>
> 한편 개인들에게 분배될 수 있는 지위와 재화는 제한되어 있어 자신의 행복을 추구하려면 타인과의 경쟁을 피할 수 없다. 그 결과 개인들은 서로를 경쟁자로 인식하여 서로를 소외시킬 뿐만 아니라 종국에는 타인으로부터 자신을 고립시키기도 한다. 그러면서 또 한편 개인은 이 소외감과 고립감을 극복하기 위해 무던히 애를 쓰는 역설적인 상황에 이르렀다.
>
> 문제는 경쟁 사회에서는 이 소외감과 고립감을 극복하기가 쉽지 않다는 것이다. 회사 동료와는 승진을 놓고 경쟁하는 사이이고, 옆 가게의 주인과는 이윤 추구를 놓고 경쟁하는 사이이기 십상이다. 매체를 통한 관계 맺기를 하려고 하여도 매체 속 세상은 실재하는 세계가 아닐 뿐만 아니라 그 세계에서 얻은 지지나 소속감 역시 피상적이거나 심한 경우 위선적인 관계에 기반을 둔 경우가 많다.
>
> 이 문제를 해결하려면 자신의 행복을 추구하는 '개인'과 경쟁을 남발하는 사회 또는 공동체 사이에서의 어떤 타협이 필요하나 이미 개인에게 소속감을 줄 수 있는 전통적인 '공동체'는 해체되고 없다. 이에 마르셀 모스는 '공동의 부'라는 새로운 아이디어를 제시한다. 이 아이디어의 핵심은 개인의 주요 자원을 '공동의 부'로 삼는 것이다. 예를 들어 고등학교 도서관을 '공동의 부'의 개념으로 인근 동네에 개방하면 사람들의 만족도도 높아지고, 도서관을 개방한 학교도 학교에 대한 인식 등이 좋아지게 되니 학교를 중심으로 하는 구성원 전체의 행복은 더 커진다는 것이다. 그리고 이런 공동의 부가 확대되면서 이들 구성원 사이에 회복된 연대감은 개인의 행복과 사회 전체의 행복을 이어 주어 개인이 느끼는 소외감과 고립감을 줄여 줄 수 있다고 본다.

① 벤담의 공리주의가 등장하기 이전에 'happiness'는 '행복'이 아닌 '행운'의 뜻으로 사용되었다.

② 민주주의와 시장주의하에서 개인이 자신의 행복을 추구하려면 타인과의 경쟁이 불가피하다.

③ 공리주의에 따르면 개인은 자신의 행복을 달성함으로써 사회 전체의 행복 증진에 기여할 수 있다.

④ 매체를 통한 관계 맺기는 경쟁 사회에 개인이 느끼는 소외감과 고립감을 근본적으로 극복할 수 있게 한다.

⑤ 마르셀 모스는 '공동의 부'라는 아이디어를 제시함으로써 해체되어 버린 전통적인 '공동체'의 역할을 대신하고자 하였다.

13. 다음 빈칸 ㉠ 안에 들어갈 수 있는 내용으로 적절한 것은?

「산업안전보건법」에 따라서 사업주는 사업장의 안전 및 보건을 유지하기 위해서 안전보건관리규정을 작성하여야 한다. 안전·보건 관리조직과 그 직무에는 안전·보건 관리조직의 구성방법/소속/업무 분장 등에 관한 사항, 안전보건관리책임자(안전보건총괄책임자), 안전관리자/보건관리자/관리감독자의 직무 및 선임에 관한 사항, 산업안전보건위원회의 설치·운영에 관한 사항, 명예산업안전감독관의 직무 및 활동에 관한 사항, 작업지휘자 배치 등에 관한 사항을 작성이 있다.

안전·보건교육에 관한 사항에는 근로자 및 관리감독자의 안전·보건교육에 관한 사항, 교육계획의 수립 및 기록 등에 관한 사항을 작성하여야 한다. 작업장 안전관리에는 안전·보건관리에 관한 계획의 수립 및 시행에 관한 사항, 기계·기구 및 설비의 방호조치에 관한 사항, 유해·위험기계 등에 대한 자율 검사프로그램에 의한 검사 또는 안전검사에 관한 사항, 근로자의 안전수칙 준수에 관한 사항, 위험물질의 보관 및 출입 제한에 관한 사항, 중대재해 및 중대산업사고 발생, 급박한 산업재해 발생의 위험이 있는 경우 작업중지에 관한 사항, 안전표지·안전수칙의 종류 및 게시에 관한 사항과 그 밖에 안전관리에 관한 사항이 필요하다.

작업장 보건관리에는 근로자 건강진단/작업환경측정의 실시 및 조치절차 등에 관한 사항, 유해물질의 취급에 관한 사항, 보호구의 지급 등에 관한 사항, 질병자의 근로 금지 및 취업 제한 등에 관한 사항, 보건표지·보건수칙의 종류 및 게시에 관한 사항과 그 밖에 보건관리에 관한 사항이 있다. 사고 조사 및 대책 수립에는 산업재해 및 중대산업사고의 발생 시 처리 절차 및 긴급조치에 관한 사항, 산업재해 및 중대산업사고의 발생원인에 대한 조사 및 분석, 대책 수립에 관한 사항, 산업재해 및 중대산업사고 발생의 기록·관리 등에 관한 사항이 있다.

위험성평가에 관한 사항에는 위험성평가의 실시 시기 및 방법, 절차에 관한 사항, 위험성 감소대책 수립 및 시행에 관한 사항이 있다. (㉠   ) 이를 위반하여 소속 근로자로 하여금 안전보건교육을 이수하도록 하지 아니한 자는 300만원 이하의 과태료를 부과한다.

① 건설공사를 도급하는 자로서 건설공사의 시공을 주도하여 총괄·관리하지 아니하는 자는 건설공사발주자에 해당한다. 다만 도급받은 건설공사를 다시 도급하는자는 제외한다.

② 안전보건관리책임자를 보좌하고 관리감독자에게 지도·조언하는 업무를 수행하는 사람은 안전관리자이다.

③ 사업주는 안전보건관리책임자, 안전관리자, 보건관리자, 안전보건관리담당자 등에게 안전보건교육기관에서 직무와 관련한 안전보건교육을 이수하도록 하여야 한다.

④ 노무를 제공하는 사람이 업무에 관계되는 건설물·설비·원재료·가스·증기·분진 등에 의하거나 작업 또는 그 밖의 업무로 인하여 사망 또는 부상하거나 질병에 걸리는 것은 산업재해이다.

⑤ 명칭에 관계없이 물건의 제조·건설·수리 업무를 타인에게 맡기는 계약은 도급이라 한다.

14. 다음 조건을 바탕으로 할 때, 김 교수의 연구실이 위치한 건물과 오늘 갔던 서점이 위치한 건물을 순서대로 올바르게 짝지은 것은?

> - 최 교수, 김 교수, 정 교수의 연구실은 경영관, 문학관, 홍보관 중 한 곳에 있으며 서로 같은 건물에 있지 않다.
> - 이들은 오늘 각각 자신의 연구실이 있는 건물이 아닌 다른 건물에 있는 서점에 갔었으며, 서로 같은 건물의 서점에 가지 않았다.
> - 정 교수는 홍보관에 연구실이 있으며, 최 교수와 김 교수는 오늘 문학관 서점에 가지 않았다.
> - 김 교수는 정 교수가 오늘 갔던 서점이 있는 건물에 연구실이 있다.

① 문학관, 경영관
② 경영관, 문학관
③ 경영관, 홍보관
④ 문학관, 홍보관
⑤ 홍보관, 경영관

15. 다음에 주어진 조건이 모두 참일 때 옳은 결론을 고르면?

> - 민지, 영수, 경호 3명이 1층에서 엘리베이터를 탔다. 5층에서 한 번 멈추었다.
> - 3명은 나란히 서 있었다.
> - 5층에서 맨 오른쪽에 서 있던 영수가 내렸다.
> - 민지는 맨 왼쪽에 있지 않다.

> A : 5층에서 엘리베이터가 다시 올라갈 때 경호는 맨 오른쪽에 서 있게 된다.
> B : 경호 바로 옆에는 항상 민지가 있었다.

① A만 옳다.
② B만 옳다.
③ A와 B 모두 옳다.
④ A와 B 모두 그르다.
⑤ A와 B 모두 옳은지 그른지 알 수 없다.

16. 甲, 乙, 丙 세 사람이 다음과 같이 대화를 하고 있다. 세 사람 중 오직 한 사람만 사실을 말하고 있고 나머지 두 명은 거짓말을 하고 있다면, 甲이 먹은 사탕은 모두 몇 개인가?

> 甲 : 나는 사탕을 먹었어.
> 乙 : 甲은 사탕을 5개보다 더 많이 먹었어.
> 丙 : 아니야, 甲은 사탕을 5개보다는 적게 먹었어.

① 0개

② 5개 미만

③ 5개

④ 5개 이상

⑤ 알 수 없다.

17. 기업이 세계적으로 성장하는 데 있어 큰 역할을 한 전략 중 하나인 5Why 기법은 인과관계를 바탕으로 문제의 근본적인 원인을 찾아 해결하고자 하는 문제해결기법이다. 다음 중 제시된 문제에 대해 5Why 기법으로 해결책을 도출하려고 할 때, 마지막 5Why 단계에 해당하는 내용으로 가장 적절한 것은?

> [문제] 최종 육안 검사 시 간과하는 점이 많다.
> • 1Why : _____
> • 2Why : _____
> • 3Why : _____
> • 4Why : _____
> • 5Why : _____
> [해결책] _____

① 작업장 조명이 어둡다.

② 조명의 위치가 좋지 않다.

③ 잘 보이지 않을 때가 있다.

④ 작업장 조명에 대한 기준이 없다.

⑤ 제대로 보지 못하는 경우가 많다.

 14.① 15.② 16.③ 17.④

18. 다음은 ○○기업의 비상연락망이다. 당직 직원 B는 담당자 F에게 연락하려고 한다. 이때 중간에서 거쳐야 하는 최소 인원은? (단, 가장 빠른 경로여야 하며 B와 F는 제외한다.)

당직 직원	담당자
A	D, E, F
B	A, C, H
C	D, F, H
D	E, F, G
E	A, C
F	G, H
G	A, B, C
H	D, G

① 1명

② 2명

③ 3명

④ 4명

⑤ 5명

19. 다음은 N사의 ○○동 지점으로 배치된 신입사원 5명의 인적사항과 부서별 추가 인원 요청 사항이다. 인력관리의 원칙 중 하나인 적재적소의 원리에 의거하여 신입사원들을 배치할 경우 가장 적절한 것은?

〈신입사원 인적사항〉

성명	성별	전공	자질/자격	기타
甲	남	스페인어	바리스타 자격 보유	서비스업 관련 아르바이트 경험 다수
乙	남	경영	모의경영대회 입상	폭넓은 대인관계
丙	여	컴퓨터공학	컴퓨터 활용능력 2급 자격증 보유	논리적·수학적 사고력 우수함
丁	남	회계	–	미국 5년 거주, 세무사 사무실 아르바이트 경험
戊	여	광고학	과학잡지사 우수편집인상 수상	강한 호기심, 융통성 있는 사고

〈부서별 인원 요청 사항〉

부서명	필요인원	필요자질
영업팀	2명	영어 능통자 1명, 외부인과의 접촉 등 대인관계 원만한 자 1명
인사팀	1명	인사 행정 등 논리 활용 프로그램 사용 적합자
홍보팀	2명	홍보 관련 업무 적합자, 외향적 성격 소유자 등 2명

	영업팀	인사팀	홍보팀
①	甲, 丁	丙	乙, 戊
②	乙, 丙	丁	甲, 戊
③	乙, 丁	丙	甲, 戊
④	丙, 戊	甲	乙, 丁
⑤	甲, 丙	乙	丁, 戊

│20 ~ 21│ 다음은 블루투스 이어폰을 구매하기 위하여 전자제품 매장을 찾은 K 씨가 제품 설명서를 보고 점원과 나눈 대화와 설명서 내용의 일부이다. 다음을 보고 이어지는 물음에 답하시오.

K 씨 : "블루투스 이어폰을 좀 사려고 합니다."

점 원 : "네 고객님, 어떤 조건을 원하시나요?"

K 씨 : "제 것과 친구에게 선물할 것 두 개를 사려고 하는데요, 두 개 모두 가볍고 배터리 사용시간이 좀 길었으면 합니다. 무게는 42g까지가 적당할 거 같고요. 저는 충전시간이 짧으면서도 통화시간이 긴 제품을 원해요. 선물하려는 제품은요, 일주일에 한 번만 충전해도 통화시간이 16시간은 되어야 하고, 음악은 운동하면서 매일 하루 1시간씩만 들을 수 있으면 돼요. 스피커는 고감도인 게 더 낫겠죠."

점 원 : "그럼 고객님께는 (   )모델을, 친구 분께 드릴 선물로는 (   )모델을 추천해 드립니다."

〈제품 사양서〉

구분	무게	충전시간	통화시간	음악 재생시간	스피커 감도
A모델	40.0g	2.2H	15H	17H	92db
B모델	43.5g	2.5H	12H	14H	96db
C모델	38.4g	3.0H	12H	15H	94db
D모델	42.0g	2.2H	13H	18H	85db

※ 1) A, B모델 : 통화시간 1시간 감소 시 음악재생시간 30분 증가
　 2) C, D모델 : 음악재생시간 1시간 감소 시 통화시간 30분 증가

20. 다음 중 위 네 가지 모델에 대한 설명으로 옳은 것을 〈보기〉에서 모두 고르면?

보기

ㄱ 충전시간당 통화시간이 긴 제품일수록 음악재생시간이 길다.

ㄴ 충전시간당 통화시간이 5시간 이상인 것은 A, D모델이다.

ㄷ A모델은 통화에, C모델은 음악재생에 더 많은 배터리가 사용된다.

ㄹ B모델의 통화시간을 10시간으로 제한하면 음악재생시간을 C모델과 동일하게 유지할 수 있다.

① ㄱㄴ

② ㄴㄹ

③ ㄷㄹ

④ ㄱㄷ

⑤ ㄴㄷ

21. 다음 중 점원이 K 씨에게 추천한 빈칸의 제품이 순서대로 올바르게 짝지어진 것은 어느 것인가?

	K 씨	선물
①	C모델	A모델
②	C모델	D모델
③	A모델	C모델
④	A모델	B모델
⑤	B모델	C모델

ANSWER 20.② 21.③

22. A회사는 다가올 추석을 대비하여 직원들을 대상으로 선호하는 명절 선물을 조사하였다. 조사결과가 다음과 같을 때, 항상 참인 것을 고르면? (단, 甲 ~ 戊는 모두 직원이다.)

- 명절 선물로 '정육'을 선호하는 직원은 '과일'을 선호하지 않았다.
- 명절 선물로 '한과'를 선호하지 않은 직원은 '과일'을 선호했다.
- 명절 선물로 '건어물'을 선호하지 않은 직원은 '햄 세트'를 선호했다.
- 명절 선물로 '건어물'을 선호하는 직원은 '정육'을 선호하지 않았다.

---

① 명절 선물로 '건어물'을 선호하는 甲은 '과일'을 선호한다.
② 명절 선물로 '한과'를 선호하는 乙은 '햄 세트'를 선호한다.
③ 명절 선물로 '과일'을 선호하는 丙은 '햄 세트'를 선호하지 않는다.
④ 명절 선물로 '정육'을 선호하는 丁은 '한과'를 선호한다.
⑤ 명절 선물로 '건어물'을 선호하는 戊는 '한과'를 선호한다.

23. 다음은 어느 TV 홈쇼핑 회사에 대한 3C 분석 사례이다. 분석한 내용을 바탕으로 회사 발전 전략을 제안한 내용 중 그 타당성이 가장 떨어지는 사람은?

Company	• 높은 시장점유율 • 긍정적인 브랜드 이미지 • 차별화된 고객서비스 기술 • 고가 상품 중심의 수익 구조 • 우수 인력과 정보시스템 • TV 방송에 한정된 영업 방식
Competitor	• 저가의 다양한 상품 구축 • 공격적인 프로모션 및 가격할인 서비스 • A/S 및 사후관리 능력 우수 • 인터넷, 모바일, 카탈로그 등 다양한 영업 방식
Customer	• 일반 소매업 대비 홈쇼핑 시장의 높은 성장률 • 30 ~ 50대 여성이 90% 이상을 차지하는 고객 구성 • 저렴한 가격, 편리성, 품질, 다양성 등에 대한 고객의 Needs • 상위 5%의 고객이 전체 매출의 30%를 차지

① 甲 : 홈쇼핑 분야에서 높은 시장점유율을 유지하기 위한 지속적인 노력이 필요합니다.

② 乙 : 저렴한 가격에 대한 고객의 요구를 채우기 위해 고가 상품 중심의 수익 구조를 개선해야 합니다.

③ 丙 : TV 방송에만 머무를 것이 아니라 다양한 매체를 활용한 영업 방식을 도입하는 것도 적극적으로 검토해야 합니다.

④ 丁 : 여성 고객뿐만 아니라 남성 고객에게도 어필할 수 있도록 남성적인 브랜드 이미지를 구축해 나가야 합니다.

⑤ 戊 : 매출의 30%를 차지하는 상위 5%의 고객을 위한 차별화된 고객서비스를 제공하여 충성도를 제고할 필요가 있습니다.

ANSWER 22.④ 23.④

24. 다음은 A시에서 조성한 푸른 숲 공원 만족도 조사 결과와 관련 자료이다. 이를 바탕으로 A시에서 '시민들의 이용 행태' 개선을 위해 취할 수 있는 방법으로 가장 적절하지 않은 것을 고르면?

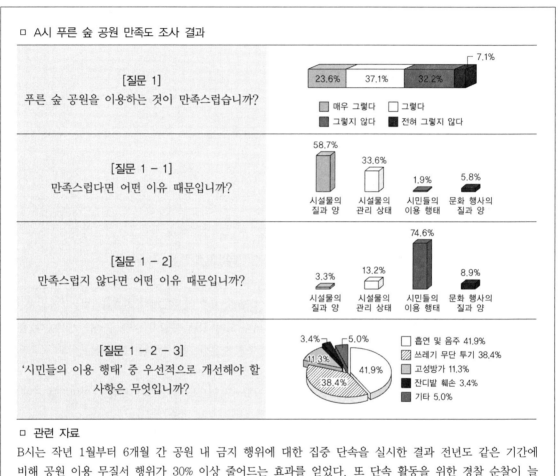

□ A시 푸른 숲 공원 만족도 조사 결과

[질문 1]
푸른 숲 공원을 이용하는 것이 만족스럽습니까?

23.6% 37.1% 32.2% 7.1%

매우 그렇다 그렇다 그렇지 않다 전혀 그렇지 않다

[질문 1 - 1]
만족스럽다면 어떤 이유 때문입니까?

58.7% 시설물의 질과 양
33.6% 시설물의 관리 상태
1.9% 시민들의 이용 행태
5.8% 문화 행사의 질과 양

[질문 1 - 2]
만족스럽지 않다면 어떤 이유 때문입니까?

3.3% 시설물의 질과 양
13.2% 시설물의 관리 상태
74.6% 시민들의 이용 행태
8.9% 문화 행사의 질과 양

[질문 1 - 2 - 3]
'시민들의 이용 행태' 중 우선적으로 개선해야 할 사항은 무엇입니까?

3.4% 5.0% 11.3% 38.4% 41.9%

흡연 및 음주 41.9%
쓰레기 무단 투기 38.4%
고성방가 11.3%
잔디밭 훼손 3.4%
기타 5.0%

□ 관련 자료
B시는 작년 1월부터 6개월 간 공원 내 금지 행위에 대한 집중 단속을 실시한 결과 전년도 같은 기간에 비해 공원 이용 무질서 행위가 30% 이상 줄어드는 효과를 얻었다. 또 단속 활동을 위한 경찰 순찰이 늘어나면서 시민들의 공원 이용이 더 안전해져 이에 대한 만족도도 높은 것으로 나타났다고 알려졌다.

① 공원 내 쓰레기통 주변에 쓰레기 무단 투기 감시를 위한 CCTV를 설치한다.

② 현재보다 다양한 운동시설의 종류를 확보하고, 1인당 이용할 수 있는 시설물을 늘린다.

③ 잔디밭에서 자전거를 타거나, 축구, 족구 등 잔디를 훼손할 수 있는 운동경기를 금지한다.

④ 늦은 시간에 허가 없이 시끄러운 음악을 틀어놓고 공연을 하거나 노래를 부르는 행위를 단속한다.

⑤ 공원 이용자를 대상으로 공원 내 흡연 및 음주 행위는 공원 만족도를 저하시키는 가장 큰 원인임을 홍보하고 자제를 촉구한다.

25. 다음에 주어진 조건이 모두 참일 때 옳은 결론을 고르면?

─────── 조건 ───────

• A, B, C, D, E가 의자가 6개 있는 원탁에서 토론을 한다.
• 어느 방향이든 A와 E 사이에는 누군가 앉는다.
• D 맞은편에는 누구도 앉아 있지 않다.
• A와 B는 서로 마주보고 앉는다.
• C 주변에는 자리가 빈 곳이 하나 있다.

─────── 결론 ───────

A : A와 E 사이에 있는 사람이 적은 방향은 한 명만 사이에 있다.
B : A와 D는 서로 떨어져 있다.

① A만 옳다.
② B만 옳다.
③ A와 B 모두 옳다.
④ A와 B 모두 그르다.
⑤ A와 B 모두 옳은지 그른지 알 수 없다.

26. 다음은 연도별 국적(지역) 및 체류자격별 외국인 입국자 현황이다. 2019년까지의 아시아주계 외교자격 수와 2021년까지의 아시아주계 외교자격 수의 차이로 옳은 것은?

(단위 : 명)

구분		2018년		2019년		2020년		2021년	
		A1	A2	A1	A2	A1	A2	A1	A2
아시아주계	남	4,474	14,680	5,235	18,153	5,621	21,473	1,189	1,756
	여	2,627	6,617	3,115	7,937	3,344	9,878	816	944
북아메리카주계	남	1,372	3,653	1,441	4,196	1,973	6,473	442	847
	여	985	1,328	1,057	1,473	1,415	2,186	302	383
남아메리카주계	남	552	256	557	314	639	393	154	172
	여	395	100	421	129	431	232	113	60
유럽주계	남	2,101	1,292	2,491	1,523	2,462	1,717	587	458
	여	1,228	687	1,356	787	1,470	961	423	311
오세아니아주계	남	281	311	303	328	401	483	89	89
	여	168	153	179	157	235	213	60	28
아프리카주계	남	491	788	565	789	513	774	162	133
	여	265	205	333	261	346	335	129	68
총계	남	9,323	21,411	10,652	25,719	11,670	31,805	2,624	3,547
	여	5,688	9,348	6,485	11,014	7,282	14,122	1,843	1,844
	계	15,011	30,759	17,137	36,733	18,952	45,927	4,467	5,391

※ A1 = 외교, A2 = 공무

① 3,641

② 4,481

③ 8,729

④ 13,336

⑤ 13,513

27. 다음에 나열된 수의 규칙을 찾아 빈칸에 들어갈 알맞은 수를 고르시오.

11 5 8, 14 8 11, 6 6 (   )

① 18

② 16

③ 11

④ 6

⑤ 3

28. 2020년의 8월 15일은 토요일이었다. 2021년의 1월 1일은 무슨 요일이었겠는가?

① 월요일

② 화요일

③ 수요일

④ 목요일

⑤ 금요일

29. 한전 A지역본부의 작년 한 해 동안의 송전과 배전 설비 수리 건수는 총 238건이다. 설비를 개선하여 올 해의 송전과 배전 설비 수리 건수가 작년보다 각각 40%, 10%씩 감소하였다. 올 해 수리 건수의 비가 5:3일 경우, 올 해의 송전 설비 수리 건수는?

① 92건

② 95건

③ 98건

④ 100건

⑤ 102건

30. A 고등학교에서는 그림과 같이 학교 담 아래의 빈 공간에 길이가 12m인 밧줄로 'ㄷ'자 모양의 테두리를 둘러서 직사각형의 화단을 만들려고 한다. 이때 만들 수 있는 화단 넓이의 최댓값은 얼마인가? (단, 학교 담의 길이는 12m 이상이고, 밧줄의 양 끝은 담장에 닿아 있으며 밧줄의 두께는 무시한다.)

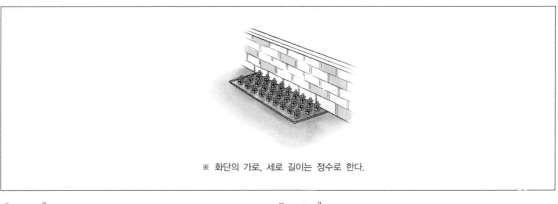

※ 화단의 가로, 세로 길이는 정수로 한다.

① $14m^2$

② $16m^2$

③ $18m^2$

④ $20m^2$

⑤ $22m^2$

31. 1부터 9까지 자연수가 각각 하나씩 적힌 9개의 공이 들어 있는 주머니에서 공 1개를 뽑을 때에 대한 설명으로 옳지 않은 것은?

① 1이 적힌 공이 나올 확률은 $\frac{1}{9}$이다.

② 3의 배수가 적힌 공이 나올 확률은 $\frac{1}{3}$이다.

③ 홀수가 적힌 카드가 나올 확률은 $\frac{5}{9}$이다.

④ 9 이하의 수가 적힌 카드가 나올 확률은 $\frac{8}{9}$이다.

⑤ 10 이상의 수가 적힌 카드가 나올 확률은 0이다.

32. 다음은 N은행의 외화송금 수수료에 대한 규정이다. 수수료 규정을 참고할 때, 외국에 있는 친척과 〈보기〉와 같이 3회에 걸쳐 거래를 한 A 씨가 지불한 총 수수료 금액은 얼마인가?

		국내 간 외화송금	실시간 국내송금
외화자금 국내이체 수수료 (당·타발)		U$5,000 이하 : 5,000원 U$10,000 이하 : 7,000원 U$10,000 초과 : 10,000원	U$10,000 이하 : 5,000원 U$10,000 초과 : 10,000원
		인터넷 뱅킹 : 5,000원 실시간 이체 : 타발 수수료는 없음	
해외로 외화 송금	송금 수수료	U$500 이하 : 5,000원 U$2,000 이하 : 10,000원 U$5,000 이하 : 15,000원 U$20,000 이하 : 20,000원 U$20,000 초과 : 25,000원 ※ 인터넷 뱅킹 이용 시 건당 3,000 ~ 5,000원	
		해외 및 중계은행 수수료를 신청인이 부담하는 경우 국외 현지 및 중계은행의 통화별 수수료를 추가로 징수	
	전신료	8,000원 인터넷 뱅킹 및 자동이체 5,000원	
	조건변경 전신료	8,000원	
해외/타행에서 받은 송금		건당 10,000원	

보기

㉠ 외국으로 U$3,500 송금 / 인터넷 뱅킹 최저 수수료 적용
㉡ 외국으로 U$600 송금 / 은행 창구
㉢ 외국에서 U$2,500 입금

① 32,000원
② 34,000원
③ 36,000원
④ 38,000원
⑤ 40,000원

33. 다음은 2021년 1월 7일 지수를 기준으로 작성한 국내 금융 지표를 나타낸 표이다. A에 들어갈 수로 가장 알맞은 것은?

(단위 : %, %p)

구분	'19년 말	'20년			'21년	전주 대비
		2분기	3분기	12.30.	1.7.	
코스피 지수	2,011.34	1,981.77	2,035.64	1,915.59	1,883.83	− 1.66
코스닥 지수	499.99	527.26	580.42	542.97	561.32	(A)
국고채(3년)	2.86	2.69	2.34	2.10	2.08	− 0.95
회사채(3년)	3.29	3.12	2.72	2.43	2.41	− 0.82
국고채(10년)	3.58	3.22	2.97	2.60	2.56	− 1.54

① 3.18   ② 3.28

③ 3.38   ④ 3.48

⑤ 3.58

34. 다음은 N기업의 소비자 광고 선호도에 대한 설문조사 결과이다. (가)와 (나) 값은? (단, (가)와 (나)의 응답자 수는 같다.)

(단위 : 명)

후보 \ 응답자의 선호도	저렴한 상품가격	홍보모델	오프라인 판매처	기타	합
A	130	(가)	60	300	( )
B	260	( )	30	350	740
C	( )	(나)	45	300	( )
D	65	40	15	( )	( )
계	650	400	150	1,000	2,200

① 130   ② 140

③ 150   ④ 160

⑤ 170

35. 터미널노드는 자식이 없는 노드를 말한다. 다음 트리에서 터미널노드의 수는?

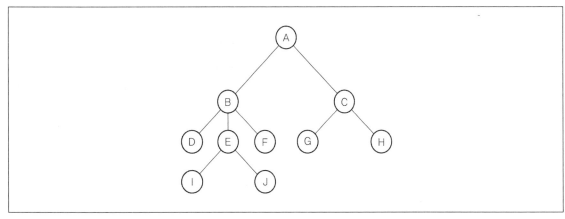

① 5   ② 6
③ 7   ④ 8
⑤ 9

36. 다음은 A의류매장의 판매 직원이 매장 물품 관리 시스템에 대하여 설명한 내용이다. 이를 참고할 때, Bar Code와 QR 코드 관리 시스템의 특징으로 적절하지 않은 것은?

> "저희 매장의 모든 제품은 입고부터 판매까지 스마트 기기와 연동된 전산화 시스템으로 운영되고 있어요. 제품 포장 상태에 따라 Bar Code와 QR 코드로 구분하여 아주 효과적인 관리를 하는 거지요. 이 조그만 전산 기호 안에 필요한 모든 정보가 입력되어 있어 간단한 스캔만으로 제품의 이동 경로와 시기 등을 손쉽게 파악하는 겁니다. 제품군을 분류하여 관리하거나 적정 재고량을 파악하는 데에도 매우 효율적인 관리 시스템인 셈입니다."

① QR 코드는 Bar Code보다 많은 양의 정보를 담을 수 있다.

② Bar Code는 제품군과 특성을 기준으로 물품을 대/중/소분류에 의해 관리한다.

③ Bar Code는 물품의 정보를 기호화하여 관리하는 것이다.

④ 최근 유통업계는 QR 코드 도입에 앞장서고 있다.

⑤ Bar Code의 정보는 검은 막대의 개수와 숫자로 구분된다.

37. 다음의 워크시트에서 추리영역이 90점 이상인 사람의 수를 구하고자 할 때, [D8] 셀에 입력할 수식으로 옳은 것은?

	A	B	C	D	E	F
1	이름	언어영역	수리영역	추리영역		
2	김철수	72	85	91		추리영역
3	김영희	65	94	88		>=90
4	안영이	95	76	91		
5	이윤희	92	77	93		
6	채준수	94	74	95		
7						
8	추리영역 90점 이상인 사람의 수			4		
9						

① =DSUM(A1:D6,4,F2:F3)
② =DSUM(A1:D6,3,F2:F3)
③ =DCOUNT(A1:D6,3,F2:F3)
④ =DCOUNT(A1:D6,4,F2:F3)
⑤ =DCOUNT(A1:D6,2,F2:F3)

38. 다음 워크시트에서 연봉이 3천만 원 이상인 사원들의 총 연봉액을 구하는 함수식으로 옳은 것은?

	A	B
1	사원	연봉
2	한길동	25,000,000
3	이미순	30,000,000
4	소순미	25,000,000
5	김동준	26,000,000
6	김사라	27,000,000
7	나미수	19,000,000
8	전진연	40,000,000
9	김연지	26,000,000
10	채지수	31,000,000
11		

① =SUMIF(B2:B10,">30000000")
② =SUMIF(B2:B10,">=30000000")
③ =SUMIF(A2:A10,">=30000000")
④ =SUM(B2:B10,">=30000000")
⑤ =SUM(A2:A10,">=30000000")

39. 다음의 알고리즘에서 인쇄되는 S의 값은?

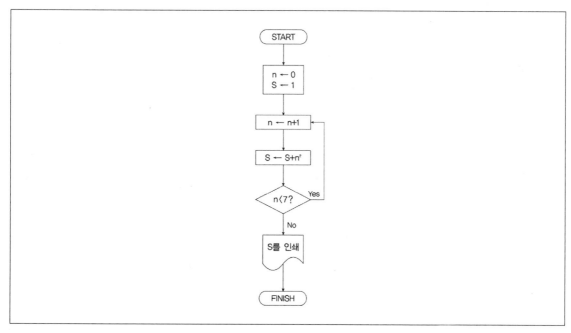

① 137

② 139

③ 141

④ 143

⑤ 145

40. 다음은 A가 코딩을 하여 만들려는 홀짝 게임 프로그램의 알고리즘 순서도이다. 그런데 오류가 있었는지 잘못된 값을 도출하였다. 잘못된 부분을 고르면?

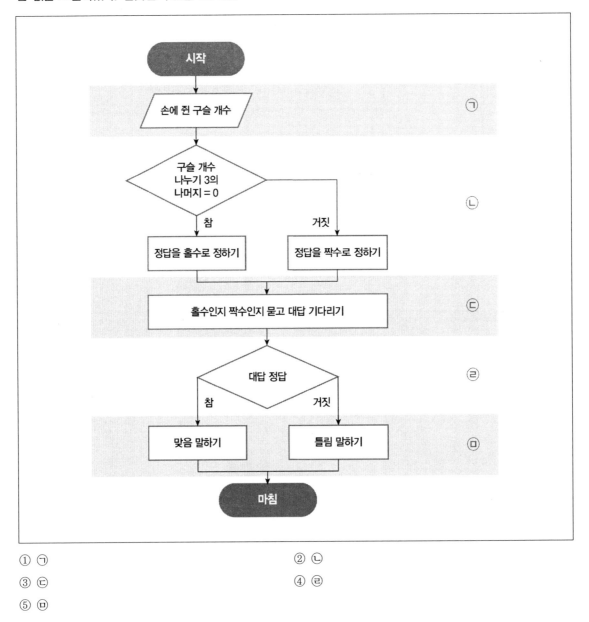

① ㉠

② ㉡

③ ㉢

④ ㉣

⑤ ㉤

| 41 ~ 42 | A 식음료 기업 직영점의 점장이 된 B는 새로운 아르바이트생을 모집하고 있으며, 아래의 채용공고를 보고 지원한 사람들의 명단을 정리하였다. 다음을 바탕으로 물음에 답하시오.

〈아르바이트 모집공고 안내〉

✓ 채용 인원 : 미정

✓ 시급 : 10,000원

✓ 근무 시작 : 8월 9일

✓ 근무 요일 : 월 ~ 금 매일(면접 시 협의)

✓ 근무 시간 : 8:00 ~ 12:00/ 12:00 ~ 16:00/ 16:00 ~ 20:00 중 4시간 이상(면접 시 협의)

✓ 우대 조건 : 동종업계 경력자, 바리스타 자격증 보유자, 6개월 이상 근무 가능자

※ 1) 지원자들은 이메일(BBBBB@jumjang.com)로 이력서를 보내주시기 바랍니다.

2) 희망 근무 요일과 희망 근무 시간대를 반드시 기입해 주세요.

〈지원자 명단〉

	이름	희망 근무 요일	희망 근무 시간	우대 조건
1	이름	희망 근무 요일	희망 근무 시간	우대 조건
2	강한결	월, 화, 수, 금	8:00 ~ 16:00	
3	금나래	화, 목	8:00 ~ 20:00	
4	김샛별	월, 수, 금	8:00 ~ 16:00	6개월 이상 근무 가능
5	송민국	월, 화, 수, 목, 금	16:00 ~ 20:00	타사 카페 6개월 경력
6	온빛나	화, 목	16:00 ~ 20:00	바리스타 자격증 보유
7	이초롱	월, 수, 금	8:00 ~ 16:00	
8	한마음	월, 화, 수, 목, 금	12:00 ~ 20:00	
9	현명한	월, 화, 수, 목, 금	16:00 ~ 20:00	

41. 점장 B는 효율적인 직원 관리를 위해 최소 비용으로 최소 인원을 채용하기로 하였다. 평일 오전 8시부터 오후 8시까지 계속 1명 이상의 아르바이트생이 점포 내에 있어야 한다고 할 때, 채용에 포함될 지원자는?

① 김샛별　　　　　　　　② 송민국

③ 이초롱　　　　　　　　④ 한마음

⑤ 현명한

42. 직원 채용 후 한 달 뒤, 오전 8시에서 오후 4시 사이에 일했던 직원이 그만두어 그 시간대에 일할 직원을 다시 채용하게 되었다. 미채용 되었던 인원들에게 연락할 때, 점장 B가 먼저 연락하게 될 지원자들을 묶은 것으로 적절한 것은?

① 강한결, 금나래　　　　② 금나래, 김샛별

③ 금나래, 이초롱　　　　④ 김샛별, 은빛나

⑤ 김샛별, 현명한

ANSWER 40.② 41.② 42.②

43. 다음 중 '자료', '정보', '지식'의 관계에 대한 설명으로 옳지 않은 것은?

① 객관적 실제의 반영이며, 그것을 전달할 수 있도록 기호화한 것을 자료라고 한다.

② 특정 상황에서 그 가치가 평가된 데이터를 정보와 지식이라고 말한다.

③ 데이터를 집적하고 체계화하여 장래의 일반적인 사항에 대비해 보편성을 갖도록 한 것을 지식이라고 한다.

④ 자료를 가공하여 이용 가능한 정보로 만드는 과정을 자료처리(Data Processing)라고도 하며 일반적으로 컴퓨터가 담당한다.

⑤ 업무 활동을 통해 알게 된 세부 데이터를 컴퓨터로 일목요연하게 정리해 둔 것을 지식이라고 볼 수 있다.

44. 다음 시트처럼 한 셀에 두 줄 이상 입력하려는 경우 줄을 바꿀 때 사용하는 키는?

① 〈F1〉+〈Enter〉

② 〈Alt〉+〈Enter〉

③ 〈Alt〉+〈Shift〉+〈Enter〉

④ 〈Shift〉+〈Enter〉

⑤ 〈Shift〉+〈Ctrl〉+〈Enter〉

45. 다음은 버블정렬에 관한 설명과 예시이다. 보기에 있는 수를 버블 정렬을 이용하여 오름차순으로 정렬하려고 한다. 1회전의 결과는?

버블정렬은 인접한 두 숫자의 크기를 비교하여 교환하는 방식으로 정렬한다. 이때 인접한 두 숫자는 수열의 맨 앞부터 뒤로 이동하며 비교된다. 맨 마지막 숫자까지 비교가 이루어져 가장 큰 수가 맨 뒷자리로 이동하게 되면 한 회전이 끝난다. 다음 회전에는 맨 뒷자리로 이동한 수를 제외하고 같은 방식으로 비교 및 교환이 이루어진다. 더 이상 교환할 숫자가 없을 때 정렬이 완료된다. 교환은 두 개의 숫자가 서로 자리를 맞바꾸는 것을 말한다.

〈예시〉
30, 15, 40, 10을 정렬하려고 한다.
• 1회전
(30, 15), 40, 10 : 30>15 이므로 교환
15, (30, 40), 10 : 40>30 이므로 교환이 이루어지지 않음
15, 30, (40, 10) : 40>10 이므로 교환
1회전의 결과 값 : 15, 30, 10, 40

• 2회전 (40은 비교대상에서 제외)
(15, 30), 10, 40 : 30>15 이므로 교환이 이루어지지 않음
15, (30, 10), 40 : 30>10 이므로 교환
2회전의 결과 값 : 15, 10, 30, 40

• 3회전 (30, 40은 비교대상에서 제외)
(15, 10), 30, 40 : 15 > 10이므로 교환
3회전 결과 값 : 10, 15, 30, 40 → 교환 완료

──────────── 보기 ────────────

9, 6, 7, 3, 5

① 6, 3, 5, 7, 9
② 3, 5, 6, 7, 9
③ 6, 7, 3, 5, 9
④ 9, 6, 7, 3, 5
⑤ 6, 7, 9, 5, 3

ANSWER 43.⑤ 44.② 45.③

제 01회 실력평가 모의고사 **53**

46. 다음 중 농협에서 시행하는 사업이 아닌 것은?

① 비료·농약·농기계 등 영농에 필요한 농자재를 저렴하게 공급

② 친환경 축산농업기반 구축

③ 가축질병 예병을 위한 방역서비스

④ Farm to Market을 통한 체계적인 농식품 관리

⑤ 농협사료 운영을 통해 축산 농가의 생산비 절감에 기여

47. 다음은 4차 산업혁명 시대의 농업 관련 직업에 대한 설명이다. 다음 설명에 해당하는 직업은?

> 정보통신(ICT), 생명공학(BT), 환경공학(ET) 기술을 접목한 농업을 통해 농업의 생산, 유통, 소비 등 모든 영역에서 생산성과 효율성을 높이고 농업과 농촌의 가치를 증대시키는 일을 하는 직업이다.

① 토양환경전문가   ② 농업드론전문가

③ 팜파티플래너   ④ 스마트농업전문가

⑤ 친환경농자재개발자

48. 농수산물(축산물은 제외)의 표준규격품이라는 것을 표시하기 위해 작성해야 하는 내용이 아닌 것은?

① 품목   ② 산지

③ 품종   ④ 등급

⑤ 신선도

49. 국내회사에서 만든 클레이(KLAY), 루나(LUNA)의 시가총액이 순위권에 들어 K - 코인이 성장세를 이루고 있다. 클레이, 루나와 같은 코인, NFT, 디파이는 이 기술을 사용하여 만들어졌다. 이 기술은 무엇인가?

① 5G   ② 데이터마이닝

③ OLAP   ④ 블록체인

⑤ 머신러닝

50. 다음에서 설명하는 제도의 실시 목적은?

> 정부가 농산물가격을 결정함에 있어서 생산비로부터 산출하지 않고 일정한 때의 물가에 맞추어 결정한 농산물가격이다.

① 근로자 보호   ② 생산자 보호

③ 소비자 보호   ④ 독점의 제한

⑤ 사재기 제한

51. 식량 부족 문제 정도를 진단하기 위한 기준으로 5단계로 이루어져 있으며 하위 3단계는 식량부족으로 인해 위험하다는 것을 의미하는 '이것'은 무엇인가?

① GHI   ② IPC

③ WFP   ④ ODA

⑤ GAFSP+

52. 다음이 설명하는 병의 이름은?

> 우리나라에서는 1974년 왜성사과나무에서 처음 발생하였으며, Venturia Inaequalis에 의해서 발생한다. 사과나무에 나타나는 이 병은 봄에 자낭포자로 1차 전염이 되고 분생포자로 계속 감염된다.

① 검은별무늬병   ② 암종병

③ 균류병   ④ 붉은별무늬

⑤ 점무늬낙엽병

53. 일론 머스크는 뇌에 칩을 이식한 거투르드(Ger trude)를 공개하였다. 거투르드의 뇌에서 보낸 신호를 컴퓨터로 전송하여 모니터에서 볼 수 있는 것을 가능하게 만들 때 사용하는 기술은?

① ANN(Artificial Neural Network)

② 딥러닝(Deep Learning)

③ VR(Virtual Reality)

④ GAN(Generative Adversarial Network)

⑤ BCI(Brain Computer Interface)

54. 이것은 코드 구조를 명확히 알지 못할 때 진행한다. 여러 버전의 프로그램에 동일한 검사 자료를 제공하여 동일한 결과가 출력되는지 검사하는 기법을 의미하는 용어는?

① 튜링 테스트

② 알파 테스트

③ 베타 테스트

④ 화이트박스 테스트

⑤ 블랙박스 테스트

55. 뉴욕증권거래소(NYSE)에서 쿠팡, 스포티파이 등의 신규 상장 기업의 첫 거래를 기념하여 발행한 가상자산은?

① 비트코인　　　　　　　　　　② 이더리움

③ 스테이블 코인　　　　　　　　④ 라이트 코인

⑤ NFT

56. 프로그래밍에 집중한 유연한 개발 방식으로 상호작용, 소프트웨어, 협력, 변화 대응에 가치를 두는 것은?

① 스크럼　　　　　　　　　　　② 애자일

③ 백로그　　　　　　　　　　　④ 린스타트업

⑤ 위키

57. 파일에 대한 저작권 정보(저자 및 권리 등)를 식별할 수 있도록 디지털 이미지나 오디오 및 비디오 파일에 삽입한 비트 패턴을 의미하는 것은 무엇인가?

① 디지털 쿼터족
② 디지털 사이니지
③ 디지털 디바이드
④ 디지털 워터마크
⑤ 디지털 네이티브

58. 종이 없는 사무실 실현을 위한 수단 중에 하나로 다양한 문서의 작성부터 폐기까지의 전 과정을 통합적으로 관리하기 위한 시스템을 의미하는 것은?

① LMS
② EDMS
③ eQMS
④ ERP
⑤ EDI

59. ICT를 활용하여 비료, 물, 노동력 등 투입 자원을 최소화하면서 생산량을 최대화하는 생산 방식을 이르는 말은?

① 계약재배
② 겸업농가
③ 녹색혁명
④ 정밀농업
⑤ 생력농업

60. 농사 기술에 ICT 기술을 접목하여 시공간의 제약 없이 최적의 생육 환경을 자동제어하고, 노동력 부족, 생산성 저하, 농가 소득 정체와 같은 농업문제를 해결할 수 있는 '지능화된 농장'을 일컫는 말은?

① AI 팜
② 에어로 팜
③ 스마트 팜
④ 씨티 팜
⑤ 위켄드 팜

ANSWER 53.⑤ 54.⑤ 55.⑤ 56.② 57.④ 58.② 59.④ 60.③

직무상식평가   일반분야

※ 해당영역은 일반분야에 지원하시는 수험생만 푸시면 됩니다.

61. 기업이 자신들의 이익을 위하여 경영권 방어, 약탈 등 경제적 비용을 비효율적으로 사용하여 경제력을 낭비하는 현상을 뜻하는 것은?

① 로젠탈   ② 헤징
③ 크레스피   ④ 지대추구
⑤ 리카도

62. 한국은행이 물가 급등을 우려하여 기준금리를 상승시킬 경우 수입과 원·달러 환율에 미칠 영향을 바르게 나타낸 것은?

	금리	환율
①	증가	상승
②	감소	상승
③	증가	하락
④	감소	하락
⑤	변화없음	변화없음

63. 다음 설명으로 알맞은 현상은 무엇인가?

> 국내 여성의 경력단절 현상을 의미한다. 상당수의 여성들은 20대 초반에 노동시장에 참여하다가 20대 후반에서 30대 중후반 사이에 임신 및 출산, 육아 등으로 인해 경제활동에 손을 떼게 되는데 이 같은 여성 취업률의 변화 추이를 나타내는 곡선이다.

① U Curve 현상   ② J Curve 현상
③ L Curve 현상   ④ M Curve 현상
⑤ W Curve 현상

64. 예금자보호가 적용되지 않는 금융상품은?

① ISA

② 표지어음

③ 외화통지예금

④ IRP

⑤ 은행채

65. 경제가 완전고용수준에 미달하고 모든 물가가 신축적으로 변동할 때 피구 효과로 인해 나타날 수 있는 현상은?

① 물가하락은 자산보유자의 실질적인 부의 증가를 가져오기 때문에 소비가 증가한다.

② 생산원가의 하락은 투자 수익의 증대를 가져와 투자지출이 증대된다.

③ 화폐의 유통속도는 물가가 하락하는 비율만큼 떨어진다.

④ 물가하락은 사람들이 앞으로 더욱 더 큰 물가 하락을 예상하여 총소비 지출을 감소시킨다.

⑤ 물가가 신축적이라 하더라도 극심한 불황 하에 서 유동성 함정이 존재한다면 완전고용은 이룰 수 없다.

66. 투자신탁상품의 일종으로 공사채형과 주식형에서 유리한쪽으로 전환이 가능한 금융상품은?

① 카멜레온 펀드

② 엄브렐러 펀드

③ 멀티클래스 펀드

④ 모자 펀드

⑤ 뮤추얼 펀드

67. M&A의 경영전략적 동기로 옳지 않은 것은?

① 시장구조를 독점하여 시장점유율과 시장지배력을 확대함으로 이익의 극대화를 추구한다.

② 기업 내부자원을 활용한 성장에는 한계가 있으므로 M&A를 통해 기업의 목표인 지속적인 성장을 추구한다.

③ 국제화 추세에 맞춰 기업과 기술의 국제화를 추구한다.

④ 비효율적인 부문은 매각하고 유망한 부문에 대해 전략을 구사하여 이익의 극대화를 추구한다.

⑤ 새로운 기술을 도입하고 보유하고 있는 기술을 발전시키기 위한 전략이다.

ANSWER 61.④ 62.③ 63.④ 64.⑤ 65.① 66.① 67.①

68. 다음 중 ETF에 대한 설명으로 옳지 않은 것은?

① 주식처럼 거래가 가능한 펀드이다.

② 특정 주가지수의 수익률을 따라가는 지수연동형 펀드를 구성한 뒤 이를 거래소에 상장하는 방식이다.

③ 개별 주식처럼 매매가 편리하고 인덱스 펀드처럼 거래비용이 낮다.

④ 소액으로도 분산투자가 가능하다.

⑤ 주식처럼 거래를 하여 성과 역시 주식과 같은 효과를 얻는다.

69. 이탈리아의 통계학자가 제시한 법칙에서 나온 것으로, 소득 분배의 불평등을 나타내는 수치는 무엇인가?

① 지니계수

② 엥겔지수

③ 위대한 개츠비 곡선

④ 로렌츠곡선

⑤ 10분위 분배율

70. 다음 글에 포함되어 있지 않은 경제적 개념은 무엇인가?

얼마 전 영화 「콩쥐팥쥐」가 개봉하였다. 송이는 영화관에서 볼지 아니면 2 ~ 3달 후에 집에서 OTT로 볼지 고민하다가 영화관에서 보기로 결정했다. 영화관에 가기 전날 송이는 A신문에서 "이동통신사들이 자사 카드 사용자에 대한 영화 관람료 할인제도를 폐지하자 관람객 수가 감소했다."는 기사를 읽게 되었다. 예전에 이동통신사의 관람료 할인제도를 이용하던 송이는 대신 조조할인을 받기 위해 일요일 아침 일찍 영화관에 갔다. 기다리면서 마시려고 산 커피는 일반 시중 가격에 비하여 매우 비싸다고 느꼈으며 영화관은 외부 음식물 반입을 금지하고 있다.

① 대체재

② 외부 효과

③ 가격차별

④ 진입장벽

⑤ 수요의 가격 탄력성

※ 해당영역은 IT분야에 지원하시는 수험생만 푸시면 됩니다.

71. 컴퓨터를 유지하고 있는 두 가지 구성 요소는?

① 시스템, 정보   ② 시스템, 자료

③ 기억장치, 제어장치   ④ 하드웨어, 소프트웨어

⑤ 기억장치, 소프트웨어

72. 조합 논리회로에 대한 설명으로 옳지 않은 것은?

① 반가산기 : 두 비트를 더해서 합(S)과 자리올림수(C)를 구하는 회로

② 전가산기 : 두 비트와 하위 비트의 자리올림수(Cin)를 더해서 합(S)과 상위로 올리는 자리올림수(Cout)를 구하는 회로

③ 디코더 : 사람이 사용하는 문자 체계를 컴퓨터에 맞게 변환시키는 회로

④ 멀티플렉서 : 여러 곳의 입력선(2n개)으로부터 들어오는 데이터 중 하나를 선택하여 한 곳으로 출력시키는 회로

⑤ 인코더 : 여러 개의 입력단자 중에 나타난 정보를 2진수로 코드화하여 전달시키는 회로

73. 다음 중 프로그래밍 언어의 설계 원칙으로 옳지 않은 것은?

① 프로그래밍 언어의 개념이 분명하고 단순해야 한다.

② 신택스가 분명해야 한다.

③ 자연스럽게 응용할 수 있어야 한다.

④ 프로그램 검증을 복잡하게 다각도로 해야 한다.

⑤ 효율적으로 작성해야 한다.

74. 데이터베이스에서 데이터가 발생하는데도 중복을 통제하지 않을 때 단점이 아닌 것은?

① 일관성 문제   ② 공유성 문제

③ 보안성 문제   ④ 경제성 문제

⑤ 무결성 문제

ANSWER 68.⑤   69.①   70.②   71.④   72.③   73.④   74.②

75. 다음에서 설명하는 임시기억장치는?

> 1차원 배열 STACK(1:n)에 나타낼 수 있는 순서리스트 또는 선형리스트의 형태로서 가장 나중에 저장한 데이터를 먼저 꺼내는 후입선출(LIFO) 알고리즘을 갖는 주기억장치나 레지스터를 사용하는 임시기억장치를 말한다.

① 스택   ② 큐

③ 데크   ④ 트리

⑤ 카운터

76. 모뎀과 컴퓨터 사이에 데이터를 주고받을 수 있는 통로는?

① 포트   ② 프로토콜

③ 라우터   ④ 플러그 인

⑤ 파이프라인

77. HTML에 대한 설명으로 옳지 않은 것은?

① UL은 순서가 있는 목록의 시작과 종료를 알려주는 태그이다.

② BACKGROUND는 웹페이지의 배경그림을 나타낸다.

③ FONT는 문자의 크기나 색상 등을 지정한다.

④ TABLE은 표를 만들 때 사용한다.

⑤ TAG는 문서를 작성하기 위해서 쓰는 명령어이다.

78. JAVA 프로그램의 실행 결과로 옳은 것은?

```
class Test {
    public static void main(String[] args) {
        int a = 101:
        System.out.println((a>>2) << 3):
    }
}
```

① 0

② 200

③ 404

④ 600

⑤ 705

79. 〈보기〉는 공개키 암호 방식을 전자 서명(Digital Signature)에 적용하여 A가 B에게 메시지를 전송하는 과정에 대한 설명이다. ㉠, ㉡에 들어갈 내용으로 옳은 것은?

보기

- A와 B는 개인키와 공개키 쌍을 각각 생성한다.
- A는 (㉠)를 사용하여 암호화한 메시지를 B에게 전송한다.
- B는 (㉡)를 사용하여 수신된 메시지를 해독한다.

	㉠	㉡		㉠	㉡
①	A의 개인키	A의 공개키	②	A의 개인키	B의 공개키
③	A의 공개키	B의 개인키	④	B의 공개키	B의 개인키
⑤	B의 개인키	B의 공개키			

80. 플립플롭(Flip – Flop)에 대한 설명으로 옳지 않은 것은?

① 플립플롭(Flip – Flop)은 이진수 한 비트 기억소자이다.

② 레지스터 상호 간 공통선들의 집합을 버스(Bus)라 한다.

③ 병렬전송에서 버스(Bus) 내의 선의 개수는 레지스터를 구성하는 플립플롭의 개수와 일치하지 않는다.

④ M비트 레지스터는 M개의 플립플롭으로 구성된다.

⑤ 입력이 변하지 않는 한, 현재 기억하고 있는 값을 유지한다.

ANSWER 75.① 76.① 77.① 78.② 79.① 80.③

직무능력평가

1. 다음은 N사 인사팀의 채용 관련 회의 내용이다. 채용 문제를 해결하기 위해 제시한 문제해결 방법의 원칙을 ㉠ 준수한 직원과 ㉡ 위반한 직원은?

> 甲 : 이번 개발자 채용은 어떻게 진행할까요? 의견이 있으신 분들은 말씀해주세요.
>
> 乙 : 예상보다 많은 인원이 지원했어요. 아무래도 인력이 부족하니까 이번에도 외주로 맡기는 게 나을 것 같아요. 지난 채용에 외주로 맡겼었는데 결과가 썩 좋았던 걸로 기억합니다.
>
> 丙 : 글쎄요…. 지난번 채용 때 입사한 사람은 2주도 안 돼서 퇴사했지 않나요? 그리고 외주 업체는 수수료가 너무 비싸잖아요. 저는 차라리 그 비용으로 광고배너나 키워드 광고를 넣는 게 어떨까 합니다.
>
> 丁 : 광고배너라 함은 구인구직 사이트 메인화면 노출 말씀하시는 거죠? 그럼 거기랑 개발자 커뮤니티에도 홍보하는 게 어떨까요? 마침 해당 분야 인력들 사이에서 뜨고 있는 사이트를 몇 군데 알고 있는데, 사이트 운영진과 협의해볼 수 있을 것 같아요.
>
> 甲 : 좋네요. 전문성 있는 사람이 필요하니, 도움이 될 것 같네요.
>
> 乙 : SNS 홍보는요? 이직하는 사람들 사이에서 유명한 SNS가 있는데요.
>
> 丙 : 아니…. 거기도 어쨌든 유료상품을 결제해야 하지 않아요? 또 거기는 모든 직종 직원들이 이용해서 특정 커뮤니티보다 활용도가 떨어질 것 같은데요.
>
> 丁 : 앞으로도 개발 인력이 많이 필요한 상황이니까 관련 세미나나 모임에 협찬을 진행해서 지속적인 홍보를 하는 것도 도움이 될 것 같습니다.

> 〈문제 해결 방법의 원칙〉
> • 상대방 의견을 비판 또는 판단하지 않는다.
> • 자유롭게 의견을 제시한다.
> • 최대한 많은 아이디어를 낼 수 있도록 한다.
> • 상대방의 아이디어와 내 아이디어를 결합할 수 있어야 한다.

	㉠	㉡			㉠	㉡
①	丁	丙		②	甲	乙
③	乙	丙		④	丁	甲
⑤	丙	丁				

2. 다음 글의 주제로 옳은 것은?

> 올해는 무역전쟁으로 냉각기를 겪고 있는 수출시장을 다변화하기 위해 유망품목 육성 및 검역장벽 해소에 주력한 한 해라고 볼 수 있다. 수출 전 농약검사 확대 등 품질·안전성 관리를 강화하고 수출전문 생산단지의 예냉시설 확충과 선도 유지기술 적용 물류체계 등 저온유통체계 구축에 힘썼다. 이와 같은 노력으로 파프리카의 경우 농식품 수출에서 비대면 영상검역을 도입하였고 검역장벽을 해소하여 수출시장 다변화의 계기를 마련하였다.
> 마케팅 방식을 전환하여 해외 온라인몰 입점, 화상 수출상담, 온라인 박람회 등 비대면 수출 홍보를 도입하기도 하였다. 수출 대상국의 물류마비에 따라 항공운수 차질에 대응한 신선기술 적용 선박 수출, 전세기를 이용한 수출에 대해서도 지원을 개시하였다.
> 이러한 노력의 결과 무역전쟁 상황에도 불구하고 전년 대비 김치 수출이 37.6%, 포도 수출이 32.4% 증가한 것으로 추산된다. 농식품 수출 전년 대비 7.7% 증가한 75.7억 불에 달했다. 아울러 신남방에 대한 수출이 20.4억 달러에 달하여 우리 농식품의 최대 수출시장으로 부상하고 있다

① 농식품 수출 시장 확대
② 농업 관련 입법
③ 농산물 가격 급등락 최소화
④ 농업·농촌 세대별 맞춤형 일자리 창출
⑤ 무역전쟁에 따른 예산 규모

ANSWER 1.① 2.①

3. 다음 글의 주제로 가장 적절한 것은?

> 「근로기준법」에서 정하는 근로조건은 최저기준이므로 근로관계 당사자는 이 기준을 이유로 근로조건을 낮출 수 없는 것이 기준이다. 근로조건은 근로자와 사용자가 동등한 지위에서 자유의사에 따라 결정하여야 하고 근로자와 사용자는 각자가 단체협약, 취업규칙과 근로계약을 지키고 성실하게 이행할 의무가 있다. 사용자는 근로자에 대하여 남녀의 성(性)을 이유로 차별적 대우를 하지 못하고, 국적·신앙 또는 사회적 신분을 이유로 근로조건에 대한 차별적 처우를 하지 못한다. 또한 사용자는 폭행, 협박, 감금, 그 밖에 정신상 또는 신체상의 자유를 부당하게 구속하는 수단으로써 근로자의 자유의사에 어긋나는 근로를 강요하지 못한다.

① 근로기준법의 정의   ② 사용자가 체결해야 하는 근로조건
③ 근로기준의 원칙과 의무   ④ 법적 근로시간
⑤ 탄력적 근로시간제 조건

4. 다음 제시문을 읽은 후 반응으로 옳지 않은 것은?

> 최근 우리 주변에는 타인의 시선은 전혀 의식하지 않은 채 나만 좋으면 된다는 소비 행태가 날로 늘어나고 있다. 이를 가리켜 우리는 '과소비'라고 하는데, 경제학에서는 이와 비슷한 말로 '과시 소비'라는 용어를 사용한다.
> 과시 소비란 자신이 경제적 또는 사회적으로 남보다 앞선다는 것을 여러 사람들 앞에서 보여 주려는 본능적 욕구에서 나오는 소비를 말한다. 그런데 문제는 정도에 지나친 생활을 하는 사람을 보면 이를 무시하거나 핀잔을 주어야 할 텐데, 오히려 없는 사람들까지도 있는 척 하면서 그들을 부러워하고 모방하려고 애쓴다는 사실이다. 이러한 행동은 '모방 행동' 때문에 나타난다. 모방 본능은 필연적으로 '모방 소비'를 부추긴다.
> 모방 소비란 내게 꼭 필요하지도 않지만 남들이 하니까 나도 무작정 따라 하는 식의 소비이다. 이는 마치 남들이 시장에 가니까 나도 장바구니를 들고 덩달아 나서는 격이다.
> 이러한 모방 소비는 참여하는 사람들의 수가 대단히 많다는 점에서 과시 소비를 못지않게 큰 경제 악이 된다는 것을 유념해야 할 것이다.

① 甲 : 나만 해도 굳이 바꾸지 않아도 되는 휴대폰 기종을 요즘 광고하는 새 기종으로 바꿨어.
② 乙 : 요새 휴대폰 사면 휴대폰 액세서리까지 구입하게끔 소비 욕구를 자극하더라니까.
③ 丙 : 요즘 10대들 사이에서 연예인이 입은 명품 옷이 그렇게 유행한다며?
④ 丁 : 예전에 있었던 고액 패딩 유행 사태만 생각해도 꽤 심각한 문제라는 걸 알 수 있지.
⑤ 戊 : 나도 필요는 없는데 남들이 사면 괜히 사고 싶어지더라고.

5. 다음 제시문을 작성할 때 유의할 사항으로 적절한 것은?

　　서울특별시 농업기술센터에서는 「도시농업의 육성 및 지원에 관한 법률」에 의거하여 서울시민의 농업에 대한 이해를 돕고 도시농업을 활성화하기 위하여 도시농업전문가 양성교육을 추진하고 있다. 도시농업 육성 정책의 일환인 도시농업전문가 양성교육은 2012년에 처음 도시농업 원년을 선포하며 개설되어 현재까지 운영되고 있다.

　　교육과정은 도시농업전문가로서 활동하는 데 필요한 농업 기초(토양과 비료, 농약과 농산물의 안전성, 병해충 방제 등), 분야별 친환경 농업기술(채소, 화훼, 과수, 벼, 특용작물, 기타) 등을 습득할 수 있도록 비대면 교육과 현장실습으로 이루어진다.

　　구체적인 신청 자격은 주민등록상 서울특별시에 거주하며 「도시농업의 육성 및 지원에 관한 법률」 관련 도시농업 관련 국가기술자격 소지자, 또는 「국가기술자격법」 관련 농림어업(농업, 임업) 직무분야 국가기술자격 소지자, 농업기관 주관 농업교육 50시간 이상 이수자, 농업계 학교 출신자, 3년 이상 농업경력자, 서울시 소재 농업관련기관 또는 농업관련단체 1년 이상 근무경력자를 대상으로 하며 농업기술센터 귀농창업교육, 양봉전문가교육, 곤충산업전문인력 양성교육 등 교육대상자 중복 시 선발에서 제외한다.

---

① 상황에 적합한 내용이며 곧바로 업무 진행이 가능하도록 지시 내용을 포함해야 한다.

② 업무와 관련한 요청사항이나 필요사항을 명시해야 한다.

③ 대외문서이며 장기간 보관되므로 정확하게 기술해야 한다.

④ 정보 제공을 위한 문서이므로 내용이 정확해야 한다.

⑤ 전체 내용을 한눈에 파악할 수 있도록 목차구성을 신중히 한다.

6. 다음 ㉠ ~ ㉤ 중 문제해결 절차 과정의 원인분석 절차에 해당하는 것은?

A 씨는 거래처의 부탁으로 ㉠온라인 쇼핑몰에서 상품을 구매하였으나 구입한 상품의 일부만 배송되었다고 연락받았다. 당장 이번 주에 상품이 필요하다며 배송 예상날짜를 물어보는 거래처에 난감해진 A 씨는 고객센터에 문의를 남겼고 답변 메일을 받았다.

> 고객님, 안녕하세요.
> 오늘도 저희 쇼핑몰을 방문해 주셔서 감사합니다.
> ㉡상품을 여러 개 담아 한 번에 결제하셨는데도 일부 상품만 도착해서 궁금하셨을 텐데, 안내해 드리겠습니다. ㉢택배배송 상품을 주문했으나 동일한 상품이 아닌 경우 각 업체별 상황에 따라 준비 및 배송 시점이 다를 수 있습니다. 또한 부피가 큰 상품, 가구, 수량 등 상품 특성에 따라 부분 발송될 수 있는 점 양해 부탁드립니다.
> ㉣배송되지 않은 상품에 대한 정보는 마이페이지〉주문·배송 현황에서 확인이 가능합니다. 또한 진행현황의 배송조회를 클릭하시면 운송장 번호로 추적이 가능합니다.
> 다른 문의사항이 있으실 경우 고객센터로 문의주시면 친절하고 상세하게 안내해 드리겠습니다.
> 그럼 오늘도 좋은 하루 보내시길 바라겠습니다. 감사합니다.

A 씨는 답변에 따라 ㉤운송장 번호로 배송 추적하여 예상 날짜를 파악하고 부분배송 이유와 함께 거래처에 이 같은 사실을 알렸다.

---

① ㉠

② ㉡

③ ㉢

④ ㉣

⑤ ㉤

7. 다음 글을 통해 알 수 있는 것은?

식량부족 해결책으로 품종 개발을 계획하였다. 1962년 필리핀에 설립된 국제미작연구소에서 생산성이 높은 품종 개발 연구를 시작하였는데, 당시 반 왜성 품종의 밀과 벼가 생산성이 높다고 인정되었기 때문에 반 왜성 품종 유전자와 열대지역의 인디카, 온대지역의 자포니카 품종을 결합하는 교배를 진행하였다. 이를 통해 만들어진 벼들 가운데 우수종자를 선발하고 교배하여 더욱 발전시켰다. 그 결과 1971년에 통일벼가 개발되었고 이듬해 농가에 보급되어 본격적인 재배가 시작되었다. 통일벼는 키가 짧고 내비성과 광합성 능력이 높아 당시 다른 품종보다 약 30 ~ 40%가량 생산성이 높은 다수확 품종이었다. 또한 도열병, 줄무늬잎마름병, 흰잎마름병 등 주요 병해에도 강하다는 특성이 있었다. 때문에 정부에서도 이를 적극 권장하였으며, 이중곡가제를 실시하였다. 1976년에는 통일벼의 재배면적은 전체 44%로 확대되면서 521.5만 톤을 생산해냈고, 안정적인 자급자족이 이루어졌다. 이후 세계 벼 육종학자들은 물론, 농학계의 관심 대상이 되었다. 그러나 인디카 품종유전자가 높았기 때문에 저온에 대한 내성이 약했다. 찰기가 많고 품질이 좋은 자포니아 품종에 비하여 찰기가 없고 품질이 다소 떨어지며 탈립성이 약해서 수확기에 알맹이가 쉽게 떨어져 나가는 등의 단점이 있었다. 이를 개선하기 위한 연구를 추진하여 조생통일, 영남조생, 유신 등의 통일형 품종이 개발·보급되었으나 1980년대부터는 통일벼 과다생산의 우려와 양질의 쌀을 추구함에 따라 재배면적이 줄어들었다. 하지만 기적의 볍씨라고도 불리는 통일벼의 개발은 우리나라 식량자급의 직접적인 계기가 되었고, 작물육종 기술 격상과 나라의 안정 및 발전에 크게 이바지하였다. 이를 바탕으로 최근에는 농·식품 수출시장 확대를 위하여 쌀의 품질을 보다 끌어올려 생산량은 유지하되 해외시장을 공략하려는 사업이 일고 있다.

① 통일벼가 본격적으로 보급된 시기의 재배 면적은 44%에 달하였다.
② 역사상 최초로 자급자족을 이루었다.
③ 정부에서는 농민에게 비싸게 사들이고, 저렴한 가격으로 보급하였다.
④ 열대지역 품종 특성상 주요 병해 피해가 적다.
⑤ 후에 비탈립성의 단점 등의 이유로 재배면적이 줄어들었다.

8. 다음 두 글에서 공통적으로 말하고자 하는 것은?

> (가) 많은 사람들이 기대했던 우주왕복선 챌린저는 발사 후 1분 13초 만에 폭발하고 말았다. 사건 조사단에 의하면, 사고 원인은 챌린저 주 엔진에 있던 O − 링에 있었다. O − 링은 디오콜사가 NASA로부터 계약을 따내기 위해 저렴한 가격으로 생산될 수 있도록 설계되었다. 하지만 첫 번째 시험에 들어가면서부터 설계상의 문제가 드러나기 시작하였다. NASA의 엔지니어들은 그 문제점들을 꾸준히 제기했으나, 비행시험에 실패할 정도의 고장이 아니라는 것이 디오콜사의 입장이었다. 하지만 O − 링을 설계했던 과학자도 문제점을 인식하고 문제가 해결될 때까지 챌린저 발사를 연기하도록 회사 매니저들에게 주지시키려 했지만 거부되었다. 한 마디로 그들의 노력이 미흡했기 때문이다.
>
> (나) 과학의 연구 결과는 사회에서 여러 가지로 활용될 수 있지만, 그 과정에서 과학자의 의견이 반영되는 일은 드물다. 과학자들은 자신이 책임질 수 없는 결과를 이 세상에 내놓는 것과 같다. 과학자는 자신이 개발한 물질을 활용하는 과정에서 나타날 수 있는 위험성을 충분히 알리고 그런 물질의 사용에 대해 사회적 합의를 도출하는 데 적극 협조해야 한다.

① 과학적 결과의 장단점
② 과학자와 기업의 관계
③ 과학자의 윤리적 책무
④ 과학자의 학문적 한계
⑤ 과학자의 사회적 영향

┃ 9 ~ 10 ┃ 다음은 우리나라의 공적연금제도와 관련된 설명이다. 물음에 답하시오.

사람들은 은퇴 이후 소득이 급격하게 줄어드는 위험에 처할 수 있다. 이러한 위험이 발생할 경우에 일정 수준의 생활(소득)을 보장해 주기 위한 제도가 공적연금제도이다. 우리나라의 공적연금제도에는 대표적으로 국민의 노후 생계를 보장해 주는 국민연금이 있다. 공적연금제도는 강제가입을 원칙으로 한다. 연금은 가입자가 비용은 현재 지불하지만 그 편익은 나중에 얻게 된다. 그러나 사람들은 현재의 욕구를 더 긴박하고 절실하게 느끼기 때문에 불확실한 미래의 편익을 위해서 당장은 비용을 지불하지 않으려는 경향이 있다. 또한 국가는 사회보장제도를 통하여 젊은 시절에 노후를 대비하지 않은 사람들에게도 최저생계를 보장해준다. 이 경우 젊었을 때 연금에 가입하여 성실하게 납부한 사람들이 방만하게 생활한 사람들의 노후생계를 위해 세금을 추가로 부담해야 하는 문제가 생긴다. 그러므로 국가가 나서서 강제로 연금에 가입하도록 하는 것이다.

공적연금제도의 재원을 충당하는 방식은 연금 관리자의 입장과 연금 가입자의 입장에서 각기 다르게 나누어 볼 수 있다. 연금 관리자의 입장에서는 '적립방식'과 '부과방식'의 두 가지가 있다. '적립방식'은 가입자가 낸 보험료를 적립해 기금을 만들고 이 기금에서 나오는 수익으로 가입자가 납부한 금액에 비례하여 연금을 지급하지만, 연금액은 확정되지 않는다. '적립방식'은 인구 구조가 변하더라도 국가는 재정을 투입할 필요가 없고, 받을 연금과 내는 보험료의 비율이 누구나 일정하므로 보험료 부담이 공평하다. 하지만 일정한 기금이 형성되기 전까지는 연금을 지급할 재원이 부족하므로, 제도 도입 초기에는 연금 지급이 어렵다. '부과방식'은 현재 일하고 있는 사람들에게서 거둔 보험료로 은퇴자에게 사전에 정해진 금액만큼 연금을 지급하는 것이다. 이는 '적립방식'과 달리 세대 간 소득재분배 효과가 있으며, 제도 도입과 동시에 연금 지급을 개시할 수 있다는 장점이 있다. 다만 인구 변동에 따른 불확실성이 있다. 노인 인구가 늘어나 역삼각형의 인구구조가 만들어질 때는 젊은 세대의 부담이 증가되어 연금 제도를 유지하기가 어려워질 수 있다.

연금 가입자의 입장에서는 납부하는 금액과 지급 받을 연금액의 관계에 따라 확정기여방식과 확정급여방식으로 나눌 수 있다. 확정기여방식은 가입자가 일정한 액수나 비율로 보험료를 낼 것만 정하고 나중에 받을 연금의 액수는 정하지 않는 방식이다. 이는 연금 관리자의 입장에서 보면 '적립방식'으로 연금 재정을 운용하는 것이다. 그래서 이 방식은 이자율이 낮아지거나 연금 관리자가 효율적으로 기금을 관리하지 못하는 경우에 개인이 손실 위험을 떠안게 된다. 또한 물가가 인상되는 경우 확정기여에 따른 적립금의 화폐가치가 감소되는 위험도 가입자가 감수해야 한다. 확정급여방식은 가입자가 얼마의 연금을 받을 지를 미리 정해 놓고, 그에 따라 개인이 납부할 보험료를 정하는 방식이다. 이는 연금 관리자의 입장에서는 '부과방식'으로 연금 재정을 운용하는 것이다. 나중에 받을 연금을 미리정하면 기금 운용 과정에서 발생하는 투자의 실패는 연금 관리자가 부담하게 된다. 그러나 이 경우에도 물가상승에 따른 손해는 가입자가 부담해야 하는 단점이 있다.

9. 공적연금의 재원 충당 방식 중 '적립방식'과 '부과방식'을 비교한 내용으로 적절하지 않은 것은?

	항목	적립방식	부과방식
①	연금 지급 재원	가입자가 적립한 기금	현재 일하는 세대의 보험료
②	연금 지급 가능 시기	일정한 기금이 형성된 이후	제도 시작 즉시
③	세대 간 부담의 공평성	세대 간 공평성 미흡	세대 간 공평성 확보
④	소득 재분배 효과	소득 재분배 어려움	소득 재분배 가능
⑤	인구 변동 영향	받지 않음	받음

10. 위 내용을 바탕으로 다음 상황에 대해 분석할 때 적절하지 않은 결론을 도출한 사람은?

> ○○회사는 이번에 공적연금 방식을 준용하여 퇴직연금 제도를 새로 도입하기로 하였다. 이에 회사는 직원들이 퇴직연금 방식을 확정기여방식과 확정급여방식 중에서 선택할 수 있도록 하였다.

① 가현 : 확정기여방식은 부담금이 공평하게 나눠지는 측면에서 장점이 있어.

② 나현 : 확정기여방식은 기금을 운용할 회사의 능력에 따라 나중에 받을 연금액이 달라질 수 있어.

③ 다현 : 확정기여방식은 기금의 이자 수익률이 물가상승률보다 높으면 연금액의 실질적 가치가 상승할 수 있어.

④ 라현 : 확정급여방식은 물가가 많이 상승하면 연금액의 실질적 가치가 하락할 수 있어.

⑤ 마현 : 확정급여방식은 투자 수익이 부실할 경우 가입자가 보험료를 추가로 납부해야 하는 문제가 있어.

11. 다음의 목차에 따라 글을 쓰고자 한다. 글쓰기에 대한 의견으로 적절하지 않은 것은?

〈제목 : 전산망 보호를 위한 방화벽 시스템의 도입에 대한 제안〉

Ⅰ. 전산망 보호를 위한 방화벽 시스템의 개념
Ⅱ. 방화벽 시스템의 필요성
Ⅲ. 방화벽 시스템의 종류
Ⅳ. 방화벽 시스템의 문제점과 한계
Ⅴ. 방화벽 시스템의 운영비용

---

① 가현 : 보유 정보가 해커들로부터 보호할 만한 가치가 있는 것인지에 대한 검토가 Ⅰ에서 이루어져야지.

② 나현 : 내부 네트워크의 자원 및 정보에 대한 해커들의 불법 침입으로 인한 피해 사례를 Ⅱ에서 다루는 게 좋겠어.

③ 다현 : Ⅲ에서는 전산망 보호를 위한 방화벽 시스템을 종류별로 살피면서 각 시스템의 장점과 단점도 제시할 수 있어야지.

④ 라현 : Ⅳ의 내용은 이 글의 흐름으로 보아 목차의 하나로 배치하기에는 문제가 있어. 방화벽 도입의 필요성을 다시 한 번 강조하는 결론을 별개의 장으로 설정하고, 거기에서 간단하게만 언급해야 할 것 같아.

⑤ 마현 : Ⅴ의 내용은 시스템의 종류에 따라 달라질 테니, Ⅲ에서 동시에 다루는 게 좋겠어.

12. 글을 읽고 알 수 있는 내용으로 옳은 것은?

영국 경제학자 콜린 클라크는 산업을 1 ~ 3차 산업으로 분류했는데, 1차 산업은 자연환경과 직접적으로 연관된 농업, 임업, 어업 등을 말한다. 2차 산업은 1차 산업의 결과물을 다른 상품으로 생산하는 산업을 말하는데 공업이나 건설업 등이 대표적이다. 3차 산업은 1 ~ 2차 산업의 생산물을 서비스로 제공하는 산업이기 때문에 서비스업이라고도 한다. 3차 산업은 도매 및 소매업, 운송업, 음식점업 등이 포함되는데, 현재는 대부분의 산업을 3차 산업으로 분류할 수 있다. 3차 산업을 다시 4 ~ 5차 산업으로 분류할 수 있다. 4차 산업은 정보, 의료, 교육, 서비스 산업 등 지식 산업을 말하며, 5차 산업은 패션 및 오락, 레저 등 취미 산업을 의미한다. 산업의 변화로 1.5차 산업과 2.5차 산업, 6차 산업 등 새로운 형태의 산업이 등장하였다. 1.5차 산업은 1차와 2차의 중간으로 농수산물을 가공하는 가공업 등이 해당하며, 2.5차 산업은 제조업과 제품과 서비스를 결합하여 경쟁력을 확보하는 새로운 산업이다. 우리나라에서는 구례군 산수유 마을이 1.5차 산업으로 지정되었다. 6차 산업은 1 ~ 3차 산업이 복합된 산업으로, (최근에는 농촌의 발전과 성장을 위한 6차 산업이 강조되고 있다.) 농촌의 인구 감소와 고령화, 수입 농산물 개방으로 인한 국내 농산물 경쟁력 약화 등의 문제로 새롭게 등장하였으며 국내 공식 명칭은 농촌 융·복합 산업이다. 현재 농림축산식품부에서 6차 산업 사업자를 대상으로 성장 가능성을 고려하여 심사를 거친 뒤 사업자 인증서를 수여하고 있다. 농촌 융·복합 산업 사업자 인증제도는 농업인과 농업법인을 인증하여 핵심 경영체를 육성하는 시스템으로, 농촌의 다양한 유무형 자원을 활용하고 새로운 부가가치를 창출하기 위하여 도입되었다.

① 농촌과 국내 농산물 경쟁력을 제고하기 위해 6차 산업이 등장하였다.
② 2007년에 구례군 산수유 마을이 1.5차 산업으로 지정되었다.
③ 6차 산업은 1차 산업부터 취미 산업까지 이르는 새로운 산업이다.
④ 6차 산업은 농업인과 농업법인 핵심 경영체를 육성하기 위한 산업이다.
⑤ 6차 산업은 농촌의 다양한 유무형 자원을 활용하고 부가가치를 창출할 수 있다.

13. 다음 중 논리적 흐름에 맞게 바르게 배열한 것은?

> (개) 자본주의 사회에서 상대적으로 부유한 집단, 지역, 국가는 환경적 피해를 약자에게 전가하거나 기술적으로 회피할 수 있는 가능성을 가진다.
>
> (내) 오늘날 환경문제는 특정한 개별 지역이나 국가의 문제에서 나아가 전 지구적 문제로 확대되었지만, 이로 인한 피해는 사회·공간적으로 취약한 특정 계층이나 지역에 집중적으로 나타나는 환경적 불평등을 야기하고 있다.
>
> (대) 인간사회와 자연환경 간의 긴장관계 속에서 발생하고 있는 오늘날 환경위기의 해결 가능성은 논리적으로 뿐만 아니라 역사적으로 과학기술과 생산조직의 발전을 규정하는 사회적 생산관계의 전환을 통해서만 실현될 수 있다.
>
> (래) 부유한 국가나 지역은 마치 환경문제를 스스로 해결한 것처럼 보이기도 하며, 나아가 자본주의 경제체제 자체가 환경문제를 해결(또는 최소한 지연)할 수 있는 능력을 갖춘 것처럼 홍보되기도 한다.

① (개) - (내) - (대) - (래) ② (개) - (내) - (래) - (대)
③ (내) - (개) - (래) - (대) ④ (내) - (래) - (개) - (대)
⑤ (내) - (개) - (대) - (래)

14. 명제 1, 명제 2가 모두 참이라고 할 때, 결론이 참이 되기 위해서 필요한 명제 3으로 가장 적절한 것은? (단, 보기로 주어진 명제는 모두 참이다.)

> 명제 1. 밝지 않으면 별이 뜬다.
> 명제 2. 밤이 오면 해가 들어간다.
> 명제 3. _____
> 결 론. 밤이 오면 별이 뜬다.

① 밤이 오지 않으면 밝다.
② 해가 들어가지 않으면 밝다.
③ 별이 뜨면 해가 들어간다.
④ 밝지 않으면 밤이 온다.
⑤ 밝으면 해가 들어가지 않는다.

15. 다음 글과 〈상황〉을 근거로 판단할 때, 甲정당과 그 소속 후보자들이 최대로 실시할 수 있는 선거방송 시간의 총합은?

> • △△국 의회는 지역구의원과 비례대표의원으로 구성된다.
> • 의회의원 선거에서 정당과 후보자는 선거방송을 실시할 수 있다. 선거방송은 방송광고와 방송연설로 이루어진다.
> • 선거운동을 위한 방송광고는 비례대표의원 후보자를 추천한 정당이 방송매체별로 각 15회 이내에서 실시할 수 있으며, 1회 1분을 초과할 수 없다.
> • 후보자는 방송연설을 할 수 있다. 비례대표의원 선거에서는 정당별로 비례대표의원 후보자 중에서 선임된 대표 2인이 각각 1회 10분 이내에서 방송매체별로 각 1회 실시할 수 있다. 지역구의원 선거에서는 각 후보자가 1회 10분 이내, 방송매체별로 각 2회 이내에서 실시할 수 있다.
>
> 〈상황〉
> • △△국 방송매체로는 텔레비전 방송사 1개, 라디오 방송사 1개가 있다.
> • △△국 甲정당은 의회의원 선거에서 지역구의원 후보 100명을 출마시키고 비례대표의원 후보 10명을 추천하였다.

① 2,070분
② 4,050분
③ 4,070분
④ 4,340분
⑤ 5,225분

16. A와 B가 다음과 같은 규칙으로 게임을 하였다. 규칙을 참고할 때, 두 사람 중 점수가 낮은 사람의 점수는 몇 점인가?

> • 이긴 사람은 4점, 진 사람은 2점의 점수를 얻는다.
> • 두 사람의 게임은 모두 20회 진행되었다.
> • 20회의 게임 후 두 사람의 점수 차이는 12점이었다.

① 50점　　　　　　　　　② 52점
③ 54점　　　　　　　　　④ 56점
⑤ 58점

▌17 ~ 18 ▌ 다음은 N은행에서 실시하고 있는 해외송금서비스에 대한 상품설명서 중 거래조건에 관한 내용이다. 물음에 답하시오.

<table>
<tr><td colspan="4" align="center">〈거래조건〉</td></tr>
<tr><td>구분</td><td colspan="3" align="center">내용</td></tr>
<tr><td>가입대상</td><td colspan="3">당행을 거래외국환은행으로 지정한 실명의 개인(외국인 포함)</td></tr>
<tr><td rowspan="4">송금항목 및 송금한도</td><td align="center">송금항목</td><td align="center">건당 한도</td><td align="center">연간 한도</td></tr>
<tr><td>거주자 지급증빙서류 미제출 송금</td><td align="center">3만 불</td><td align="center">5만 불</td></tr>
<tr><td>유학생 또는 해외체재비 송금</td><td align="center">5만 불</td><td align="center">제한 없음</td></tr>
<tr><td>외국인(비거주자) 국내 보수 송금 등</td><td align="center">3만 불</td><td align="center">5만 불 또는 한도등록금액 이내</td></tr>
<tr><td>인출계좌</td><td colspan="3">원화 입출식 보통예금(해외송금전용통장)</td></tr>
<tr><td rowspan="4">처리기준</td><td align="center">송금처리일</td><td align="center">영업일</td><td align="center">비영업일</td></tr>
<tr><td>출금시간</td><td align="center">10시, 12시, 14시, 16시, 19시</td><td align="center">익영업일 10시</td></tr>
<tr><td>출금금액</td><td colspan="2">• 각 처리시간 송금전용통장의 잔액 전체(송금액과 수수료를 합한 금액을 출금)
• 송금전용통장에 잔액이 10만 원 미만인 경우 송금 불가</td></tr>
<tr><td>적용환율</td><td colspan="2">출금 당시 당행 고시 전신환매도율</td></tr>
<tr><td></td><td colspan="3">※ 매 영업일 19시 출금 건에 대한 송금처리는 익영업일 10시에 처리됨</td></tr>
<tr><td>기타</td><td colspan="3">• 건당 한도 초과 입금 시에는 한도금액 이내로 송금되며 초과 입금분은 다음 처리 시간에 잔액에 합산하여 해외송금 처리
• 송금전용계좌 지급정지 및 압류, 송금한도초과, 송금정보 오류 시 송금불가</td></tr>
</table>

17. 경진은 유학차 외국에 나가있는 자녀를 위해 용돈을 보내주려고 한다. 위의 해외송금서비스를 이용할 경우 그녀는 건당 최대 얼마까지 보낼 수 있는가? (단, 화폐 단위는 만 불이다.)

① 1만 불   ② 2만 불

③ 3만 불   ④ 5만 불

⑤ 제한 없음

ANSWER 15.③ 16.③ 17.④

18. 경진은 4월 9일 토요일에 외국으로 유학을 간 자녀에게 용돈을 보내주기 위해 돈을 송금하려고 했지만 집안 일로 인해 19시가 되어서야 겨우 송금을 할 수 있었다. 이 경우 경진의 송금액은 언제 출금되는가?

① 4월 9일 19시

② 4월 10일 10시

③ 4월 10일 12시

④ 4월 10일 19시

⑤ 4월 11일 10시

19. 사내 행사에서 도시락 준비를 담당하게 된 신입사원 甲은 직원들의 선호도가 높은 도시락 전문점 두 곳을 조사하여 한 곳을 선택하고자 한다. 각 상점의 도시락 가격과 배달료가 다음과 같을 때, A 상점보다 B 상점 에서 구입할 때 드는 비용이 더 적으려면 적어도 몇 개 이상의 도시락을 구입해야 하는가?

구분	A 상점	B 상점
도시락 한 개의 가격	5,000원	4,850원
배달료	무료	2,000원

① 11개

② 12개

③ 13개

④ 14개

⑤ 15개

20. 다음에 제시된 정보를 종합할 때, 물음에 알맞은 개수는 몇 개인가?

> - 홍보팀에서는 테이블, 의자, 서류장을 다음과 같은 수량으로 구입하였다.
> - 테이블 5개와 의자 10개의 가격은 의자 5개와 서류장 10개의 가격과 같다.
> - 의자 5개와 서류장 15개의 가격은 의자 5개와 테이블 10개의 가격과 같다.
> - 서류장 10개와 의자 10개의 가격은 테이블 몇 개의 가격과 같은가?

① 8개

② 9개

③ 10개

④ 11개

⑤ 12개

21. 다음으로부터 추론한 것으로 옳은 것은?

> 갑, 을, 병, 정이 문구점에서 산 학용품에 대해서 다음과 같은 사실이 있다.
> - 갑은 연필, 병은 지우개, 정은 샤프심을 샀다.
> - 을은 매직을 사지 않았다.
> - 갑이 산 학용품을 을도 샀다.
> - 갑과 병은 같은 학용품을 사지 않았다.
> - 갑, 을, 병은 각각 2종류의 학용품을 샀다.
> - 갑은 매직을 사지 않았다.
> - 갑, 을, 병, 정은 연필, 지우개, 샤프심, 매직 외의 학용품을 사지 않았다.

① 을은 연필을 사지 않았다.

② 을과 병이 공통으로 산 학용품이 있다.

③ 병은 사지 않았지만 정이 산 학용품이 있다.

④ 3명이 공통으로 산 학용품은 없다.

⑤ 갑은 지우개를 구입했다.

증여세는 타인으로부터 무상으로 재산을 취득하는 경우, 취득자에게 무상으로 받은 재산가액을 기준으로 하여 부과하는 세금이다. 특히, 증여세 과세대상은 민법상 증여뿐만 아니라 거래의 명칭, 형식, 목적 등에 불구하고 경제적 실질이 무상 이전인 경우 모두 해당된다. 증여세는 증여받은 재산의 가액에서 증여재산 공제를 하고 나머지 금액(과세표준)에 세율을 곱하여 계산한다.

> 증여재산 − 증여재산공제액 = 과세표준
>
> 과세표준 × 세율 = 산출세액

증여가 친족 간에 이루어진 경우 증여받은 재산의 가액에서 다음의 금액을 공제한다.

증여자	공제금액
배우자	6억 원
직계존속	5천만 원
직계비속	5천만 원
기타친족	1천만 원

수증자를 기준으로 당해 증여 전 10년 이내에 공제받은 금액과 해당 증여에서 공제받을 금액의 합계액은 위의 공제금액을 한도로 한다.

또한, 증여받은 재산의 가액은 증여 당시의 시가로 평가되며, 다음의 세율을 적용하여 산출세액을 계산하게 된다.

〈증여세 세율〉

과세표준	세율	누진공제액
1억 원 이하	10%	−
1억 원 초과 ~ 5억 원 이하	20%	1천만 원
5억 원 초과 ~ 10억 원 이하	30%	6천만 원
10억 원 초과 ~ 30억 원 이하	40%	1억 6천만 원
30억 원 초과	50%	4억 6천만 원

※ 증여세 자진신고 시 산출세액의 7% 공제함

22. 위의 증여세 관련 자료를 참고할 때, 다음 〈보기〉와 같은 세 가지 경우에 해당하는 증여재산 공제액의 합은 얼마인가?

보기

- 아버지로부터 여러 번에 걸쳐 1천만 원 이상 재산을 증여받은 경우
- 성인 아들이 아버지와 어머니로부터 각각 1천만 원 이상 재산을 증여받은 경우
- 아버지와 삼촌으로부터 1천만 원 이상 재산을 증여받은 경우

① 5천만 원
② 6천만 원
③ 1억 원
④ 1억 5천만 원
⑤ 1억 6천만 원

23. 성년인 김부자 씨는 아버지로부터 1억 7천만 원의 현금을 증여받게 되어, 증여세 납부 고지서를 받기 전 스스로 증여세를 납부하고자 세무사를 찾아 갔다. 세무사가 계산해 준 김부자 씨의 증여세 납부액은 얼마인가?

① 1,400만 원
② 1,302만 원
③ 1,280만 원
④ 1,255만 원
⑤ 1,205만 원

ANSWER 22.⑤ 23.②

24. 다음 사례에 대한 분석으로 옳은 것은?

사람이 하던 일을 로봇으로 대체했을 때 얻을 수 있는 편익은 시간당 6천 원이고 작업을 지속하는 시간에 따라 '과부하'라는 비용이 든다. 로봇이 하루에 작업을 지속하는 시간과 그에 따른 편익 및 비용의 정도를 각각 금액으로 환산하면 다음과 같다.

구분	3시간	4시간	5시간	6시간	7시간
총 편익	18,000원	24,000원	30,000원	36,000원	42,000원
총 비용	8,000원	12,000원	14,000원	15,000원	22,000원

※ 순편익 = 총 편익 − 총 비용

① 로봇은 하루에 6시간 작업을 지속하는 것이 가장 합리적이다.
② 로봇이 1시간 더 작업을 할 때마다 추가로 발생하는 비용은 일정하다.
③ 로봇으로 대체함으로써 하루에 최대로 얻을 수 있는 순편익이 22,000원이다.
④ 로봇이 1시간 더 작업할 때마다 추가로 발생하는 편익은 계속 증가한다.
⑤ 로봇이 4시간 작업했을 때의 순편익은 7시간 작업했을 때의 순편익보다 크다.

25. A사는 우수한 인적자원관리 차원에서 직원들의 자기개발을 위한 경제적 지원 정책으로 다음과 같은 세 가지 대안을 고려하는 중이다. 대안의 내용을 바탕으로 판단할 때, 다음 중 옳지 않은 것은? (단, 직원들은 보기에 언급된 자기개발 항목 외에 다른 자기개발은 하고 있지 않은 것으로 가정하고, 외국어는 언어의 종류에 따라 서로 다른 항목으로 취급한다.)

- 1안 : 직원 1인당 자기개발 지원금을 매월 지급하되, 자기개발 항목이 2가지 이상인 경우에 한한다. 처음 두 항목에 대해서는 각각 3만 원, 세 번째는 4만 원, 네 번째부터는 5만 원씩의 수당을 해당 직원에게 지급한다.
- 2안 : 직원 1인당 자기개발 지원금을 매월 지급하되, 자기개발 항목이 2가지 이상인 경우에 한한다. 다만 자기개발 항목이 2가지 미만이라고 하더라도 외국어 관련일 경우 수당을 지급한다. 처음 두 항목에 대해서는 각각 2만 원, 세 번째는 3만 원, 네 번째부터는 5만 원씩 수당을 해당 직원에게 지급한다.
- 3안 : 외국어 관련 자기개발을 하는 직원에게만 자기개발 지원금을 매월 지급한다. 외국어 종류에 따른 지원금은 각각 영어 10만 원, 중국어 5만 원, 일본어 3만 원으로 하고, 기타 외국어의 경우 1만 원으로 한다. 단, 2가지 이상의 외국어 관련 자기개발을 하는 경우, 지원금이 더 큰 외국어 하나에 대해서만 지원금을 지급한다.

① 업무에 필요한 체력을 키우기 위해 헬스장에 등록한 甲은 세 가지 대안 중 어느 것이 채택되더라도 자기개발 지원금을 받을 수 없다.

② 영어와 중국어에 이어 일본어까지 총 3곳의 학원에 다니고 있는 乙이 3안 채택 시 받을 수 있는 자기개발 지원금은 2안 채택 시 받을 수 있는 자기개발 지원금보다 많다.

③ 중국 거래처와의 원활한 의사소통을 위해 중국어 학원을 다니고 있는 丙이 일본 거래처 수의 증가에 따라 일본어 학원을 추가로 등록하였다고 할 때, 1안 채택 시 丙이 받을 수 있는 자기개발 지원금은 6만 원이다.

④ 프레젠테이션 능력을 키우기 위해 스피치 학원에 다니고 있는 丁이 외국 계열사와의 협업에서 영어로 프레젠테이션을 하기 위해 영어 학원에 등록하였다고 할 때, 2안 채택 시 丁이 받을 수 있는 자기개발 지원금은 5만 원 미만이다.

⑤ 외국인 바이어 접대에 필요한 강습을 받고 있는 戊가 자기개발 지원금을 받기 위해 추가로 외국어 관련 자기개발을 등록한다고 할 때, 3안 채택 시 받을 수 있는 자기개발 지원금이 1안 채택 시 받을 수 있는 자기개발 지원금보다 커지기 위해서는 영어나 중국어를 선택해야 한다.

26. 다음 두 사건은 별개의 사건으로 다음이 조건을 따를 때 옳은 것은?

〈사건 1〉
가인 : 저는 물을 훔치지 않았어요.
나은 : 다영이는 절대 물을 훔치지 않았어요.
다영 : 제가 물을 훔쳤습니다.
그런데 나중에 세 명 중 두 명은 거짓말을 했다고 자백하였고, 물을 훔친 사람은 한 명이라는 것이 밝혀졌다.

〈사건 2〉
라희 : 저는 결코 화병을 깨지 않았습니다.
마준 : 라희의 말이 맞습니다.
바은 : 제가 화병을 깼습니다.
그런데 나중에 창문을 깬 사람은 한 명이고 그 범인은 거짓말을 했다는 것이 밝혀졌다.

---

① 가인이의 진술은 참이었다.

② 사건 2에서 참을 말한 사람이 1명 이상이다.

③ 마준이의 진술은 거짓이다.

④ 다영이는 창문을 깬 범인일 수 있다.

⑤ 나은이는 거짓을 말하지 않았다.

27. 다음 일차방정식 $3x - 5 = 2x - 3$의 해는?

① 2

② 4

③ 6

④ 8

⑤ 9

┃ 28 ~ 29 ┃ 다음 제시된 숫자의 배열을 보고 규칙을 찾아 빈칸에 들어갈 알맞은 숫자를 고르시오.

28.

| 1 4 8 13 19 26 34 ( ) |

① 40

② 41

③ 42

④ 43

⑤ 44

29.

| 6 8 12 2 ( ) -4 24 |

① 15

② 16

③ 17

④ 18

⑤ 19

30. 다음은 OO병원의 화장실 위생기구 설치기준이다. 이를 근거로 〈보기〉의 시설팀 직원 A ~ D의 판단 중 옳은 사람을 모두 고르면?

- OO병원 신축 시 〈화장실 위생기구 설치기준〉에 따라 위생기구(대변기 또는 소변기)를 설치하고자 한다.
- 남자 화장실에서 위생기구 수가 짝수인 경우 대변기와 소변기를 절반씩 나누어 설치하고, 홀수인 경우 대변기를 한 개 더 많게 설치한다. 여자 화장실에는 모두 대변기를 설치한다.

〈화장실 위생기구 설치기준〉

기준	각 성별 사람 수(명)	위생기구 수(개)
A	1 ~ 9	1
	10 ~ 35	2
	36 ~ 55	3
	56 ~ 80	4
	81 ~ 110	5
	111 ~ 150	6
B	1 ~ 15	1
	16 ~ 40	2
	41 ~ 75	3
	76 ~ 150	4
C	1 ~ 50	2
	51 ~ 100	3
	101 ~ 150	4

─── 보기 ───

㉠ 남자 30명과 여자 30명이 근무할 경우, A 기준과 B 기준에 따라 설치할 위생기구 수는 같다.
㉡ 남자 50명과 여자 40명이 근무할 경우, B 기준에 따라 설치할 남자 화장실과 여자 화장실의 대변기 수는 같다.
㉢ 남자 80명과 여자 80명이 근무할 경우, A 기준에 따라 설치할 소변기는 총 4개이다.
㉣ 남자 150명과 여자 100명이 근무할 경우, C 기준에 따라 설치할 대변기는 총 5개이다.

① ㉠㉡　　　　　　　　　　　② ㉡㉢
③ ㉢㉣　　　　　　　　　　　④ ㉠㉢㉣
⑤ ㉠㉡㉣

31. 다음 자료는 2018 ~ 2021년 사용자별 사물인터넷 관련 지출액에 관한 자료이다. 이를 평가한 것으로 적절하지 않은 것은?

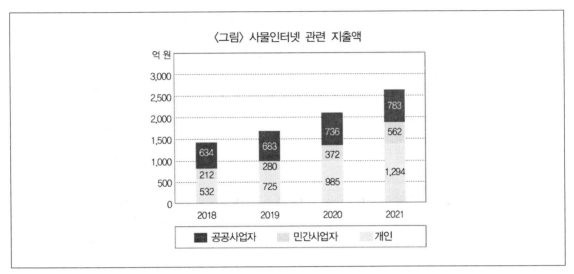

〈그림〉 사물인터넷 관련 지출액

① A : 2019 ~ 2021년 동안 '공공사업자' 지출액의 전년대비 증가폭이 가장 큰 해는 2020년이다.

② B : 2021년 사용자별 지출액의 전년대비 증가율은 '개인'이 가장 높다.

③ C : 2019 ~ 2021년 동안 사용자별 지출액의 전년대비 증가율은 매년 '공공사업자'가 가장 낮다.

④ D : '공공사업자'와 '민간사업자'의 지출액 합은 매년 '개인'의 지출액보다 크다.

⑤ E : 2021년 모든 사용자의 지출액 합은 2018년 대비 80% 이상 증가하였다.

32. 다음 〈그림〉은 연도별 개인정보 침해경험을 설문조사한 결과를 보고 나서 반응으로 옳은 것은?

① 갑 : '있음'으로 응답한 비율이 큰 침해유형부터 순서대로 나열하면 2019년과 2020년의 순서는 동일하다.

② 을 : 2020년 '개인정보 무단수집'을 '있음'으로 응답한 비율은 '개인정보 미파기'를 '있음'으로 응답한 비율의 2배 이상이다.

③ 병 : 2020년 '있음'으로 응답한 비율의 전년대비 감소폭이 가장 큰 침해유형은 '과도한 개인정보 수집'이다.

④ 정 : 2020년 '모름'으로 응답한 비율은 모든 침해유형에서 전년대비 증가하였다.

⑤ 무 : 2020년 '있음'으로 응답한 비율의 전년대비 감소율이 가장 큰 침해유형은 '주민등록번호 도용'이다.

33. 갑, 을, 병은 각각 640원, 760원, 1,100원의 저금을 가지고 있다. 매주 갑이 240원, 을이 300원, 병이 220원씩 더 저축한다고 하면, 갑과 을의 저축액의 합이 병의 저축액의 2배가 되는 것은 몇 주 후인가?

① 6주

② 7주

③ 8주

④ 9주

⑤ 10주

34. 다음은 1월부터 6월까지의 연령별 취업자 수를 나타낸 표이다. 다음 설명 중 옳지 않은 것을 고르시오.

(단위 : 천 명)

나이	1월	2월	3월	4월	5월	6월
15 ~ 19세	176	188	205	194	150	129
20 ~ 29세	3,819	3,765	3,751	3,663	3,520	3,524
30 ~ 39세	5,533	5,551	5,518	5,501	5,407	5,362
40 ~ 49세	6,484	6,483	6,455	6,426	6,376	6,312
50 ~ 59세	6,497	6,463	6,373	6,358	6,308	6,296
60세 이상	5,006	4,705	4,497	4,696	4,848	4,939

① 15 ~ 19세 연령대는 5월에 비해 6월 취업자 수가 줄었다.

② 50 ~ 59세 연령대는 1월부터 6월까지 취업자 수가 지속적으로 감소하고 있다.

③ 6월의 취업자 수는 40 ~ 49세에 연령대가 20 ~ 29세 연령대보다 2배 이상 많다.

④ 60세 이상 연령대는 4월부터 취업자 수가 계속 증가하고 있다.

⑤ 4월의 취업자 수는 50 ~ 59세 연령대가 40 ~ 49세 연령대 보다 작다.

ANSWER 32.⑤ 33.③ 34.③

35. 다음의 자료를 바탕으로 전문가의 자문 의견을 받았을 때 가장 적절한 의견은?

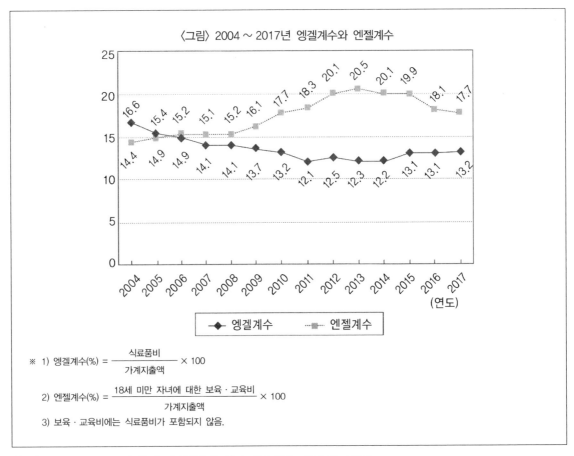

〈그림〉 2004 ~ 2017년 엥겔계수와 엔젤계수

※ 1) 엥겔계수(%) = $\dfrac{\text{식료품비}}{\text{가계지출액}} \times 100$

  2) 엔젤계수(%) = $\dfrac{\text{18세 미만 자녀에 대한 보육·교육비}}{\text{가계지출액}} \times 100$

  3) 보육·교육비에는 식료품비가 포함되지 않음.

① 갑 : 2008 ~ 2013년 동안 엔젤계수의 연간 상승폭은 매년 증가했다.

② 을 : 2004년 대비 2014년, 엥겔계수 하락폭은 엔젤계수 상승폭보다 크다.

③ 병 : 2006년 이후 매년 18세 미만 자녀에 대한 보육·교육비는 식료품비를 초과한다.

④ 정 : 2008 ~ 2012년 동안 매년 18세 미만 자녀에 대한 보육·교육비 대비 식료품비의 비율은 증가한다.

⑤ 무 : 엔젤계수는 가장 높은 해가 가장 낮은 해에 비해 7.0%p 이상 크다.

36. 다음 패스워드 생성규칙에 대한 글을 참고할 때, 권장규칙에 따른 가장 적절한 패스워드로 볼 수 있는 것은?

패스워드를 설정할 때에는 한국인터넷진흥원의 『암호이용안내서』의 패스워드 생성규칙을 적용하는 것이 안전하다. 또한 패스워드 재설정/변경 시 안전하게 변경할 수 있는 규칙을 정의해서 적용해야 한다. 다음은 『암호이용안내서』의 패스워드 생성규칙에서 규정하고 있는 안전하지 않은 패스워드에 대한 사례이다.

• 패턴이 존재하는 패스워드
 – 동일한 문자의 반복
  ex) aaabbb, 123123
 – 키보드 상에서 연속한 위치에 존재하는 문자들의 집합
  ex) qwerty, asdfgh
 – 숫자가 제일 앞이나 제일 뒤에 오는 구성의 패스워드
  ex) security1, may12
• 숫자와 영단어를 서로 교차하여 구성한 형태의 패스워드
• 영문자 'O'를 숫자 '0'으로, 영문자 'i'를 숫자 '1'로 치환하는 등의 패스워드
• 특정 인물의 이름을 포함한 패스워드
 – 사용자 또는 사용자 이외의 특정 인물, 유명인, 연예인 등의 이름을 포함하는 패스워드
• 한글발음을 영문으로, 영문단어의 발음을 한글로 변형한 형태의 패스워드
 – 한글의 '사랑'을 영어 'SaRang'으로 표기, 영문자 'LOVE'의 발음을 한글 '러브'로 표기

① {CVBN35!}
② jaop&*012
③ s5c6h7o8o9l0
④ BOOK사랑
⑤ apl52@새95!?

37. 다음 워크시트에서 매출액[B3:B9]을 이용하여 매출 구간별 빈도수를 [F3:F6] 영역에 계산하고자 한다. 다음 중 이를 위한 배열수식으로 옳은 것은?

	A	B	C	D	E	F
1						
2		매출액		매출구간		빈도수
3		75		0	50	1
4		93		51	100	2
5		130		101	200	3
6		32		201	300	1
7		123				
8		257				
9		169				

① {=PERCENTILE(B3:B9, E3:E6)}

② {=PERCENTILE(E3:E6, B3:B9)}

③ {=FREQUENCY(B3:B9, E3:E6)}

④ {=FREQUENCY(E3:E6, B3:B9)}

⑤ {=PERCENTILE(E3:E9, B3:B9)}

38. 다음 워크시트는 학생들의 수리영역 성적을 토대로 순위를 매긴 것이다. 다음 중 [C2] 셀의 수식으로 옳은 것은?

	A	B	C
1		수리영역	순위
2	이순자	80	3
3	이준영	95	2
4	정소이	50	7
5	금나라	65	6
6	윤민준	70	5
7	도성민	75	4
8	최지애	100	1

① =RANK(B2,$B$2:$B$8)

② =RANK(B2,$B$2:$B$8,1)

③ =RANK(C2,$B$2:$B$8)

④ =RANK(C2,$B$2:$B$8,0)

⑤ =RANK(C2,$B$2:$B$8,1)

39. T회사에서 근무하고 있는 N 씨는 엑셀을 이용하여 작업을 하고자 한다. 엑셀의 바로 가기 키에 대한 설명이 다음과 같을 때 괄호 안에 들어갈 내용으로 알맞은 것은?

> 통합 문서 내에서 (㉠) 키는 다음 워크시트로 이동하고 (㉡) 키는 이전 워크시트로 이동한다.

	㉠	㉡
①	〈Ctrl〉+〈Page Down〉	〈Ctrl〉+〈Page Up〉
②	〈Shift〉+〈Page Down〉	〈Shift〉+〈Page Up〉
③	〈Tab〉+←	〈Tab〉+→
④	〈Alt〉+〈Shift〉+↑	〈Alt〉+〈Shift〉+↓
⑤	〈Ctrl〉+〈Alt〉+〈Page Down〉	〈Ctrl〉+〈Alt〉+〈Page Up〉

40. 다음 순서도에서 인쇄되는 S의 값은? (단, $[x]$는 x보다 크지 않은 최대의 정수이다.)

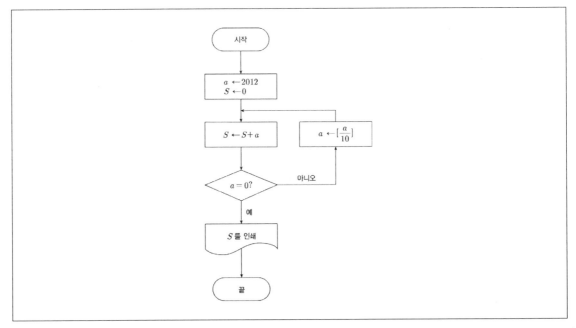

① 2230

② 2235

③ 2240

④ 2245

⑤ 2250

❚ 41 ~ 42 ❚ 다음은 A전자의 한 영업점에 입고된 30개 전자제품의 코드 목록이다. 모든 제품은 A전자에서 생산된 제품이다. 다음의 코드 부여 방식을 참고하여 물음에 답하시오.

RE − 10 − CNB − 2A − 1501	TE − 34 − CNA − 2A − 1501	WA − 71 − CNA − 3A − 1501
RE − 10 − CNB − 2A − 1409	TE − 36 − KRB − 2B − 1512	WA − 71 − CNA − 3A − 1506
RE − 11 − CNB − 2C − 1503	TE − 36 − KRB − 2B − 1405	WA − 71 − CNA − 3A − 1503
RE − 16 − CNA − 1A − 1402	TE − 36 − KRB − 2B − 1502	CO − 81 − KRB − 1A − 1509
RE − 16 − CNA − 1A − 1406	TE − 36 − KRB − 2C − 1503	CO − 81 − KRB − 1A − 1412
RE − 16 − CNA − 1C − 1508	AI − 52 − CNA − 3C − 1509	CO − 83 − KRA − 1A − 1410
TE − 32 − CNB − 3B − 1506	AI − 52 − CNA − 3C − 1508	CO − 83 − KRA − 1B − 1407
TE − 32 − CNB − 3B − 1505	AI − 58 − CNB − 1A − 1412	CO − 83 − KRC − 1C − 1509
TE − 32 − CNB − 3C − 1412	AI − 58 − CNB − 1C − 1410	CO − 83 − KRC − 1C − 1510
TE − 34 − CNA − 2A − 1408	AI − 58 − CNB − 1C − 1412	CO − 83 − KRC − 1C − 1412

〈코드부여방식〉

[제품 종류] − [모델 번호] − [생산 국가/도시] − [공장과 라인] − [제조연월]

〈예시〉

WA − 16 − CNA − 2B − 2201

2022년 1월에 중국 후이저우 2공장 B라인에서 생산된 세탁기 16번 모델

제품 종류 코드	제품 종류	생산 국가/도시 코드	생산 국가/도시
RE	냉장고	KRA	한국/창원
TE	TV	KRB	한국/청주
AI	에어컨	KRC	한국/구미
WA	세탁기	CNA	중국/후이저우
CO	노트북	CNB	중국/옌타이

41. 입고된 제품의 목록에 대한 설명으로 옳은 것은?

① 제품 종류와 모델 번호가 같은 제품은 모두 같은 도시에서 생산되었다.

② 15년에 생산된 제품보다 14년에 생산된 제품이 더 많다.

③ TV는 모두 중국에서 생산되었다.

④ 노트북은 2개의 모델만 입고되었다.

⑤ 한국에서 생산된 제품이 중국에서 생산된 제품보다 많다.

42. 중국 옌타이 제1공장의 C라인에서 생산된 제품들이 모두 부품결함으로 인한 불량품이었다. 영업점에서 반품해야 하는 제품은 총 몇 개인가?

① 1개   ② 2개

③ 3개   ④ 4개

⑤ 5개

43. 다음 워크시트에서 [A1:B2] 영역을 선택한 후 채우기 핸들을 사용하여 드래그 했을 때 [A6:B6]영역 값으로 바르게 짝지은 것은?

	A	B
1	1	월요일
2	4	수요일
3		
4		
5		
6		

	A6	B6
①	15	목요일
②	16	목요일
③	15	수요일
④	16	수요일
⑤	17	목요일

44. 다음은 HK회사의 사내동호회 회원들을 정리한 차트이다. COUNTIFS를 이용한 수식 '=COUNTIFS(B2:B12, B3,D2:D12,D2)'의 값은?

	A	B	C	D
1	성명	소속	근무연수	직급
2	윤한성	영업팀	3	대리
3	김영수	편집팀	4	대리
4	이준석	전산팀	1	사원
5	강석현	총무팀	5	과장
6	이진수	편집팀	3	대리
7	이하나	편집팀	10	팀장
8	전아미	영상팀	5	과장
9	임세미	편집팀	1	사원
10	김강우	영업팀	7	팀장
11	이동진	영업팀	1	사원
12	김현수	편집팀	4	대리
13				

① 1   ② 2

③ 3   ④ 4

⑤ 5

45. 다음은 정보 분석 절차를 도식화한 것이다. 이를 참고할 때, 공공기관이 새롭게 제정한 정책을 시행하기 전 설문조사를 통하여 시민의 의견을 알아보는 행위가 포함되는 것은 ㈎ ~ ㈑ 중 어느 것인가?

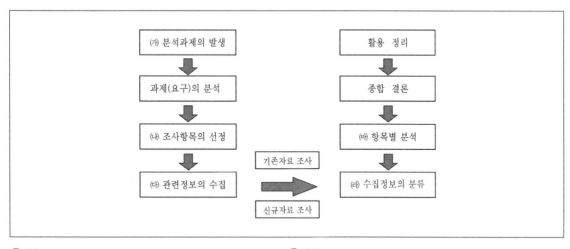

① ㈎   ② ㈏

③ ㈐   ④ ㈑

⑤ ㈒

46. 다음이 설명하는 제도와 관련된 산업으로 옳은 것은?

> 농촌의 다양한 유·무형 자원을 활용하고 새로운 부가가치를 창출하기 위한 목적으로 농업인과 농업법인을 인증하여 핵심 경영체를 육성하는 시스템이다.

① 1차 산업   ② 1.5차 산업
③ 3차 산업   ④ 5차 산업
⑤ 6차 산업

47. 농지를 효율적으로 이용하고 수확량을 늘리기 위하여 배수 관계 설비 개량과 농지를 반득하고 널찍하게 개선하는 사업은?

① 경지정리
② 농어촌 빈집정비 사업
③ 스마트 팜 혁신밸리 조성사업
④ 농지집단화
⑤ 수리시설개보수

48. 다음에서 설명하는 농업수리시설물은?

> 하천이나 하천 제방 인근으로 흐른 물이나 지하에 대량으로 고여 있는 층의 물을 이용하고자 지표면과 평행한 방향으로 다공관(표면에 구멍이 있는 관)을 설치하여 지하수를 모으는 관로로서, 지하수를 용수로 이용하기 위한 관로 시설

① 관정   ② 양수장
③ 취입보   ④ 배수장
⑤ 집수암거

49. 바이러스성 출혈 돼지 전염병으로, 이병률이 높고 급성에 감염되면 치사율이 거의 100%에 이르기 때문에 양돈 산업에 큰 피해를 주는 질병은?

① 조류인플루엔자
② 아프리카돼지열병
③ 구제역
④ 아프리카마역
⑤ 럼피스킨병 바이러스

50. 농민운동과 관련한 설명으로 옳지 않은 것은?

① 신토불이운동, 농도불이운동, 농촌사랑운동 순서로 가치확산운동이 전개되었다.
② '식사랑 농사랑 운동'은 우루과이라운드(UR) 협상으로 농축산물 수입 개방을 저지하기 위해서 전개되었다.
③ '신풍운동'의 목표는 농협의 이미지를 쇄신하고 농협운영을 활성화하는 것이다.
④ '새마을운동'은 근면 · 자조 · 협동을 기반으로 농민의 자조와 협동으로 새마을지도자를 양성하고자 했다.
⑤ 도농협동을 위해서 도시민과 농업인이 함께 발전하는 것을 목표로 '또 하나의 마을만들기 운동'이 전개되었다.

51. 다음 중 농림축산식품부에서 실시하는 농산물의 재배 및 소, 돼지 등의 사육에서 유통, 소비에 이르기까지의 정보를 상세하게 기록 · 관리하고 문제 발생 시 그 원인을 신속하게 찾아내어 대응할 수 있도록 정부가 실시하고 있는 제도는?

① 농산물이력추적제
② 양곡관리제도
③ 우수농산물관리제도
④ 위해요소중점관리제도
⑤ 축산물 등급제도

ANSWER 46.⑤ 47.① 48.⑤ 49.② 50.② 51.①

52. 4차 산업혁명의 핵심 기술 중 하나인 블록체인(Block Chain)을 유통 시스템에 적용한 것으로 농산물이 생산되고 유통·판매·소비되는 과정의 이력 정보를 표준화하여 통합관리하는 시스템은?

① 로컬체인
② 푸드체인
③ 그린체인
④ 유통체인
⑤ 에코체인

53. 다음 설명에 해당하는 것은?

최근 우리나라 젊은 귀농자들을 중심으로 행해지고 있는 라이프스타일로, 농사에만 올인하지 않고 다른 직업을 병행하며 사는 것을 말한다.

① 소확행
② 노멀크러시
③ 킨포크 라이프
④ 엘리트 귀농
⑤ 반농반X

54. 헌법 121조에 따라 농지는 농업인만이 가지고 있을 수 있다는 원칙에 사용되는 용어이며, 농업인에게는 땅을 주어야한다는 의미의 고사성어는?

① 육지행선(陸地行船)
② 계무소출(計無所出)
③ 신토불이(身土不二)
④ 경자유전(耕者有田)
⑤ 양금택목(良禽擇木)

55. 데이터 수집과 활용을 강화하여 데이터 경제를 가속화, 공공데이터 14만여 개 개방, 디지털 집현전 설치를 목표로 하는 디지털 뉴딜 정책으로 옳은 것은?

① 데이터 댐
② 지능형 정부
③ 그린 스마트 스쿨
④ 국민안전 사회간접자본 디지털화
⑤ 친환경 미래 모빌리티

56. 스마트폰, 개인 정보 단말기, 기타 이동 전화 등을 이용한 은행 업무, 지불 업무, 티켓 업무와 같은 서비스를 하는 비즈니스 모델을 무엇이라 하는가?

① M 커머스
② C 커머스
③ U 커머스
④ E 커머스
⑤ 라이브 커머스

57. 스마트폰 시장에서 출시 주기가 짧아지면서 제품수명이 2 ~ 3개월로 단축된다는 것을 일컫는 용어는?

① 아이폰 법칙
② 한계효용 체감의 법칙
③ 황의 법칙
④ 멧칼프의 법칙
⑤ 안드로이드 법칙

58. 머신러닝, 인공지능, 클라우드 등의 첨단기술을 활용해서 금융규제에 대응하고 금융법규를 준수하는 업무를 자동화하여 효율적으로 대응하기 위한 기술을 의미하는 것은?

① 인슈어테크
② 핀테크
③ 섭테크
④ 레그테크
⑤ 블랙테크

59. 사업자가 투자금을 확보하기 위해 블록체인 기반의 암호화 화폐를 발행하고 투자자에게 판매하여 가상화폐로 자금을 확보하는 것을 의미하는 것은?

① IPO(Initial Public Offering)
② FDS(Fraud Detection System)
③ 레그테크(Regtech)
④ STO(Security Token Offering)
⑤ ICO(Initial Coin Offering)

60. 빅데이터의 특징에서 4V에 해당하지 않는 것은?

① Volume
② Velocity
③ Variety
④ Verify
⑤ Value

ANSWER 52.② 53.⑤ 54.④ 55.① 56.① 57.⑤ 58.④ 59.⑤ 60.④

※ 해당영역은 일반분야에 지원하시는 수험생만 푸시면 됩니다.

61. 채무자가 공사채나 은행 융자, 외채 등의 원리금 상환 만기일에 지불 채무를 이행할 수 없는 상태는?

① 디폴트　　　　　　　　　　　　　② 환형유치

③ 엠바고　　　　　　　　　　　　　④ 워크아웃

⑤ 법정관리

62. 호경기 때 소비재 수요 증가와 더불어 상품의 가격 상승이 노동자의 화폐임금보다 급격히 상승하게 되어, 노동자의 임금이 상대적으로 저렴해지는 것과 관련성이 높은 효과는?

① 전시 효과　　　　　　　　　　　② 리카도 효과

③ 톱니 효과　　　　　　　　　　　④ 베블런 효과

⑤ 피구 효과

63. 다음 중 주식과 사채(社債)의 차이점으로 적절하지 않은 것은?

① 주식은 채무가 아니나 사채는 회사 채무이다.

② 사채권자는 주주총회에서의 의결권이 없으며 경영에 참가할 수 없다.

③ 회사는 사채에 대해 일정 기간 동안의 이자를 지불하고 만기일에 사채의 시가(時價)를 상환해야 한다.

④ 회사가 해산되었을 경우 사채가 완불되지 않으면 주주는 잔여재산분배를 받을 수 없다.

⑤ 사채는 원금과 이자를 상환 받지만 주식은 이익배당을 받을 수 있다.

64. 다음 (   ) 안에 들어갈 알맞은 말은?

> (   )은/는 사회 공헌에 노력하는 기업들을 거래소에서 심사·선정함으로써, 투자자들에게는 장기적으로 지속 가능한 기업을 쉽게 선별할 수 있도록 하고, 자산 운용사들에게는 펀드의 포트폴리오 구성을 위한 추가적인 기준을 제시한다. 이미 세계 많은 나라에서는 (   )이/가 사용되고 있는데, 미국에서의 한 조사 결과에 따르면 1993년에서 2006년 까지 (   )의 수익률이 평균 시장지수(모건 스탠리 지수)의 수익률을 크게 앞질렀다고 한다.

① 엥겔지수　　　　　　　　　　　　② 거래량지수
③ SRI지수　　　　　　　　　　　　 ④ 가격지수
⑤ 슈바베지수

65. 통화지표는 통화의 총량을 가늠하는 척도이다. 보기 중 가장 범위가 넓은 통화지표는?

① M1　　　　　　　　　　　　　　② M2
③ Lf　　　　　　　　　　　　　　 ④ 현금통화
⑤ 결제성 예금

66. 다음 설명이 뜻하는 용어는?

> 대규모의 자금이 필요한 석유, 탄광, 조선, 발전소, 고속도로 건설 등의 사업에 흔히 사용되는 방식으로 선진국에서는 보편화된 금융기법이다. 은행 등 금융기관이 사회간접자본 등 특정사업의 사업성과 장래의 현금흐름을 보고 자금을 지원한다.

① 프로젝트 파이낸싱　　　　　　　　② 액면병합
③ 파생금융상품　　　　　　　　　　④ 온디맨드
⑤ 선도거래

ANSWER 61.① 62.② 63.③ 64.③ 65.③ 66.①

67. 다음에서 설명하고 있는 개념으로 옳은 것은?

> 두 재화가 서로 비슷한 용도를 지녀 한 재화 대신 다른 재화를 소비하더라도 만족에 별 차이가 없는 관계를 말한다. 서로 경쟁적인 성격을 띠고 있어 경쟁재라고도 하며 소비자의 효용, 즉 만족감이 높은 쪽을 상급재, 낮은 쪽을 하급재라 한다. 만약 두 재화 A, B가 대체재라면 A재화의 가격이 상승(하락)하면 A재화의 수요는 감소(증가)하고 B재화의 수요는 증가(감소)한다.

① 대체재   ② 보완재
③ 독립재   ④ 정상재
⑤ 열등재

68. 생산자 물가지수에 대한 설명으로 옳지 않은 것은?

① 한국은행에서 작성한다.
② 상품 및 서비스의 수급동향을 파악할 수 있다.
③ 상품 및 서비스의 경기동향을 판단할 수 있다.
④ 지수작성에 이용되는 가격은 1차 거래단계의 가격이다.
⑤ 가계가 소비하는 서비스의 가격수준 및 변동을 파악할 수 있다.

69. 다음 중 일반 은행의 업무가 아닌 것은?

> ㉠ 대출업무   ㉡ 예금업무
> ㉢ 내국환 업무   ㉣ 보호 예수 업무
> ㉤ 지급 결제 제도 업무

① ㉠㉡   ② ㉡㉢
③ ㉢㉤   ④ ㉣
⑤ ㉤

70. 개인의 저축 증가가 국가적 저축 증가로 연결되지 않는 현상은 무엇인가?

① 승자의 저주   ② 구축 효과
③ 절대우위론   ④ 저축의 역설
⑤ 유동성의 함정

※ 해당영역은 IT분야에 지원하시는 수험생만 푸시면 됩니다.

71. 프로그램을 실행에 적합한 기계어로 번역하여 목적코드를 만들어 실행하는 언어 번역기는?

① 컴파일러   ② 인터프리터

③ 코볼   ④ LISP

⑤ 트랜잭션

72. 다음 중 컴퓨터의 구조에 대한 용어와 내용이 가장 적절하게 연결된 것은?

① CPU – 중앙처리장치로 제어장치, 연산장치, 기억장치, 실행장치로 구성된다.

② 컴퓨터의 분류 – 하드웨어, 소프트웨어로 분류하거나 여기에 펌웨어를 추가하는 학자도 있다.

③ 제어장치 – 명령 계수기, 명령 해독기로만으로 구성되어 있으며, 명령인출단계와 실행단계만을 반복한다.

④ 기억장치 – 전자계산기에서 기억장치는 별 문제가 되지 않으며 보조기억장치의 필요성이 그다지 크지 않다.

⑤ 연산장치 – 외부데이터를 주기억장치에 입력시킨다.

73. 다음에서 설명하는 입·출력 장치로 옳은 것은?

• 중앙처리장치로부터 입·출력을 지시받고 자신의 명령어를 실행 시켜 입·출력을 수행하는 독립된 프로세서이다.
• 하나의 명령어로 여러 개의 블록을 입·출력할 수 있다.

---

① 버스(Bus)

② 채널(Channel)

③ 스풀링(Spooling)

④ DMA(Direct Memory Access)

⑤ 벡터 처리기(Vector Processor)

 ANSWER 67.① 68.⑤ 69.⑤ 70.④ 71.① 72.① 73.②

74. 프로그래밍 언어에 대한 설명으로 옳지 않은 것은?

① Objective-C, Java, C#은 객체지향 언어이다.

② Python은 정적 타이핑을 지원하는 컴파일러 방식의 언어이다.

③ ASP, JSP, PHP는 서버 측에서 실행되는 스크립트 언어이다.

④ XML은 전자문서를 표현하는 확장가능한 표준 마크업 언어이다.

⑤ LISP, PROLOG, SNOBOL는 인공지능 언어이다.

75. 프로그램 상태 워드(Program Status Word)에 대한 설명으로 가장 옳은 것은?

① 시스템의 동작은 CPU 안에 있는 Program Counter에 의해 제어된다.

② interrupt 레지스터는 PSW의 일종이다.

③ CPU의 상태를 나타내는 정보를 가지고 독립된 레지스터로 구성된다.

④ PSW는 8bit의 크기이다.

⑤ PSW는 Program Counter, Flag 및 주요한 레지스터의 내용과 그 밖의 프로그램 실행상태를 나타내는 출력정보를 의미한다.

76. 3단계 스키마 중 다음 설명에 해당하는 것은?

> 물리적 저장 장치의 입장에서 본 데이터베이스 구조로서 실제로 데이터베이스에 저장될 레코드의 형식을 정의하고 저장 데이터 항목의 표현 방법, 내부 레코드의 물리적 순서 등을 나타낸다.

① Internal Schema

② Conceptual Schema

③ External Schema

④ Tree Schema

⑤ Query Schema

77. 잔고가 100,000원에서 3,000,000원 사이인 고객계좌 테이블에서 고객들의 등급을 '우대고객'으로 변경하고자 〈보기〉와 같은 SQL문을 작성하였다. ㉠과 ㉡의 내용으로 옳은 것은?

보기

UPDATE 고객계좌
(㉠) 등급 = '우대고객'
WHERE 잔고 (㉡) 100000 AND 3000000

	㉠	㉡			㉠	㉡
①	SET	IN		②	SET	BETWEEN
③	VALUES	AND		④	VALUES	BETWEEN
⑤	VALUES	IN				

78. 128비트의 주소체계를 가진 인터넷 프로토콜(IP) 버전 6의 줄임말로 유니캐스트, 애니캐스트, 멀티캐스트 등의 주소유형을 가진것을 무엇이라 하는가?

① DMA
② DNS
③ UDP
④ IPv6
⑤ HDLC

79. 코드 작성상의 유의점이 아닌 것은?

① 자릿수가 짧을수록 좋다.
② 데이터 분류기준이 코드에 적용되어야 한다.
③ 데이터 증감을 고려하지 않아도 된다.
④ 컴퓨터 처리가 용이하여야 한다.
⑤ 단순명료하게 코드가 작성되어야 한다.

80. 어떤 컴퓨터의 메모리 용량이 4096워드이고, 워드당 16bit의 데이터를 갖는다면, MAR은 몇 비트인가?

① 12
② 14
③ 16
④ 18
⑤ 20

ANSWER 74.② 75.③ 76.① 77.② 78.④ 79.③ 80.①

직무능력평가

1. 다음은 식수 오염을 주제로 한 보고서의 내용이다. A ~ E 사원 중 보고서를 바르게 이해한 사람은?

> 식수 오염의 방지를 위해서 빠른 시간 내 식수의 분변 오염 여부를 밝히고 오염의 정도를 확인하기 위한 목적으로 지표 생물의 개념을 도입하였다. 병원성 세균, 바이러스, 원생동물, 기생체 소낭 등과 같은 병원체를 직접 검출하는 것은 비싸고 시간이 많이 걸릴 뿐만 아니라 숙달된 기술을 요구하지만, 지표 생물을 이용하면 이러한 문제를 많이 해결할 수 있다.
>
> 식수가 분변으로 오염되어 있다면 분변에 있는 병원체 수와 비례하여 존재하는 비병원성 세균을 지표 생물로 이용한다. 이에 대표적인 것은 대장균이다. 대장균은 그 기원이 전부 동물의 배설물에 의한 것이므로, 시료에서 대장균의 균체 수가 일정 기준보다 많이 검출되면 그 시료에는 인체에 유해할 만큼의 병원체도 존재한다고 추정할 수 있다. 그러나 온혈 동물에게서 배설되는 비슷한 종류의 다른 세균들을 배제하고 대장균만을 측정하기는 어렵다. 그렇기 때문에 대장균이 속해 있는 비슷한 세균군을 모두 검사하여 분변 오염 여부를 판단하고, 이 세균군을 총대장균군이라고 한다.
>
> 총대장균군에 포함된 세균이 모두 온혈동물의 분변에서 기원한 것은 아니지만, 온혈동물의 배설물을 통해서도 많은 수가 방출되고 그 수는 병원체의 수에 비례한다. 염소 소독과 같은 수질 정화 과정에서도 병원체와 유사한 저항성을 가지므로 식수, 오락 및 휴양 용수의 수질 결정에 좋은 지표이다. 지표 생물로 사용하는 또 다른 것은 분변성 연쇄상구균군이다. 이는 대장균을 포함하지는 않지만 사람과 온혈동물의 장에 흔히 서식하므로 물의 분변 오염 여부를 판정하는 데 이용된다. 이들은 잔류성이 높고 장 밖에서는 증식하지 않기 때문에 시료에서도 그 수가 일정하게 유지되어 좋은 상수 소독 처리지표로 활용된다.

① A 사원 : 온혈동물의 분변에서 기원되는 균은 모두 지표 생물이 될 수 있다.
② B 사원 : 수질 정화 과정에서 총대장균군은 병원체보다 높은 생존율을 보인다.
③ C 사원 : 채취된 시료 속의 총대장균군의 세균 수와 병원체 수는 비례하여 존재한다.
④ D 사원 : 지표 생물을 검출하는 것은 병원체를 직접 검출하는 것보다 숙달된 기술을 필요로 한다.
⑤ E 사원 : 분변성 연쇄상구균은 시료 채취 후 시간이 지남에 따라 시료 안에서 증식하여 정확한 오염지표로 사용하기 어렵다.

풀이종료시간 : [　　　] − [　　　]
풀이소요시간 : [　　　]분 [　　　]초

2. 다음 글의 내용과 부합하는 것은?

> '청렴(淸廉)'은 현대 사회에서 좁게는 반부패와 동의어로 사용되며 넓게는 투명성과 책임성 등을 포괄하는 통합적 개념으로 사용되고 있다. 유학자들은 청렴을 효제와 같은 인륜의 덕목보다는 하위에 두었지만 군자라면 마땅히 지켜야 할 일상의 덕목으로 중시하였다. 조선의 대표적 유학자였던 이황과 이이는 청렴을 사회 규율이자 개인 처세의 지침으로 강조하였다. 특히 공적 업무에 종사하는 사람이라면 사회 규율로서의 청렴이 개인의 처세와 직결된다는 점에 유념해야 한다고 보았다.
>
> 청렴에 대한 논의는 정약용의 「목민심서」에서 본격적으로 나타난다. 정약용은 청렴이야말로 목민관이 지켜야 할 근본적인 덕목이며 목민관의 직무는 청렴이 없이는 불가능하다고 강조하였다. 정약용은 청렴을 당위의 차원에서 주장하는 기존의 학자들과 달리 행위자 자신에게 실질적 이익이 된다는 점을 들어 설득하고자 한다. 그는 청렴은 큰 이득이 남는 장사라고 말하면서, 지혜롭고 욕심이 큰 사람은 청렴을 택하지만 지혜가 짧고 욕심이 작은 사람은 탐욕을 택한다고 설명한다. 정약용은 "지자(知者)는 인(仁)을 이롭게 여긴다."라는 공자의 말을 빌려 "지혜로운 자는 청렴함을 이롭게 여긴다."라고 하였다. 비록 재물을 얻는 데 뜻이 있더라도 청렴함을 택하는 것이 결과적으로는 지혜로운 선택이라고 정약용은 말한다. 목민관의 작은 탐욕은 단기적으로 보면 눈앞의 재물을 취하여 이익을 얻을 수 있겠지만 궁극에는 개인의 몰락과 가문의 불명예를 가져올 수 있기 때문이다.
>
> 정약용은 청렴을 지키는 것은 두 가지 효과가 있다고 보았다. 첫째, 청렴은 다른 사람에게 긍정적 효과를 미친다. 목민관이 청렴할 경우 백성을 비롯한 공동체 구성원에게 좋은 혜택이 돌아갈 것이다. 둘째, 청렴한 행위를 하는 것은 목민관 자신에게도 좋은 결과를 가져다준다. 청렴은 그 자신의 덕을 높이는 것일 뿐 아니라 자신의 가문에 빛나는 명성과 영광을 가져다줄 것이다.

① 정약용은 청렴이 목민관이 반드시 지켜야 할 덕목임을 당위론 차원에서 정당화하였다.

② 정약용은 탐욕을 택하는 것보다 청렴을 택하는 것이 이롭다는 공자의 뜻을 계승하였다.

③ 정약용은 청렴한 사람은 욕심이 작기 때문에 재물에 대한 탐욕에 빠지지 않는다고 보았다.

④ 정약용은 청렴이 백성에게 이로움을 줄 뿐 아니라 목민관 자신에게도 이로운 행위라고 보았다.

⑤ 이황과 이이는 청렴을 개인의 처세에 있어 주요 지침으로 여겼으나 사회 규율로는 보지 않았다.

◀ANSWER 1.③ 2.④

3. 다음 글의 내용과 부합하지 않는 것은?

> 디지털 연산은 회로의 동작으로 표현되는 논리적 연산에 의해 진행되며 아날로그 연산은 소자의 물리적 특성에 의해 진행된다. 하지만 디지털 연산의 정밀도는 정보의 연산 과정에서 최종적으로 정보를 출력할 때 필요한 것보다 항상 같거나 높게 유지해야 하므로 동일한 양의 연산을 처리해야 하는 경우라면 디지털 방식이 아날로그 방식에 비해 훨씬 더 많은 소자를 필요로 한다. 아날로그 연산에서는 회로를 구성하는 소자 자체가 연산자이므로 온도 변화에 따르는 소자 특성의 변화, 소자 간의 특성 균질성, 전원 잡음 등의 외적 요인들에 의해 연산 결과가 크게 달라질 수 있다. 그러나 디지털 연산에서는 회로의 동작이 0과 1을 구별할 정도의 정밀도만 유지하면 되므로 회로를 구성하는 소자 자체의 특성 변화에 거의 영향을 받지 않는다. 또한 상대적으로 쉽게 변경 가능하고 프로그램하기 편리한 점도 있다.
>
> 사람의 눈이나 귀 같은 감각기관은 아날로그 연산에 바탕을 둔 정보 처리 조직을 가지고 있지만 이로부터 발생되는 정보는 디지털 정보이다. 감각기관에 분포하는 수용기는 특별한 목적을 가지는 아날로그─디지털 변환기로 볼 수 있는데, 이것은 전달되는 입력의 특정 패턴을 감지하여, 디지털 신호와 유사한 부호를 발생시킨다. 이 신호는 다음 단계의 신경세포에 입력되고, 이 과정이 거미줄처럼 연결된 무수히 많은 신경세포의 연결 구조 속에서 반복되면서 뇌의 다양한 인지 활동을 형성한다. 사람의 감각기관에서 일어나는 아날로그 연산은 감각되는 많은 양의 정보 중에서 필요한 정보만을 걸러 주는 역할을 한다. 그렇기 때문에 실제 신경세포를 통해 뇌에 전달되는 것은 지각에 꼭 필요한 내용만이 축약된 디지털 정보이다. 사람의 감각은 감각기관의 노화 등으로 인한 생체 조직 구조의 변화에 따라 둔화될 수 있다. 그럼에도 불구하고 노화된 사람의 감각기관은 여전히 아날로그 연산이 가지는 높은 에너지 효율을 얻을 수 있다.

① 사람의 신경세포는 디지털화된 정보를 뇌로 전달한다.

② 디지털 연산은 소자의 물리적 특성을 연산자로 활용한다.

③ 사람이 감각기관은 아날로그 연산을 기초로 정보를 처리한다.

④ 디지털 연산은 소자 자체의 특성 변화에 크게 영향을 받지 않는다.

⑤ 사람의 감각기관이 감지하는 것은 외부에서 전달되는 입력 정보의 패턴이다.

4. 다음 글의 밑줄 친 ㉠으로 가장 적절한 것은?

오늘날 유전 과학자들은 유전자의 발현에 관한 ㉠물음에 관심을 갖고 있다. 맥길 대학의 연구팀은 이 물음에 답하려고 연구를 수행하였다. 어미 쥐가 새끼를 핥아주는 성향에는 편차가 있다. 어떤 어미는 다른 어미보다 더 많이 핥아주었다. 많이 핥아주는 어미가 돌본 새끼들은 인색하게 핥아주는 어미가 돌본 새끼들보다 외부 스트레스에 무디게 반응했다. 게다가 많이 안 핥아주는 친어미에게서 새끼를 떼어내어 많이 핥아주는 양어미에게 두어 핥게 하면, 새끼의 스트레스 반응 정도는 양어미의 새끼 수준과 비슷해졌다.

연구팀은 어미가 누구든 많이 핥인 새끼는 그렇지 않은 새끼보다 뇌의 특정 부분, 특히 해마에서 글루코르티코이드 수용체(Glucocorticoid Receptor, 이하 GR)들, 곧 GR들이 더 많이 생겨났다는 것을 발견했다. 이렇게 생긴 GR의 수는 성체가 되어도 크게 바뀌지 않았다. GR의 수는 GR 유전자의 발현에 달려있다. 이 쥐들의 GR 유전자는 차이는 없지만 그 발현 정도에는 차이가 있을 수 있다. 이 발현을 촉진하는 인자 중 하나가 NGF 단백질인데, 많이 핥아진 새끼는 그렇지 못한 새끼에 비해 NGF 수치가 더 높다.

스트레스 반응 정도는 코르티솔 민감성에 따라 결정되는데 GR이 많으면 코르티솔 민감성이 낮아지게 하는 되먹임 회로가 강화된다. 이 때문에 똑같은 스트레스를 받아도 많이 핥아진 새끼는 그렇지 않은 새끼보다 더 무디게 반응한다.

---

① 코르티솔 유전자는 어떻게 발현되는가?
② 유전자는 어떻게 발현하여 단백질을 만드는가?
③ 핥아주는 성향의 유전자는 어떻게 발현되는가?
④ 후천 요소가 유전자의 발현에 영향을 미칠 수 있는가?
⑤ 유전자 발현에 영향을 미치는 유전 요인에는 무엇이 있는가?

5. 다음은 대기오염을 주제로 한 보고서이다. 아래의 자료에서 알 수 있는 내용으로 옳은 것은?

> 대기오염 물질의 자연적 배출원은 공간적으로 그리 넓지 않고 밀집된 도시 규모의 오염 지역을 대상으로 할 경우에는 인위적 배출원에 비하여 대기 환경에 미치는 영향이 크지 않다. 하지만 지구 규모 또는 대륙 규모의 오염 지역을 대상으로 할 경우에는 그 영향이 매우 크다.
>
> 자연적 배출원은 생물 배출원과 비생물 배출원으로 구분된다. 생물 배출원에서는 생물의 활동에 의하여 오염 물질의 배출이 일어나는데, 식생의 활동으로 휘발성 유기물질이 배출되거나 토양 미생물의 활동으로 질소산화물이 배출되는 것이 대표적이다. 이렇게 배출된 오염 물질들은 반응성이 크기 때문에 산성비나 스모그와 같은 대기오염 현상을 일으키는 원인이 되기도 한다. 비생물 배출원에서도 많은 대기오염 물질이 배출되는데, 화산 활동으로 미세 먼지나 황산화물이 발생하거나 번개에 의해 질소산화물이 생성된다. 그 외에 사막이나 황토 지대에서 바람에 의해 미세 먼지가 발생하거나 성층권 오존이 대류권으로 유입되는 것도 이 범주에 넣을 수 있다.
>
> 인위적 배출원은 사람들이 생활이나 산업상의 편익을 위하여 만든 시설이나 장치로서, 대기 중으로 오염 물질을 배출하거나 대기 중에서 유해 물질로 바뀌게 될 원인 물질을 배출한다. 대표적인 인위적 배출원들은 연료의 연소를 통하여 이산화탄소, 일산화탄소, 질소산화물, 황산화물 등을 배출하지만 연소 외의 특수한 과정을 통해 발생하는 폐기물을 대기 중으로 내보내는 경우도 있다.
>
> 인위적 배출원은 점 오염원, 면 오염원, 선 오염원으로 구분된다. 인위적 배출원 중 첫 번째로 점 오염원은 발전소, 도시 폐기물 소각로, 대규모 공장과 같이 단독으로 대량의 오염 물질을 배출하는 시설을 지칭한다. 면 오염원은 주거 단지와 같이 일정한 면적 내에 밀집된 다수의 소규모 배출원을 지칭한다. 선 오염원의 대표적인 것은 자동차로서 이는 도로를 따라 선형으로 오염 물질을 배출시켜 주변에 대기 오염 문제를 일으킨다. 높은 굴뚝에서 오염 물질을 배출하는 점 오염원은 그 영향 범위가 넓지만 배출구가 낮은 면 오염원과 선 오염원은 대기 확산이 잘 이루어지지 않아 오염원 근처의 지표면에 영향을 미친다.

① 비생물 배출원에서 배출되는 질소산화물은 연료의 연소 생성물이 대부분이다.

② 산성비는 인위적 배출원보다 자연적 배출원에서 배출되는 오염 물질에서 더 많이 생성된다.

③ 자연적 배출원은 인위적 배출원에 비해 큰 규모의 대기 환경에 대한 영향력이 미미하다.

④ 미생물이나 식생의 활동이 대기 중에 떠돌아다니는 반응성이 큰 오염 물질들을 감소시키기도 한다.

⑤ 인위적 배출원에서 오염 물질을 배출할 경우, 오염원은 배출구가 높을수록 더 멀리까지 영향을 미친다.

6. 다음 글을 읽고 추론할 수 없는 내용은?

우리나라의 고분, 즉 무덤은 크게 나누어 세 가지 요소로 구성되어 있다. 첫째는 목관(木棺), 옹관(甕棺)과 같이 시신을 넣어두는 용기이다. 둘째는 이들 용기를 수용하는 내부 시설로 광(壙), 곽(槨), 실(室) 등이 있다. 셋째는 매장시설을 감싸는 외부 시설로 이에는 무덤에서 지상에 성토한, 즉 흙을 쌓아 올린 부분에 해당하는 분구(墳丘)와 분구 주위를 둘러 성토된 부분을 보호하는 호석(護石) 등이 있다.

일반적으로 고고학계에서는 무덤에 대해 '묘(墓)─분(墳)─총(塚)'의 발전단계를 상정한다. 이러한 구분은 성토의 정도를 기준으로 삼은 것이다. 매장시설이 지하에 설치되고 성토하지 않은 무덤을 묘라고 한다. 묘는 또 목관묘와 같이 매장시설, 즉 용기를 가리킬 때도 사용된다. 분은 지상에 분명하게 성토한 무덤을 가리킨다. 이 중 성토를 높게 하여 뚜렷하게 구분되는 대형 분구를 가리켜 총이라고 한다.

고분 연구에서는 지금까지 설명한 매장시설 이외에도 함께 묻힌 피장자(被葬者)와 부장품이 그 대상이 된다. 부장품에는 일상품, 위세품, 신분표상품이 있다. 일상품은 일상생활에 필요한 물품들로 생산 및 생활도구 등이 이에 해당한다. 위세품은 정치, 사회적 관계를 표현하기 위해 사용된 물품이다. 당사자 사이에만 거래되어 일반인이 입수하기 어려운 물건으로 피장자가 착장(着裝)하여 위세를 드러내던 것을 착장형 위세품이라고 한다. 생산도구나 무기 및 마구 등은 일상품이기도 하지만 물자의 장악이나 군사력을 상징하는 부장품이기도 하다. 이것들은 피장자의 신분이나 지위를 상징하는 물건으로 일상품적 위세품이라고 한다. 이러한 위세품 중에 6세기 중엽 삼국의 국가체제 및 신분질서가 정비되어 관등(官等)이 체계화된 이후 사용된 물품을 신분표상품이라고 한다.

① 묘에는 분구와 호석이 발견되지 않는다.

② 묘는 무덤의 구성 요소뿐 아니라 무덤 발전단계를 가리킬 때에도 사용되는 말이다.

③ 피장자의 정치, 사회적 신분 관계를 표현하기 위해 장식한 칼을 사용하였다면 이는 위세품에 해당한다.

④ 생산도구가 물자의 장악이나 군사력을 상징하는 부장품에 사용되었다면, 이는 위세품이지 일상품은 아니다.

⑤ 성토를 높게 할수록 신분이 높다면, 같은 시대 같은 지역에 묻힌 두 피장자 중 분보다는 총에 묻힌 피장자의 신분이 높다.

7. 다음 교육 자료에 대한 회사 직원들의 반응으로 가장 적절하지 않은 것은?

[역사 속의 오늘 사건] 1903년 6월 16일. 노동 시스템 바꾼 포드 자동차 회사 설립

　헨리 포드는 1903년에 미국 미시간주 디어본에 포드 자동차 회사를 설립한다. 이 포드 자동차 회사는 현대의 노동 시스템을 완전히 획기적으로 바꾸어 놓았다.

　바로 1913년에 컨베이어 벨트 생산 방식을 만들어 대량 생산의 기틀을 마련한 것이다. 사실 이것이 헨리 포드의 가장 큰 업적이자 산업 혁명의 정점이라 볼 수 있는데, 이는 산업 혁명으로 얻어진 인류의 급격한 기술적 성과를 대중에게 널리 보급하는 기틀을 마련한 것이다.

　컨베이어 벨트 등 일련의 기술 발전 덕분에 노동자 숫자가 중요한 게 아니라 기계를 잘 다룰 줄 아는 숙련공의 존재가 중요해졌다. 하지만 숙련공들은 일당에 따라서 공장을 옮기는 게 예사였고, 품질관리와 생산력이라는 측면에서 공장주들에게는 골치 아픈 일이었다.

　이를 한 방에 해결한 게 1914년 '일당 $5' 정책이었다. 필요 없는 인력은 해고하되 필요한 인력에게는 고임금과 단축된 근로시간을 제시하였다. 이렇게 되니 오대호 근처의 모든 숙련공이 포드 공장으로 모이기 시작했고, 이런 숙련공들 덕분에 생산성은 올라가고 품질 컨트롤도 일정하게 되었다. 일급을 5달러로 올린 2년 뒤에 조사한 바에 따르면 포드 종업원들의 주택 가격 총액은 325만 달러에서 2,000만 달러로 늘어났고 평균 예금 액수도 196달러에서 750달러로 늘어났다. 바로 중산층이 생겨난 것이다.

　이것은 당시로는 너무나 획기적인 일이라 그 당시 시사만평 같은 매체에서는 포드의 노동자들이 모피를 입고 기사가 모는 자가용 자동차를 타고 포드 공장에 일하러 가는 식으로 묘사되기도 했다.

　또한, 헨리 포드는 주 5일제 40시간 근무를 최초로 실시한 사람이기도 하다. 산업혁명 이후 착취에 시달리던 노동자들에겐 여러모로 크게 영향을 미쳤다고 할 수 있다.

　헨리 포드가 누누이 말하는 "내가 현대를 만든 사람이야."의 주축이 된 포드 자동차 회사를 설립한 날은 1903년 6월 16일이다.

---

① A : 기계의 도입으로 노동력을 절감했을 것이다.

② B : 미숙련공들은 포드 자동차 회사에 취업하기 힘들었을 것이다.

③ C : 퇴근 후의 여가 시간 비중이 늘어났을 것이다.

④ D : 종업원들은 경제적으로도 이전보다 풍요로워졌을 것이다.

⑤ E : 자동차를 판매한 이윤으로 더 많은 생산 시설을 늘렸을 것이다.

8. 다음 빈칸에 들어가기 가장 적절한 문장은?

> 호랑이는 우리 민족의 건국 신화인 단군 신화에서부터 등장한다. 호랑이는 고려 시대의 기록이나 최근에 조사된 민속자료에서는 산신(山神)으로 나타나는데, '산손님', '산신령', '산군(山君)', '산돌이', '산 지킴이' 등으로 불리기도 하였다. 이처럼 신성시된 호랑이가 우리의 설화 속에서는 여러 가지 모습으로 나타난다. 호랑이는 가축을 해치고 사람을 다치게 하는 일이 많았던 모양이다. 그래서 설화 중에는 _____. 사냥을 하던 아버지가 호랑이에게 해를 당하자 아들이 원수를 갚기 위해 그 호랑이와 싸워 이겼다는 통쾌한 이야기가 있는가 하면, 밤중에 변소에 갔던 신랑이 호랑이한테 물려 가는 것을 본 신부가 있는 힘을 다하여 호랑이의 꼬리를 붙잡고 매달려 신랑을 구했다는 흐뭇한 이야기도 있다. 이러한 이야기들은 호랑이의 사납고 무서운 성질을 바탕으로 하여 꾸며진 것이다.

① 호랑이가 사람과 마찬가지로 따뜻한 정과 의리를 지니고 있는 것으로 나타나기도 한다.
② 호랑이가 산신 또는 산신의 사자로 나타나는 이야기가 종종 있다.
③ 사람이나 가축이 호랑이한테 해를 당하는 이야기가 많이 있다.
④ 호랑이를 구체적인 설명 없이 신이한 존재로 그리기도 한다.
⑤ 사람이 호랑이 손에 길러지는 장면이 등장하기도 한다.

ANSWER 7.⑤ 8.③

9. 다음 글을 바탕으로 하여 빈칸을 쓰되 예시를 사용하여 구체적으로 진술하고자 할 때, 가장 적절한 것은?

> 사람들은 경쟁을 통해서 서로의 기술이나 재능을 최대한 발휘할 수 있는 기회를 갖게 된다. 즉, 개인이나 집단이 남보다 먼저 목표를 성취하려면 가장 효과적으로 목표에 접근하여야 하며 그러한 경로를 통해 경제적으로나 시간적으로 가장 효율적으로 목표를 성취한다면 사회 전체로 볼 때 이익이 된다. 그러나 이러한 경쟁에 전제되어야 할 것은 많은 사람들의 합의로 정해진 경쟁의 규칙을 반드시 지켜야 한다는 것이다. 즉, _____

① 농구나 축구, 마라톤과 같은 운동 경기에서 규칙과 스포츠맨십이 지켜져야 하는 것처럼 경쟁도 합법적이고 도덕적인 방법으로 이루어져야 하는 것이다.

② 21세기의 무한 경쟁 시대에 우리가 살아남기 위해서는 기초 과학 분야에 대한 육성 노력이 더욱 필요한 것이다.

③ 지구, 금성, 목성 등의 행성들이 태양을 중심으로 공전하는 것처럼 경쟁도 하나의 목표를 향하여 질서 있는 정진(精進)이 필요한 것이다.

④ 가수는 가창력이 있어야 하고, 배우는 연기에 대한 재능이 있어야 하듯이 경쟁은 자신의 적성과 소질을 항상 염두에 두고 이루어져야 한다.

⑤ 모로 가도 서울만 가면 된다고 어떤 수단과 방법을 쓰든 경쟁에서 이기기만 하면 되는 것이다.

∥10 ～ 11∥ 다음은 '기존주택 전세임대 입주자 모집'의 Q&A 자료를 읽고 물음에 답하시오.

〈입주 신청〉

Q1. 전세임대 신청 시 현재 거주하고 있는 지역에서만 신청 가능한가요?
- 입주신청은 입주자모집 공고일 현재 신청자의 주민등록이 등재되어 있는 주소지 관할 주민센터(읍·면·동 사무소)에서만 신청 가능합니다.다만, 입주자 선정 후 전세주택 물색은 특별시 및 광역시에서 입주대상자로 선정된 경우 해당 특별시 또는 광역시 내에서, 특별시 또는 광역시를 제외한 지역에서 입주대상자로 선정된 자는 해당 도(道)내 사업대상지역에서 가능합니다.

※ 주택물색 가능 지역 예시

서울 강남구 거주자	서울 강동구 소재 주택 지원 가능 경기 성남시 소재 주택 지원 불가
대전 대덕구 거주자	대전 유성구 소재 주택 지원 가능 충남 천안시 소재 주택 지원 불가
충북 청주시 거주자	충북 충주시 소재 주택 지원 가능 충북 괴산군 소재 주택 지원 불가(사업대상지역 아님)

Q2. 입주자 모집공고 당일에 사업대상 시·군·자치구에 전입한 경우도 지원 가능한가요?
- 입주자 모집공고 당일 사업대상 시·군·자치구에 주민등록 전입되어 거주하는 경우도 입주신청 자격이 부여됩니다.

Q3. 입주신청은 언제 어디에서 할 수 있나요?
- 입주자 모집은 주요 일간지 및 공사 홈페이지를 통해 공고하며, 모집기간 내 신청자의 주민등록이 등재되어 있는 주소지 관할 주민센터(읍·면·동사무소)에 가셔서 신청하시면 됩니다.

Q4. 입주신청을 위해선 반드시 무주택세대구성원이어야 하나요?
- 전세임대 입주대상자는 입주자모집 공고일 현재 관할 사업대상지역에 거주하는 무주택세대구성원을 대상으로 선정하나, 한부모가족의 경우에는 세대구성원 요건과 무관하게 신청 가능합니다.

Q5. 신용불량자도 전세임대주택 신청이 가능한가요?
- 전세임대주택 지원은 입주대상자의 개인 신용과는 무관하므로 신용불량자라고 하더라도 전세임대주택 신청 및 입주가 가능합니다.

Q6. 전세임대 신청 시 청약통장은 반드시 있어야 하나요?
- 전세임대 신청 시 청약통장이 반드시 필요한 것은 아니나, 동일순위 입주희망자 간 경합이 있는 경우 청약저축 등 납입 횟수에 따라 가점을 부여하고 있어 통장 보유 시 유리할 수 있습니다.
- 단, 청약통장은 신청자 명의의 통장만 인정합니다.

Q7. 전세임대 입주자 모집공고 이후 전세임대 신청 전에 다른 지역으로 이사를 하였다면 어디에서 접수신청을 해야 하나요?
- 접수신청은 모집공고일 현재 거주지에서 하도록 되어 있어 공고 이후 전세임대 신청 전에 다른 지역으로 이사를 하였다면 모집공고 당시 거주지에서 신청하여야 합니다.

 ANSWER 9.①

Q8. 기존주택 전세임대를 신청하고 계약 전에 다른 지역으로 이사를 하였다면 계약체결을 할 수 없나요?
- 신청 후 다른 지역으로 이사를 하였더라도 전세임대주택 지원은 가능합니다. 다만, 전세주택을 지원받을 경우에는 당초 신청지역(공고일 현재 주소지)에 따라 전세주택 지원이 가능합니다.

  예) 서울 강남구 신청자 → 신청 후 경기 성남시로 이전 시 서울에서 전세주택 지원 가능

Q9. 아들(딸)이 대학생 전세임대주택 지원을 받고 있어도 전세임대주택 신청이 가능한가요?
- 자녀 중 일부가 대학생 전세임대주택 지원을 받고 있더라도 전세임대 신청은 할 수 있습니다. 다만, 대학생 전세임대 계약자인 자녀는 반드시 대학생 전세임대 지원받은 주택으로 전입신고 되어야 하며, 대학생 자녀가 대학생 전세임대주택 지원을 받고 있는 지역에서는 지원이 불가합니다.

〈자격 조회〉

Q10. 입주대상자의 자격 검색은 어떻게 하나요?
- 전세임대 입주대상자 선정 시 기초생활수급자, 보호대상 한부모가족 여부 및 해당 세대의 소득 등은 보건복지부의 '사회보장정보시스템'을 이용하여 파악하므로, 입주대상자가 직접 서류를 준비할 필요가 없어 임대주택 신청이 간편합니다.

Q11. 금융정보제공동의서 등 추가제출 서류는 무엇인가요?
- 국토부 훈령 개정에 따라 입주대상자(세대원 포함) 전원의 금융자산 조회가 필요하며 이에 따라 필요한 법정양식인 '금융정보제공동의서' 및 '자산보유사실확인서'를 별도로 제출하여야 합니다.

Q12. 자격조회 범위(대상)는 어디까지인가요?
- 소득산정 및 토지, 자동차 소유 확인은 무주택세대구성원을 대상으로 합니다.

Q13. 소득 산정 시 어떤 소득이 포함되나요?
- 해당 세대의 소득은 입주자모집공고문을 참고하시기 바라며, 소득항목별 소득자료 제공기관에 별도 문의하여 확인할 수 있습니다.

〈동일순위 경합 시 가점 부여〉

Q14. 전세임대 동일순위 경합 시 입주자 선정을 위한 가점 항목 중 "당해 사업대상 지역에서의 연속 거주기간"은 어떻게 산정하나요?
- 신청인이 당해 시(특별시, 광역시 포함)·군 지역에서 연속 거주한 기간으로 산정합니다. 즉, '서울'의 경우 해당 '서울특별시'에 거주한 기간이, '부산'의 경우 '부산광역시'에 거주한 기간이, '성남'의 경우 '성남시'에 거주한 기간이 가점대상이 됩니다.

Q15. '부양가족의 수' 가점 중 '중증장애인'은 어떤 경우를 말하나요?
- 중증장애인은 「장애인 고용촉진 및 직업재활법 시행령」 제4조에 따라, 「장애인복지법 시행규칙」 별표 1에 따른 제2급의 장애인, 제3급 장애인으로서 뇌병변장애인·시각장애인·지적장애인·자폐성장애인·정신장애인·심장장애인·호흡기장애인·간질장애인 및 팔에 장애가 있는 지체장애인, 「국가유공자 등 예우 및 지원에 관한 법률 시행령」에 따른 3급 이상의 상이등급에 해당하는 경우를 말합니다.

Q16. 부양가족의 범위는 어떻게 되나요?
- 부양가족의 범위는 '공공주택 업무처리지침'에 따라 세대주를 제외한 무주택세대구성원으로 합니다.

Q17. 소득산정 시 기준 가구원수 및 자녀의 수 산정 시 태아도 포함하나요?
- 소득산정 시 기준 가구원수 및 자녀의 수 산정 시 태아도 포함(태아 수 감안)하며, 병원 직인이 날인된 임신진단서 또는 임신확인서를 제출하여야 합니다.

〈계약 및 입주〉

Q18. 계약체결 시까지 무주택세대구성원의 요건을 충족해야 하나요?
- 입주대상자로 선정된 자는 계약 시까지 입주자격을 유지하여야 하므로, 무주택세대구성원으로 전세임대주택을 신청하였더라도 계약 이전에 주택을 소유하고 있다면 계약체결이 불가합니다.

Q19. 기초생활수급자로 기존주택 전세임대주택을 신청하였는데, 계약 전에 기초생활수급자에서 탈락된다면 계약이 불가능한가요?
- 계약 전에 기초생활수급자에서 탈락하더라도 기존주택 전세임대 입주자격(보호대상 한부모가족, 주거지원 시급가구, 월평균 소득 70% 이하 장애인) 중 하나를 만족한다면 계약체결이 가능합니다.

Q20. 기존주택 전세임대로 입주하게 되면 20년간 거주가 보장되는 건가요?
- 기존주택 전세임대는 최초 임대기간이 2년으로 재계약은 9회까지 가능합니다. 따라서 전세기간 2년을 전부 채운 경우 최장 20년까지 거주가 가능하지만 반드시 거주기간 20년을 보장하는 것은 아닙니다.

Q21. 친척 소유의 주택을 전세임대주택으로 지원받을 수 있나요?
- 본인과 배우자의 직계 존·비속 소유의 주택은 전세임대주택으로 지원받을 수 없으며, 가족관계증명서로 주택소유자를 확인합니다.

Q22. 전세임대주택 입주 시 도배·장판은 어떤 경우에 시공해주나요?
- 도배·장판은 지역 관행에 따라 전세계약 체결 시 주택소유자가 시공하는 경우에는 지원대상에서 제외되며, 입주자가 도배·장판을 시공해야 하는 지역 중 도배·장판이 훼손되어 재시공이 필요한 경우 전세지원기간 중 1회에 한 해 시공비용의 일부(현재 60만 원 한도)를 지원하고 있으므로, 지원과 관련하여 해당 지역본부에 신청하여 지원절차를 밟아야 합니다.

Q23. 전세임대주택 지원 시 전세지원금 외에 지원해주는 비용은 없나요?
- 전세임대주택 지원 시 지원한도액에 따른 중개수수료와 전세임대주택 신용보험료 및 지역 관행에 따라 입주자가 도배·장판을 시행하는 경우 도배·장판 시공비의 일부를 지원하고 있으며, 기타 제반 소요비용은 입주자가 부담합니다.

10. 자료의 내용 중 옳지 않은 것은?

① A는 서울지역에 실제 거주하고 있고 주민등록은 부산지역으로 되어 있다면, 서울지역이 아닌 부산지역 관할 주민센터에서만 신청 가능하다.

② 한부모가족이 아니라면 전세임대 입주대상자는 무주택구성원이어야 신청할 수 있다.

③ 대학생 자녀 C를 둔 D는 대학생 C가 전세임대주택 지원을 받은 지역에서 전세임대주택 신청이 가능하다.

④ 신용불량자인 B는 청약통장이 없어도 전세임대 신청이 가능하다.

⑤ 부양가족의 범위에 세대주는 제외되며 소득산정 시 태아는 병원 직인이 날인된 확인서를 제출하여 포함시킬 수 있다.

 ANSWER 10.③

11. 다음과 같은 민원이 들어왔을 때 위 자료에 근거하여 가장 적절히 답변한 사람은?

> 안녕하세요. 저는 기초생활수급자로 2024. 9. 23.에 기존주택 전세임대주택을 신청하였습니다. 계약일은 2024. 11. 5.로 예정되어 있는데요, 2024. 10. 20.에 기초생활수급자에서 탈락되었습니다. 계약이 가능한지 질문드립니다. 만약 계약이 가능하다면 언제까지 거주가 보장되는 건가요?

① A : 계약은 불가능하지만 친척 소유의 주택을 전세 임대주택으로 지원받는 방안을 고려해보세요.

② B : 중개수수료와 전세임대주택 신용보험료, 도배 · 장판을 시행하는 것으로 조건으로 2년간 거주할 수 있습니다.

③ C : 질문자는 기초생활수급자에서 탈락되었으므로 어떤 방법으로도 계약체결이 불가능합니다.

④ D : 기존 임대주택에서 거주 기간이 20년 미만이라면 계약체결 없이도 20년까지는 거주 기간이 보장됩니다.

⑤ E : 월평균 소득 70% 이하의 장애인이라면 기초생활수급자에서 탈락하더라도 계약체결 가능합니다.

12. 다음의 내용을 논리적 흐름이 자연스럽도록 순서대로 배열한 것은?

> ㉠ 사물은 저것 아닌 것이 없고, 또 이것 아닌 것이 없다. 이쪽에서 보면 모두가 저것, 저쪽에서 보면 모두가 이것이다.
>
> ㉡ 그러므로 저것은 이것에서 생겨나고, 이것 또한 저것에서 비롯된다고 한다. 이것과 저것은 저 혜시(惠施)가 말하는 방생(方生)의 설이다.
>
> ㉢ 그래서 성인(聖人)은 이런 상대적인 방법에 의하지 않고, 그것을 절대적인 자연의 조명(照明)에 비추어 본다. 그리고 커다란 긍정에 의존한다. 거기서는 이것이 저것이고 저것 또한 이것이다. 또 저것도 하나의 시비(是非)이고 이것도 하나의 시비이다. 과연 저것과 이것이 있다는 말인가. 과연 저것과 이것이 없다는 말인가.
>
> ㉣ 그러나 그, 즉 혜시(惠施)도 말하듯이 삶이 있으면 반드시 죽음이 있고, 죽음이 있으면 반드시 삶이 있다. 역시 된다가 있으면 안 된다가 있고, 안 된다가 있으면 된다가 있다. 옳다에 의거하면 옳지 않다에 기대는 셈이 되고, 옳지 않다에 의거하면 옳다에 의지하는 셈이 된다.

① ㉠ – ㉡ – ㉢ – ㉣

② ㉠ – ㉡ – ㉣ – ㉢

③ ㉠ – ㉢ – ㉡ – ㉣

④ ㉠ – ㉣ – ㉡ – ㉢

⑤ ㉠ – ㉣ – ㉢ – ㉡

13. 다음 〈조건〉이 모두 참이라고 할 때, 논리적으로 항상 거짓인 것은?

〈조건〉
- 비가 오면 사무실이 조용하다.
- 사무실이 조용하거나 복도가 깨끗하다.
- 복도가 깨끗한데 비가 오지 않으면, 주차장이 넓고 비가 오지 않는다.
- 사무실이 조용하지 않다.

① 사무실이 조용하지 않으면 복도가 깨끗하다.
② 주차장이 넓지만 비가 오지 않는다.
③ 복도가 깨끗하지 않다.
④ 비가 오지 않는다.
⑤ 비가 오지 않으면, 사무실이 조용하지 않고 주차장이 넓다.

14. 다음 글의 내용이 모두 참일 때, 타 지점에서 온 직원들의 지역으로 옳은 것은?

직원들은 전국 지점 직원들이 모인 캠프에서 만난 세 사람에 대한 이야기를 하고 있다. 이들은 캠프에서 만난 타 지점 직원들의 이름은 정확하게 기억하고 있다. 하지만 그들이 어느 지역에서 일하고 있는지에 대해서는 그렇지 않다.
- 이 사원 : 甲은 대구, 乙이 울산에서 일한다고 했어. 丙이 부산 지점이라고 했고.
- 김 사원 : 甲이랑 乙이 울산에서 일한다고 했지. 丙은 부산이 맞고.
- 정 사원 : 다 틀렸어. 丙이 울산이고 乙이 대구에서, 甲이 부산에서 일한다고 했어.

세 명의 직원들은 캠프에서 만난 직원들에 대하여 각각 단 한 명씩의 일하는 지역을 알고 있으며 캠프에서 만난 직원들이 일하는 지역은 부산, 울산, 대구 지역 외에는 없고, 모두 다른 지역에서 일한다.

	甲	乙	丙			甲	乙	丙
①	대구	울산	부산		②	대구	부산	울산
③	울산	부산	대구		④	부산	울산	대구
⑤	부산	대구	울산					

ANSWER 11.⑤ 12.② 13.③ 14.④

15. 다음 글을 통해서 알 수 있는 내용이 아닌 것은?

국유재산이란 국가의 부담, 기부채납이나 법령 또는 조약에 따라 국가 소유로 된 부동산, 선박, 부표(浮標), 부잔교(浮棧橋), 부선거(浮船渠) 및 항공기, 정부기업이나 정부시설에서 사용하는 기계와 기구 중 대통령령으로 정하는 것, 지상권, 지역권, 전세권, 광업권, 그 밖에 이에 준하는 권리, 증권, 특허권, 실용신안권, 디자인권 및 상표권 등을 의미한다.

국가가 국유재산을 관리·처분할 때에는 국가전체의 이익에 부합되도록 하고 취득과 처분이 균형을 이뤄야 한다. 또한 공공가치와 활용가치와 경제적 비용을 고려하고 투명하고 효율적인 절차를 따라야 한다.

국유재산은 용도에 따라 행정재산과 일반재산으로 구분한다. 행정자산의 종류에는 공용재산, 공공용재산, 기업용재산, 보존용재산이 있다. 공용재산은 국가가 직접 사무용·사업용 또는 공무원의 주거용(직무수행을 위하여 필요한 경우로서 대통령령으로 정하는 경우로 한정한다)으로 사용하거나 대통령령으로 정하는 기한까지 사용하기로 결정한 재산이다. 공공용재산은 국가가 직접 공공용으로 사용하거나 대통령령으로 정하는 기한까지 사용하기로 결정한 재산이다. 기업용재산은 정부기업이 직접 사무용·사업용 또는 그 기업에 종사하는 직원의 주거용(직무 수행을 위하여 필요한 경우로서 대통령령으로 정하는 경우로 한정한다)으로 사용하거나 대통령령으로 정하는 기한까지 사용하기로 결정한 재산이며 보존용재산은 법령이나 그 밖의 필요에 따라 국가가 보존하는 재산이다. 일반재산은 행정재산 이외의 모든 국유재산을 의미한다.

누구든지 정해진 절차와 방법에 따르지 아니하고는 국유재산을 사용하거나 수익하지 못한다. 또한 행정재산은 「민법」제245조에도 불구하고 시효취득(時效取得)의 대상이 되지 아니한다.

---

① 국유재산에는 소유로 된 부동산이나 특허권 등이 해당한다.
② 국유재산을 처분할 때에는 국가 전체에 이익에 부합하도록 하여야 한다.
③ 정부기업이 직접 사무용·사업용 또는 그 기업에 종사하는 직원의 주거용으로 사용하는 것은 일반재산에 해당하지 않는다.
④ 국가가 직접 사무용·사업용으로 사용하는 것은 공공용재산에 해당한다.
⑤ 국유재산은 시효취득의 대상이 아니다.

16. 다음 제시된 조건을 보고, 만일 영호와 옥숙을 같은 날 보낼 수 없다면, 목요일에 보내야 하는 남녀사원은 누구인가?

　　영업부의 박 부장은 월요일부터 목요일까지 매일 남녀 각 한 명씩 두 사람을 회사 홍보 행사 담당자로 보내야 한다. 영업부에는 현재 남자 사원 4명(길호, 철호, 영호, 치호)과 여자 사원 4명(영숙, 옥숙, 지숙, 미숙)이 근무하고 있으며, 다음과 같은 제약 사항이 있다.

ⓒ 매일 다른 사람을 보내야 한다.
ⓒ 치호는 철호 이전에 보내야 한다.
ⓒ 옥숙은 수요일에 보낼 수 없다.
② 철호와 영숙은 같이 보낼 수 없다.
ⓒ 영숙은 지숙과 미숙 이후에 보내야 한다.
ⓗ 치호는 영호보다 앞서 보내야 한다.
ⓢ 옥숙은 지숙 이후에 보내야 한다.
ⓞ 길호는 철호를 보낸 바로 다음 날 보내야 한다.

---

① 길호와 영숙
② 영호와 영숙
③ 치호와 옥숙
④ 길호와 옥숙
⑤ 영호와 미숙

17. 고 대리, 윤 대리, 염 사원, 서 사원 중 1명은 갑작스런 회사의 사정으로 인해 오늘 당직을 서야 한다. 이들은 논의를 통해 당직자를 결정하였고, 동료인 최 대리에게 다음 〈보기〉와 같이 말하였다. 이 중 1명만이 진실을 말하고, 3명은 거짓말을 한다면, 당직을 서게 될 사람과 진실을 말한 사람을 순서대로 알맞게 나열한 것은 어느 것인가?

보기

고 대리 : "윤 대리가 당직을 서겠다고 했어."
윤 대리 : "고 대리는 지금 거짓말을 하고 있어."
염 사원 : "저는 오늘 당직을 서지 않습니다, 최 대리님."
서 사원 : "당직을 서는 사람은 윤 대리님입니다."

① 고 대리, 서 사원
② 염 사원, 고 대리
③ 서 사원, 윤 대리
④ 염 사원, 윤 대리
⑤ 서 사원, 염 사원

18. 카페에서 메뉴를 정하는데, A ~ G는 커피와 주스 중 하나를 고르기로 하였다. 이들의 의견이 다음과 같을 때 주스를 주문할 최소 인원은?

㉠ A나 B가 커피를 주문하면, C와 D도 커피를 주문한다.
㉡ B나 C가 커피를 주문하면, E도 커피를 주문한다.
㉢ D는 주스를 주문한다.
㉣ E와 F가 커피를 주문하면, B나 D 중 적어도 하나는 커피를 주문한다.
㉤ G가 주스를 주문하면, F는 커피를 주문한다.

① 2명
② 3명
③ 4명
④ 5명
⑤ 6명

19. 다음 글을 통해서 시험의 일부 면제 대상이 되지 않는 경우는?

○ 응시자격 : 제한 없음
○ 시험 과목
  • 1차 시험 : ① 「상법」 보험편, ② 「농어업재해보험법령」 및 농업재해보험손해평가요령(농림축산식품부고시 제2015-20호), ③ 농학 개론 중 재배학 및 원예작물학
  • 2차 시험 : ① 농작물재해보험 이론과 실무, ② 농작물재해보험 손해평가 이론과 실무
○ 합격자 결정방법 : 제1차 시험 및 제2차 시험이 있으며, 매 과목 100점을 만점으로 하여 매 과목 40점 이상과 전 과목 평균 60점 이상인 사람을 합격자로 결정
○ 시험의 일부면제
  ① 시험에 의한 제1차 시험 면제 : 제1차 시험에 합격한 사람에 대해서는 다음 회에 한정하여 제1차 시험을 면제함.(단 경력서류제출로 제1차 시험 면제된 자는 농어업재해보험법령이 개정되지 않는 한 계속 면제)
  ② 경력 또는 자격에 의한 제1차 시험 면제(다음 각 호의 어느 하나에 해당)
    • 손해평가인으로 위촉된 기간이 3년 이상인 사람으로서 손해평가 업무를 수행한 경력이 있는 사람(「농어업재해보험법」 제11조 제1항)
    • 손해사정사(「보험업법」 제186조)
    • 아래 인정기관에서 손해사정 관련 업무에 3년 이상 종사한 경력이 있는 사람
      - 「금융위원회의 설치 등에 관한 법률」에 따라 설립된 금융감독원
      - 농업협동조합중앙회
      - 「보험업법」 제4조에 따른 허가를 받은 손해보험회사
      - 「보험업법」 제175조에 따라 설립된 손해보험협회
      - 「보험업법」 제187조 제2항에 따른 손해사정을 업(業)으로 하는 법인
      - 「화재로 인한 재해보상과 보험가입에 관한 법률」 제11조에 따라 설립된 한국화재보험협회

① 농업협동조합중앙회에서 4년 전부터 일하고 있는 A 씨
② 손해사정사 자격으로 1년간 일한 경력이 있는 B 씨
③ 직전 회차 1차 시험에서 과목별로 55점, 62점, 72점을 받은 C 씨
④ 손해평가 업무를 해본 적은 없지만 손해평가인으로 위촉된 기간이 5년 이상인 D 씨
⑤ 법에 따라 설립된 한국화재보험협회에서 4년간 일한 경력이 있는 E 씨

ANSWER 17.④ 18.③ 19.④

20. 놀이기구 이용과 관련한 다음 명제들을 통해 추론한 설명으로 올바른 것은 어느 것인가?

> • 우주특급을 타 본 사람은 공주의 모험도 타 보았다.
> • 공주의 모험을 타 본 사람은 자이로스핀도 타 보았다.
> • 자이로스핀을 타 본 사람은 번지번지를 타 보지 않았다.
> • 번지번지를 타 본 사람은 기차팡팡을 타 보지 않았다.
> • 기차팡팡을 타 본 사람은 우주특급을 타 보지 않았다.

① 자이로스핀을 타 보지 않은 사람은 우주특급을 타 보았다.
② 번지번지를 타 본 사람은 우주특급을 타 보지 않았다.
③ 기차팡팡을 타 보지 않은 사람은 자이로스핀을 타 보았다.
④ 공주의 모험을 타 본 사람은 기차팡팡을 타 보았다.
⑤ 자이로스핀을 타 보지 않은 사람은 번지번지를 타 보았다.

21. 한 마을에 약국이 A, B, C, D, E 다섯 군데가 있다. 다음의 조건에 따를 때 문을 연 약국에 해당하는 곳이 바르게 나열된 것은?

> • A와 B 모두 문을 열지는 않았다.
> • A가 문을 열었다면, C도 문을 열었다.
> • A가 문을 열지 않았다면, B가 문을 열었거나 C가 문을 열었다.
> • C는 문을 열지 않았다.
> • D가 문을 열었다면, B가 문을 열지 않았다.
> • D가 문을 열지 않았다면, E도 문을 열지 않았다.

① A
② B
③ A, E
④ D, E
⑤ B, D, E

22. 다음 글의 내용이 참일 때, 반드시 참인 것은?

> 신메뉴 개발에 성공한다면, 가게에 손님이 늘거나 신메뉴와 함께 먹을 수 있는 메뉴들의 판매량이 늘어날 것이다. 만일 가게의 매출이 상승한다면, 신메뉴 개발에 성공한 것이다. 그리고 만일 가게의 매출이 상승한다면, 새직원을 뽑지 않는다는 전제하에서 가게의 순수입이 늘어난다. 손님이 늘진 않았지만 가게의 매출은 상승했다. 그러나 새직원을 뽑는다면, 인건비 상승으로 순수입은 늘지 않는다.

① 다른 메뉴들의 판매량이 늘어난다.

② 순수입이 늘어난다.

③ 신메뉴 개발에 성공한다면, 순수입이 늘어난다.

④ 신메뉴 개발에 성공한다면, 새직원을 뽑지 않아도 된다.

⑤ 신메뉴 개발에 성공한다고 해도 매출이 상승하지 않을 수 있다.

| 23 ~ 24 | 다음 5명의 팀원으로 이루어진 팀에서 〈메뉴 선호 순위〉와 〈메뉴 결정 기준〉을 고려하여 회식메뉴를 정한다. 다음 이어지는 물음에 답하시오.

| 23 ~ 24 |

〈팀원별 메뉴 선호 순위〉

메뉴 팀원	탕수육	양고기	바닷가재	방어회	삼겹살
민수	3	2	1	4	5
현수	4	3	1	5	2
정수	3	1	5	4	2
연수	2	1	5	3	4
준수	3	5	1	4	2

〈메뉴 결정 기준〉

- 기준1 : 1순위가 가장 많은 메뉴로 정한다.
- 기준2 : 5순위가 가장 적은 메뉴로 정한다.
- 기준3 : 1순위에 5점, 2순위에 4점, 3순위에 3점, 4순위에 2점, 5순위에 1점을 부여하여 각각 합산한 뒤, 점수가 가장 높은 메뉴로 정한다.
- 기준4 : 기준3에 따른 합산 점수의 상위 2개 메뉴 중, 1순위가 더 많은 메뉴로 정한다.
- 기준5 : 5순위가 가장 많은 메뉴를 제외하고 남은 메뉴 중, 1순위가 가장 많은 메뉴로 정한다.

23. 제시된 자료와 함께 다음과 같은 상황이 주어졌을 때, 다음 중 옳지 않은 것은?

- 연수는 바닷가재가 메뉴로 정해지면 회식에 불참한다.
- 연수가 회식에 불참하면 정수도 불참한다.
- 준수는 양고기가 메뉴로 정해지면 회식에 불참한다.

① 기준1과 기준4 중 어느 것에 따르더라도 같은 메뉴가 정해진다.
② 기준2에 따르면 탕수육으로 메뉴가 정해진다.
③ 기준3에 따르면 모든 팀원이 회식에 참석한다.
④ 기준4에 따르면 연수는 회식에 참여하지 않는다.
⑤ 기준5에 따르면 준수는 회식에 참석하지 않는다.

24. 〈메뉴 결정 기준〉에 따라 이번 달 처음 회식은 기준1, 두 번째 회식은 기준3으로 회식 메뉴를 결정하였다. 두 회식 모두 팀원 전원이 참석하였을 때, 이번 달에 회식비용으로 신청해야 하는 예산 금액은 얼마인가? (단, 메뉴별 1인당 가격은 다음과 같으며, 인원수에 맞게 주문하되 그 메뉴 선호 순위를 1위로 매긴 사람만 2인분씩 주문했다고 한다.)

메뉴	탕수육	양고기	바닷가재	방어회	삼겹살
1인당 가격	9,000원	17,000원	56,000원	45,000원	13,000원

① 567,000원

② 535,000원

③ 516,000원

④ 498,000원

⑤ 486,000원

25. 다음은 홍길동 사원이 작성한 '최근 국내외 여러 상품의 가격 변화 조사 보고서'의 일부이다. 보고서에서 ㈎ ~ ㈐에 들어갈 말이 바르게 짝지어진 것은?

〈최근 국내외 여러 상품의 가격 변화 조사 보고서〉

작성자 : 홍길동

● 고려 사항
• 옥수수와 밀의 경작지 면적은 한정되어 있다.
• 옥수수는 바이오 에탄올 생산에 사용된다.
• 밀가루는 라면의 주원료이다.
• 바이오 에탄올은 원유의 대체 에너지로 사용된다.

● 상품 가격의 변화

국제 유가의 빠른 상승 → 국제 옥수수 가격의 ㈎ → 국제 밀 가격의 ㈏ → 국제 라면 가격의 ㈐

	㈎	㈏	㈐
①	상승	상승	상승
②	상승	상승	하락
③	하락	상승	하락
④	하락	하락	상승
⑤	불변	하락	불변

ANSWER 23.③ 24.① 25.①

26. A 부서에서는 새로운 프로젝트를 위해 팀을 꾸리고자 한다. 이 부서에는 남자 직원 세현, 승훈, 영수, 준원 4명과 여자 직원 보라, 소희, 진아 3명이 소속되어 있다. 아래의 조건에 따라 이들 가운데 4명을 뽑아 프로젝트 팀에 포함시키려 한다. 다음 중 옳지 않은 것은?

〈조건〉
- 남자 직원 가운데 적어도 한 사람은 뽑아야 한다.
- 여자 직원 가운데 적어도 한 사람은 뽑지 말아야 한다.
- 세현, 승훈 중 적어도 한 사람을 뽑으면, 준원과 진아도 뽑아야 한다.
- 영수를 뽑으면, 보라와 소희는 뽑지 말아야 한다.
- 진아를 뽑으면, 보라도 뽑아야 한다.

---

① 남녀 동수로 팀이 구성된다.
② 영수와 소희 둘 다 팀에 포함되지 않는다.
③ 승훈과 세현은 함께 프로젝트 팀에 포함될 수 있다.
④ 준원과 보라 둘 다 팀에 포함된다.
⑤ 진아는 어떻게 구성을 해도 팀에 포함된다.

| 27 ～ 28 | 다음 A 음식점의 메뉴별 판매비율 자료를 보고 물음에 답하시오.

〈A 음식점의 메뉴별 판매비율〉

(단위 : %)

구분	2021년	2022년	2023년	2024년
된장찌개	17.0	26.5	31.5	37.0
김치찌개	24.0	28.0	27.0	29.0
순두부찌개	38.5	30.5	23.5	15.5
떡볶이	14.0	7.0	12.0	11.0
고등어조림	6.5	8.0	6.0	7.5

27. 위의 자료에 대한 옳지 않은 해석을 고르면?

① 된장찌개의 판매비율은 꾸준히 증가하고 있다.

② 순두부찌개의 판매비율은 4년 동안 50%p 이상 감소하였다.

③ 2021년과 비교할 때 고등어조림의 2024년 판매비율은 3%p 증가하였다.

④ 2021년 순두부찌개의 판매비율이 2024년 된장찌개의 판매비율보다 높다.

⑤ 떡볶이의 판매비율은 꾸준히 하락하고 있다.

28. 2024년 총 판매개수가 1,500개라면 떡볶이 판매개수는 몇 개인가?

① 90개

② 130개

③ 145개

④ 165개

⑤ 170개

◀ANSWER 26.③ 27.③ 28.④

29. A는 1개당 5만 원, B는 1개당 2만 원의 이익이 생기고, 두 제품 A, B를 총 50개 생산한다고 할 때, 이익을 최대로 하려면 제품 A는 몇 개를 생산해야 하는가?

제품	A제품	B제품	하루 사용 제한량
전력	50kWh	20kWh	1,600kWh
연료	3L	5L	240L

① 16개　　　　　　　　　　　② 18개

③ 20개　　　　　　　　　　　④ 24개

⑤ 26개

30. 다음은 甲카페의 커피 판매정보에 대한 자료이다. 한 잔만을 더 판매하고 영업을 종료한다고 할 때, 총이익이 정확히 64,000원이 되기 위해서 판매해야 하는 메뉴는?

(단위 : 원, 잔)

구분　　메뉴	판매가격 (1잔)	현재까지 판매량	한 잔당 재료				
			원두 (200)	우유 (300)	바닐라 (100)	초코 (150)	캐러멜 (250)
아메리카노	3,000	5	○	×	×	×	×
카페라테	3,500	3	○	○	×	×	×
바닐라라테	4,000	3	○	○	○	×	×
카페모카	4,000	2	○	○	×	○	×
캐러멜라테	4,300	6	○	○	○	×	○

※ 1) 메뉴별 이익＝(메뉴별 판매가격 － 메뉴별 재료비) × 메뉴별 판매량
　　2) 총이익은 메뉴별 이익의 합이며, 다른 비용은 고려하지 않음
　　3) 甲카페는 5가지 메뉴만을 판매하며, 메뉴별 1잔 판매가격과 재료비는 변동 없음
　　4) ○ : 해당 재료 한 번 사용, × : 해당 재료 사용하지 않음

① 아메리카노　　　　　　　　② 카페라테

③ 바닐라라테　　　　　　　　④ 카페모카

⑤ 캐러멜라테

31. A사의 진급 테스트에서 20문제 중 한 문제를 맞히면 3점을 얻고, 틀리면 2점을 감점한다고 한다. 甲이 20문제를 풀어 40점의 점수를 얻었을 때, 甲이 틀린 문제 수는?

① 2개   ② 3개

③ 4개   ④ 15개

⑤ 16개

┃32 ~ 33┃ 다음 〈표〉는 2023년과 2024년 甲사의 창업아이디어 공모자를 대상으로 직업과 아이디어 진행 단계를 조사한 자료이다. 물음에 답하시오. (단, 복수응답 및 무응답은 없다.)

〈창업아이디어 공모자의 직업 구성〉

(단위 : 명, %)

직업	2023년		2024년		합계	
	인원	비율	인원	비율	인원	비율
교수	34	4.2	183	12.5	217	9.6
연구원	73	9.1	118	8.1	ⓐ	8.4
대학생	17	2.1	74	5.1	91	4.0
대학원생	31	3.9	93	6.4	ⓑ	5.5
회사원	297	37.0	567	38.8	864	38.2
기타	350	43.6	425	29.1	775	34.3
계	802	100.0	1,460	100	2,262	100

〈창업아이디어 공모자의 아이디어 진행단계〉

(단위 : 명, %)

창업단계	2023년	2024년	합계	
			인원	비중
구상단계	79	158	237	10.5
기술개발단계	291	668	959	42.4
시제품제작단계	140	209	ⓒ	15.4
시장진입단계	292	425	717	31.7
계	802	1,460	1,913	100

32. 제시된 자료에서 ⓐ ~ ⓒ에 들어갈 수의 합은?

① 436

② 541

③ 664

④ 692

⑤ 712

33. 주어진 자료에 대한 설명으로 옳은 것은?

① 2024년 회사원 공모자의 전년대비 증가율은 90%를 넘지 못한다.

② 창업아이디어 공모자의 직업 구성의 1위와 2위는 2023년과 2024년 동일하다.

③ 2023년에 기술개발단계에 공모자수의 비중은 40% 이상이다.

④ 기술개발단계에 있는 공모자수 비중의 연도별 차이는 시장진입단계에 있는 공모자수 비중의 연도별 차이보다 크다.

⑤ 2024년에 시제품제작단계인 공모자수 비중과 시장진입단계인 공모자수 비중의 합은 전체의 50% 이상이다.

| 34 ~ 35 | 다음은 행정서비스 이용 방법별 선호도를 나타낸 자료이다. 물음에 답하시오.

〈행정서비스 이용 방법 선호도〉

(단위 : %)

특성	이용방법	직접 방문	홈페이지	모바일 앱	이메일	문자메시지	공공 무인 민원 발급기
성별	남성	16.6	49.7	15.3	1.5	0.9	0.7
	여성	16.6	48.1	15.0	1.5	2.0	0.4
교육 수준별	중졸이하	45.7	20.8	9.0	0.1	1.9	0.0
	고졸	18.5	45.8	12.0	1.6	1.1	1.1
	대졸이상	10.7	55.6	18.6	1.7	1.7	0.1

34. 주어진 자료를 바르게 이해한 것만 고른 것은?

ㄱ 직접방문을 선호하는 남성과 여성의 수가 같다.
ㄴ 교육수준이 높을수록 홈페이지 이용을 선호하는 경향이 있다.
ㄷ 어느 특성을 가진 집단에서도 공공 무인 민원발급기 이용 선호도가 2%를 넘지 않는다.
ㄹ 모바일 앱 이용 선호도는 교육수준이 낮을수록 높다.

① ㄴㄹ
② ㄴㄷ
③ ㄱㄷ
④ ㄱㄹ
⑤ ㄷㄹ

35. 조사에 참여한 남성의 수가 18,000명이라면 이메일을 선호하는 남성은 몇 명인가?

① 240명
② 250명
③ 270명
④ 280명
⑤ 290명

36. 다음 표에 제시된 통계함수와 함수의 기능이 서로 잘못 짝지어진 것은 어느 것인가?

함수명	기능
㉠ AVERAGEA	텍스트로 나타낸 숫자, 논리 값 등을 포함, 인수의 평균을 구함
㉡ COUNT	인수 목록에서 공백이 아닌 셀과 값의 개수를 구함
㉢ COUNTIFS	범위에서 여러 조건을 만족하는 셀의 개수를 구함
㉣ LARGE(범위, k번째)	범위에서 k번째로 큰 값을 구함
㉤ RANK	지정 범위에서 인수의 순위를 구함

① ㉠   ② ㉡

③ ㉢   ④ ㉣

⑤ ㉤

37. 다음에서 설명하고 있는 문자 자료 표현은 무엇인가?

- BCD코드의 확장코드이다.
- 8비트로 28(256)가지의 문자 표현이 가능하다.(zone : 4bit, digit : 4bit)
- 주로 대형 컴퓨터에서 사용되는 범용코드이다.
- EBCDIC 코드는 바이트 단위 코드의 기본으로 하나의 문자를 표현한다.

① BCD 코드

② ASCII 코드

③ 가중치 코드

④ EBCDIC 코드

⑤ 오류검출 코드

38. 주기억장치 관리기법 중 "Best Fit" 기법 사용 시 8K의 프로그램은 주기억장치 영역 중 어느 곳에 할당되는가?

영역1	9K
영역2	15K
영역3	10K
영역4	30K
영역5	35K

① 영역1
② 영역2
③ 영역3
④ 영역4
⑤ 영역5

39. A는 이번 달 사용한 카드 사용금액을 시기별, 항목별로 다음과 같이 정리하였다. 항목별 단가를 확인한 후 D2 셀에 함수식을 넣어 D5까지 드래그를 하여 결과값을 알아보고자 한다. A가 D2 셀에 입력해야 할 함수식으로 적절한 것은 어느 것인가?

	A	B	C	D
1	시기	항목	횟수	사용금액(원)
2	1주	식비	10	
3	2주	의류구입	3	
4	3주	교통비	12	
5	4주	식비	8	
6				
7	항목	단가		
8	식비	6500		
9	의류구입	43000		
10	교통비	3500		

① =C2*HLOOKUP(B2,$A$8:$B$10,2,0)

② =B2*HLOOKUP(C2,$A$8:$B$10,2,0)

③ =B2*VLOOKUP(B2,$A$8:$B$10,2,0)

④ =C2*VLOOKUP(B2,$A$8:$B$10,2,0)

⑤ =C2*HLOOKUP($A$8:$B$10,2,0)

40. 다음의 워크시트에서 2학년의 평균점수를 구하고자 할 때 [F5] 셀에 입력할 수식으로 옳은 것은?

	A	B	C	D	E	F
1	이름	학년	점수			
2	윤성희	1학년	100			
3	이지연	2학년	95			
4	유준호	3학년	80		학년	평균점수
5	송민기	2학년	80		2학년	
6	유시준	1학년	100			
7	임정순	4학년	85			
8	김정기	2학년	95			
9	신길동	4학년	80			

① =DAVERAGE(A1:C9,3,E4:E5)

② =DAVERAGE(A1:C9,2,E4:E5)

③ =DAVERAGE(A1:C9,3,E4:E4)

④ =DMAX(A1:C9,3,E4:E5)

⑤ =DMAX(A1:C9,2,E4:E5)

41. 다음 중 아래 시트에서 수식 '=MOD(A3:A4)'의 값과 수식 '=MODE(A1:A9)'의 값으로 바르게 나열한 것은?

	A
1	6
2	8
3	7
4	6
5	1
6	3
7	4
8	6
9	3

① 1, 3   ② 1, 6

③ 1, 8   ④ 2, 3

⑤ 2, 6

42. 다음의 알고리즘에서 인쇄되는 S는?

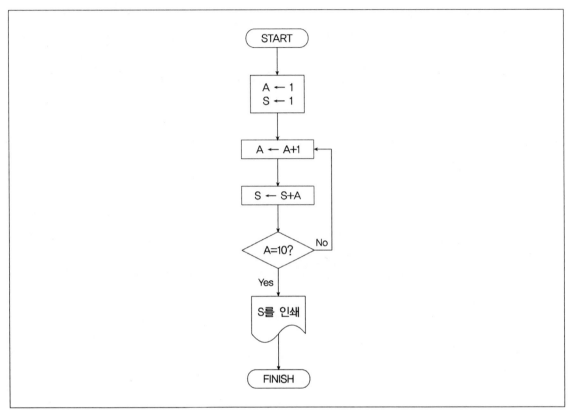

① 36　　　　　　　　　　　　　② 45

③ 55　　　　　　　　　　　　　④ 66

⑤ 77

| 43 ～ 45 | 다음은 우리나라에 수입되는 물품의 코드이다. 다음 코드 목록을 보고 이어지는 물음에 답하시오.

생산 연월	생산지역				상품종류				순서
	지역 코드		고유 번호		분류 코드		고유 번호		
• 2302 2023년 2월 • 2308 2023년 8월 • 2402 2024년 2월	1	유럽	A	프랑스	01	가공 식품류	001	소시지	00001부터 시작 하여 수입된 물 품 순서대로 5자 리의 번호가 매 겨짐
			B	영국			002	맥주	
			C	이탈리아			003	치즈	
			D	독일			004	돼지고기	
	2	남미	E	칠레	02	육류	005	소고기	
			F	볼리비아			006	닭고기	
	3	동아시아	G	일본	03	농수산 식품류	007	파프리카	
			H	중국			008	바나나	
	4	동남아시아	I	말레이시아			009	양파	
			J	필리핀			010	할라피뇨	
			K	태국			011	후추	
			L	캄보디아			012	파슬리	
	5	아프리카	M	이집트	04	공산품류	013	의류	
			N	남아공			014	장갑	
	6	오세아니아	O	뉴질랜드			015	목도리	
			P	오스트레일리아			016	가방	
	7	중동아시아	Q	이란			017	모자	
			H	터키			018	신발	

<예시>
2023년 3월 남미 칠레에서 생산되어 31번째로 수입된 농수산식품류 파프리카 코드
<u>2303</u>   －   <u>2E</u>   －   <u>03007</u>   －   <u>00031</u>

43. 다음 중 2023년 5월 유럽 독일에서 생산되어 64번째로 수입된 가공식품류 소시지의 코드로 맞는 것은?

① 23051A0100100034

② 23051D0200500064

③ 23054K0100200064

④ 23051D0100100064

⑤ 23051D0100200064

44. 다음 중 아시아 대륙에서 생산되지 않은 상품의 코드를 고르면?

① 16017Q0401800078

② 16054J0300800023

③ 14053G0401300041

④ 17035M0401400097

⑤ 17043H0100200001

45. 상품코드 24034L0301100001에 대한 설명으로 옳지 않은 것은?

① 첫 번째로 수입된 상품이다.

② 동남아시아 캄보디아에서 수입되었다.

③ 2024년 6월 수입되었다.

④ 농수산식품류에 속한다.

⑤ 후추이다.

46. 일본의 지산지소, 미국의 파머스 마켓은 이것에 해당한다. 중소농에게 안정적인 유통판로를 제공하고 일자리 창출 등의 지역경제를 활성화시키기 위한 지역단위 소비체계 모델을 의미하는 용어는?

① 로컬푸드

② 슬로푸드

③ 할랄푸드

④ 메디푸드

⑤ 로커보어

47. 다음 설명에 해당하는 것은?

> 귀농과 귀촌에 관심이 있고 이주를 고려 중인 도시민에게 농촌에 거주하면서 일자리와 생활 등을 체험하고 주민과 교류하는 기회를 제공하여 농촌에 정착할 수 있도록 지원하는 사업

① 귀농인의 집

② 함께 쓰는 농업일기

③ 마을 가꾸기

④ 농촌에서 살아보기

⑤ 귀농 닥터 프로그램

48. 농산물우수관리(GAP)에 대한 설명으로 옳지 않은 것은?

① 생산부터 판매까지 안전관리체계를 구축하여 소비자에게 농산물을 공급이 목적이다.

② 우수관리인증의 대상품목은 식용(食用)을 목적으로 생산·관리한 농산물로 한다.

③ 농림축산식품부 장관이 농산물우수관리의 기준을 정하여 고시한다.

④ 우수관리인증이 취소된 후 6개월이 지난 이후에 신청할 수 있다.

⑤ 인삼류의 우수관리인증의 유효기간은 5년 이내이다.

49. 다음 중 농산물의 값이 오르면서 식품을 비롯한 일반 물가가 동반 상승하는 현상의 원인으로 볼 수 없는 것은?

① 농산물 경작지의 감소

② 기상 악화 등으로 인한 농산물의 생산량 감소

③ 국제 유가 급등으로 인한 곡물 생산 및 유통 비용의 증가

④ 화석 연료의 활성화

⑤ 대체 연료의 활성화

50. 고랭지 농업에 대한 설명으로 옳은 것은?

① 남부지방이나 제주도에서 주로 이루어지는 농업이다.

② 여름철 강우량이 적고 일조시간이 긴 기후를 이용한다.

③ 표고(標高) 200 ~ 300m 정도의 지대가 적당하다.

④ 벼, 보리 등 곡식류 재배가 주로 이루어진다.

⑤ 진딧물, 바이러스병의 발생이 적다.

51. 화학비료나 유기합성 농약 등의 합성화학 물질을 일체 사용하지 않거나 아주 소량만을 사용하는 농업은?

① 유축농업   ② 유기농업

③ 관개농업   ④ 도시농업

⑤ 근교농업

52. 농협 5대 핵심가치에 포함되지 않는 것은?

① 소비자에게는 합리적인 가격을, 농업인에게는 높은 소득을 제공하는 유통개혁을 실현한다.

② 농토피아 구현을 위한 농업인 교육 혁신으로 미래의 성장동력을 창출한다.

③ 농업경쟁력을 높여 농업인의 소득 증대와 삶의 질을 향상시킨다.

④ 살고 싶은 농촌을 구현하고 지역경제를 활성화하는데 기여한다.

⑤ 농협의 정체성 확립과 농업인의 실익 지원 역량 확충을 통해 농업인과 국민에게 신뢰를 받는 농협을 구현한다.

ANSWER 46.① 47.④ 48.④ 49.④ 50.⑤ 51.② 52.②

53. 다음 중 데이터베이스의 특성으로 적절하지 않은 것은?

① 실시간으로 처리할 수 있어야 한다.

② 데이터는 계속 변화를 하여야 한다.

③ 모방을 통해 자율적으로 데이터를 생성할 수 있어야 한다.

④ 동시에 공유가 가능하여야 한다.

⑤ 내용 조건에 따라 저장된 위치를 검색할 수 있어야 한다.

54. 최근에는 SNS를 통해 정치·사회적 운동에 참여하고 행동하는 경우가 늘어났다. 국민청원에 서명하거나 캠페인에 참여하는 등 상대적으로 적은 시간과 노력이 필요한 활동에 소극적으로 참여하는 행동을 의미하는 용어는?

① 클릭티비즘   ② 슬랙티비즘

③ 할리우디즘   ④ 핵티비즘

⑤ 프리즘

55. 〈보기〉의 설명에 해당하는 기술로 가장 적절한 것은?

┌─────────────── 보기 ───────────────┐

• 서비스 모델은 IaaS, PaaS, SaaS로 구분한다.

• 필요한 만큼 자원을 임대하여 사용할 수 있다.

• 가상화 기술, 서비스 프로비저닝(Provisioning) 기술, 과금 체계 등을 필요로 한다.

└─────────────────────────────────────┘

① 빅데이터(Bigdata)   ② 딥러닝(Deep Learning)

③ 사물인터넷(Internet Of Things)   ④ 클라우드 컴퓨팅(Cloud Computing)

⑤ 머신 러닝(Machine Learning)

56. 데이터에 의미를 부여하여 문제를 분석하고 해결해 나가는 신종 직업은?

① 빅데이터 큐레이터   ② 인포그래픽 전문가

③ 데이터 마이닝 전문가   ④ 디지털광고게시판기획자

⑤ 데이터 사이언티스트

57. 다음 중 4차 산업혁명의 핵심 기술인 '5G'가 가져올 변화 내용으로 가장 적절하지 않은 것은?

① 자동차 산업 : 주위 차량의 운행정보를 실시간으로 공유하여 안전하고 스마트한 자율주행차의 운행을 지원
② 제조업 : 실시간으로 정보를 공유하고 최적상태를 자동으로 유지하도록 하는 스마트 팩토리 구현
③ 미디어 : 인터넷에서 음성이나 영상, 애니메이션 등을 실시간으로 재생
④ 금융 : 사용자 데이터와 AR기술을 활용한 마케팅 및 경제 기회 창출
⑤ 스마트 시티 : 네트워크와 ICT로 교통, 유틸리티, 시설관리 등의 인프라를 효율적으로 운영

58. OECD 개인정보보호 8개 원칙 중 다음의 설명에 해당하는 것은?

> 개인정보 침해, 누설, 도용을 방지하기 위한 물리적 · 조직적 · 기술적인 안전조치를 확보해야 한다.

① 수집 제한의 원칙   ② 이용 제한의 원칙
③ 정보 정확성의 원칙   ④ 안전성 확보의 원칙
⑤ 개인 참가의 원칙

59. 이메일을 자동으로 전달하거나 사용자의 음악 플레이리스트를 바탕으로 좋아하는 곡을 추천해주는 등 인공지능을 활용하여 자율적으로 사용자를 대신하여 작업을 수행하는 소프트웨어의 형태를 의미하는 용어는?

① LSTM   ② OpenCV
③ 자율주행   ④ 지능형 에이전트
⑤ 디지털 휴먼

60. 인간이 사용하는 언어를 이해하고 생성하도록 훈련이 된 인공지능 모델로 딥러닝 알고리즘을 바탕으로 처리가 된다. 생성형 AI의 핵심 기술로 대표적으로 챗GPT가 이 기술을 활용하였다. 이것을 의미하는 용어는?

① 통계적언어모델(SLM)   ② 거대언어모델(LLM)
③ 생성적 적대 신경망(GAN)   ④ N-gram
⑤ K-NN 분류 알고리즘

※ 해당영역은 일반분야에 지원하시는 수험생만 푸시면 됩니다.

61. 화폐의 발달 순서로 옳은 것은?

① 상품화폐 → 지폐 → 신용화폐 → 금속화폐 → 전자화폐
② 상품화폐 → 금속화폐 → 지폐 → 신용화폐 → 전자화폐
③ 상품화폐 → 금속화폐 → 신용화폐 → 지폐 → 전자화폐
④ 금속화폐 → 지폐 → 상품화폐 → 신용화폐 → 전자화폐
⑤ 금속화폐 → 상품화폐 → 지폐 → 신용화폐 → 전자화폐

62. 다음 중 재무 건전성이 가장 취약한 기업은?

구분	영업이익	당기순이익	이자비용
A기업	100	40	50
B기업	200	90	160
C기업	300	120	200
D기업	200	100	75
E기업	100	50	250

① A기업　　　　　　　　　　② B기업
③ C기업　　　　　　　　　　④ D기업
⑤ E기업

63. 다음 내용을 읽고 (　　) 안에 들어갈 말로 가장 적절한 것을 고르면?

> 　(　　)을/를 시행하게 되면 환율 변동에 따른 충격을 완화하고 거시경제정책의 자율성을 어느 정도 확보할 수 있다는 장점이 있다. 하지만 특정 수준의 환율을 지속적으로 유지하기 위해서는 정부나 중앙은행이 재정정책과 통화정책을 실시하는 데 있어서 국제수지 균형을 먼저 고려해야 하는 제약이 따르고 불가피하게 자본이동을 제한해야 한다.

① 고통지수　　　　　　　　　② 자유변동환율제도
③ 고정환율제도　　　　　　　④ 고정자본소모
⑤ 고정이하여신비율

64. 다음 중 선물의 개념에 관한 설명으로 옳지 않은 것은?

① 선물은 현재 외환, 채권, 주식 등을 기초자산으로 하는 금융선물만 존재한다.

② 현물이 인도되어 선물계약의무가 이행되는 날을 선물만기일이라고 한다.

③ 선물가격은 기초자산의 현물가격에 연동해서 변화한다.

④ 현금결재방식은 선물가격과 선물만기일의 현물가격과의 차이만큼 정산하는 방식이다.

⑤ 선물계약은 만기 이전에 반대매매를 통해 거래가 종료되는 것이 일반적이다.

65. 치열한 경쟁 끝에 승리를 얻었지만 승리를 얻기 위해 과도한 비용과 희생으로 오히려 커다란 후유증을 겪는 상황을 뜻하는 말은?

① 시장실패   ② 깨진 유리창의 법칙

③ 죄수의 딜레마   ④ 트롤리 딜레마

⑤ 승자의 저주

66. 다음 중 금리의 기능을 모두 고르면?

㉠ 자금배분	㉡ 경기전망
㉢ 경기조절	㉣ 물가조정

① ㉠㉡   ② ㉡㉢

③ ㉠㉢㉣   ④ ㉡㉢㉣

⑤ ㉠㉡㉢㉣

67. 소득분배의 불균등도를 측정하는 방법이 아닌 것은?

① 로렌츠 곡선   ② 엥겔의 법칙

③ 지니계수   ④ 지브라의 법칙

⑤ 10분위 분배율

68. 레온티에프의 역설에 대한 설명으로 옳은 것은?

① 미국은 자본이 풍부한 국가이지만, 노동집약적 제품을 수출한다.

② 무역개시 후 완전특화가 이루어지는 것이 아니라 부분특화가 이루어진다.

③ 유치산업을 보호하는 정책을 쓰면 단기적으로는 오히려 사회후생이 감소한다.

④ 관세를 제거하면 실업과 효율성이 동시에 증가하므로 그 효과를 사전적으로 알 수 없다.

⑤ 세율이 일정 수준(최적조세율)을 넘으면 반대로 세수가 줄어드는 현상이 나타난다.

69. 다음 (   ) 안에 들어갈 알맞은 말은?

> 니콜라스 탈레브는 그의 책에서 (   )을/를 '과거의 경험으로 확인할 수 없는 기대 영역 바깥쪽의 관측 값으로, 극단적으로 예외적이고 알려지지 않아 발생가능성에 대한 예측이 거의 불가능하지만 일단 발생하면 엄청난 충격과 파장을 가져오고, 발생 후에야 적절한 설명을 시도하여 설명과 예견이 가능해지는 사건'이라고 정의했다. 이것의 예로 20세기 초에 미국에서 일어난 경제대공황이나 9 · 11 테러, 구글(Google)의 성공 같은 사건을 들 수 있다. 최근 전 세계를 강타한 미국 발 세계금융위기도 포함된다.

① 블랙 스완　　　　　　　　　　② 그레이 스완

③ 어닝 쇼크　　　　　　　　　　④ 더블 딥

⑤ 유동성 함정

70. 통신사업자가 대도시나 아파트 단지 등 고수익 – 저비용 지역에만 서비스를 제공하는 현상에 빗댄 것으로, 기업이 이익을 창출할 것으로 보이는 시장에만 상품과 서비스를 제공하는 현상을 의미하는 것은?

① OSJD　　　　　　　　　　　② 스마일 커브

③ 코드 커팅　　　　　　　　　　④ 크림 스키밍

⑤ 스놉 효과

※ 해당영역은 IT분야에 지원하시는 수험생만 푸시면 됩니다.

71. 다음은 DBMS를 구성할 때 고려해야 할 사항이다. 옳지 않은 것은?

① DATA의 중복성을 최소화해야 한다.

② 최신의 DATA를 보유해야 한다.

③ DATA의 일관성을 유지해야 한다.

④ 모든 사용자가 DATA를 자유로이 탐색할 수 있어야 한다.

⑤ DATA의 보안을 유지해야 한다.

72. 컴퓨터에서 데이터 송·수신 시 일반적으로 많이 사용되는 속도는?

① MIPS   ② BPS

③ CPS   ④ PPM

⑤ Gbps

73. TCP/IP 프로토콜에 대한 설명으로 옳지 않은 것은?

① ARP(Address Resolution Protocol)는 IP주소를 물리주소로 변환해 준다.

② RARP는 호스트의 논리주소를 이용하여 물리 주소인 IP주소를 얻어 오기 위해 사용되는 프로토콜이다.

③ TCP는 패킷 손실을 이용하여 혼잡정도를 측정하여 제어하는 기능도 있다.

④ IGMP는 인터넷 그룹 관리 프로토콜이라 하며, 멀티캐스트를 지원하는 호스트나 라우터 사이에서 멀티캐스터 그룹 유지를 위해 사용된다.

⑤ TCP는 데이터의 흐름을 관리하고 데이터가 정확한지 확인하고 IP는 데이터를 네트워크를 통해 한 장소에서 다른 장소로 옮기는 역할이다.

ANSWER   68.①   69.①   70.④   71.④   72.②   73.②

74. 암호 방식에 대한 설명으로 옳은 것을 〈보기〉에서 모두 고른 것은?

보기

ⓐ 대칭키 암호 방식(Symmetric Key Cryptosystem)은 암호화 키와 복호화 키가 동일하다.
ⓑ 공개키 암호 방식(Public Key Cryptosystem)은 사용자 수가 증가하면 관리해야 할 키의 수가 증가하여 키 변화의 빈도가 높다.
ⓒ 대칭키 암호 방식은 공개키 암호 방식에 비하여 암호화 속도가 빠르다.
ⓓ 공개키 암호 방식은 송신자와 발신자가 같은 키를 사용하여 통신을 수행한다.

① ㉠㉡   ② ㉠㉢
③ ㉡㉢   ④ ㉡㉣
⑤ ㉠㉣

75. DMA에 대한 설명으로 가장 옳은 것은?

① 인코더와 같은 기능을 수행한다.
② inDirect Memory Acknowledge의 약자이다.
③ CPU와 메모리 사이의 속도 차이를 해결하기 위한 장치이다.
④ 메모리와 입출력 디바이스 사이에 데이터의 주고받음이 직접 행해지는 기법이다.
⑤ 주변기기와 CPU 사이에서 데이터를 주고받는 방식으로 데이터가 많아지면 효율성이 저하된다.

76. 정보통신망의 형태에 해당하지 않는 것은?

① 패킷형   ② 성형
③ 망형   ④ 버스형
⑤ 링형

77. 다음 중 진공관을 주요소자로 사용한 최초의 전자계산기는?

① EDSAC   ② PCS
③ ENIAC   ④ IBM 701
⑤ UNIVAC − 1

78. 동일 빌딩 또는 구내, 기업 내의 비교적 좁은 지역에 분산 배치된 각종 단말장치는?

① WAN ② LAN

③ MAN ④ VAN

⑤ ISDN

79. C 프로그램의 실행 결과로 옳은 것은?

```c
#include<stdio.h>
int main( )
{
    int i, sum=0;
    for(i = 1; i< = 10 ; i+ =2) {
        if(i%2 && i%3) continue;
        sum += i;
    }
    printf("%d \n", sum);
    return 0;
}
```

① 6 ② 12

③ 25 ④ 55

⑤ 75

80. 다음은 ADD 명령어의 마이크로 오퍼레이션이다. t2 시간에 가장 알맞은 동작은? (단, MAR : Memory Address Register, MBR : Memory Buffer Register, M(addr) : Memory, AC : 누산기)

```
t0 : MAR ← MBR(addr)
t1 : MBR ← M(MAR)
t2 : (                    )
```

① AC ← MBR ② MBR ← AC

③ M(MBR) ← MBR ④ AC ← AC + MBR

⑤ AC + MBR ← MBR

직무능력평가

---

1. 다음 글의 ⓐ에 대한 주장을 약화하는 진술만을 〈보기〉에서 모두 고르면?

> 동물이 단위 시간당 소모하는 에너지의 양을 물질대사율이라고 한다. 동물들은 세포 유지, 호흡, 심장 박동 같은 기본적인 기능들을 위한 최소한의 물질대사, 즉 최소대사율을 유지해야 한다. ⓐ동물의 물질대사율은 다음과 같은 특성을 지닌다.
>
> 먼저, 최소대사율은 동물의 종에 따라 달라지고, 특히 내온동물과 외온동물은 뚜렷한 차이를 나타낸다. 신체 내 물질대사로 생성된 열에 의해 체온을 유지하는 내온동물에는 포유류 등이, 체온 유지에 필요한 열을 외부에서 얻는 외온동물에는 양서류와 파충류 등이 포함된다. 최소 수준 이상으로 열의 생성이나 방출이 요구되지 않는 환경에서 스트레스 없이 가만히 쉬고 있는 상태의 내온동물의 최소대사율을 기초대사율이라고 한다. 외온동물의 최소대사율은 내온동물과 달리 주변 온도에 따라 달라지는데, 이는 주변 온도가 물질대사와 체온을 변화시키기 때문이다. 어떤 온도에서 스트레스 없이 쉬고 있는 상태의 외온동물의 최소대사율을 그 온도에서의 표준대사율이라고 한다. 기본적인 신체 기능을 유지하는 데 필요한 에너지의 양은 외온동물보다 내온동물에서 더 크다.
>
> 내온동물의 물질대사율은 다양한 요인에 의해 영향을 받는데, 몸의 크기가 그 중 하나다. 몸집이 큰 포유동물은 몸집이 작은 포유동물보다 물질대사율이 크다. 몸집이 클수록 일반적으로 더 무겁다는 사실을 고려하면, 물질대사율은 몸무게가 클수록 크다고 볼 수 있다. 한편 포유동물에서 단위 몸무게당 기초대사율은 몸무게에 반비례하는 경향을 나타낸다. 이는 내온동물의 몸이 작을수록 안정적인 체온을 유지하는 에너지 비용이 커진다는 가설을 통해 설명될 수 있다. 이 가설은 동물의 몸집이 작을수록 부피 대비 표면적이 커져서 주변으로 열을 더 쉽게 빼앗기기 때문에 체온 유지를 위해 더 많은 에너지를 생산해야 할 필요가 있다는 생각에 근거를 두고 있다.

─────── 보기 ───────

㉠ 툰드라 지역에 서식하는 포유류 중, 순록의 몸무게 1kg당 기초대사율은 같은 지역의 토끼의 그것보다 크다.

㉡ 양서류에 속하는 어떤 동물의 최소대사율이 주변 온도에 따라 뚜렷이 달라졌다.

㉢ 몸 크기가 서로 비슷한 악어와 성인 남성을 비교하였을 때, 전자의 표준대사율의 최댓값이 후자의 기초대사율의 1/20 미만이었다.

① ㉠

② ㉢

③ ㉠㉡

④ ㉡㉢

⑤ ㉠㉡㉢

ANSWER 1.①

2. 다음 글에서 알 수 없는 것은?

> WTO 설립협정은 GATT 체제에서 관행으로 유지되었던 의사결정 방식인 총의 제도를 명문화하였다. 동 협정은 의사결정 회의에 참석한 회원국 중 어느 회원국도 공식적으로 반대하지 않는 한, 검토를 위해 제출된 사항은 총의에 의해 결정되었다고 규정하고 있다. 또한 이에 따르면 회원국이 의사결정 회의에 불참하더라도 그 불참은 반대가 아닌 찬성으로 간주된다.
>
> 총의 제도는 회원국 간 정치·경제적 영향력의 차이를 보완하기 위하여 도입되었다. 그러나 회원국 수가 확대되고 이해관계가 첨예화되면서 현실적으로 총의가 이루어지기 쉽지 않았다. 이로 인해 WTO 체제 내에서 모든 회원국이 참여하는 새로운 무역협정이 체결되는 것이 어려웠고 결과적으로 무역자유화 촉진 및 확산이 저해되고 있다. 이러한 문제의 해결 방안으로 '부속서 4 복수국 간 무역협정 방식'과 '임계질량 복수국 간 무역협정 방식'이 모색되었다.
>
> '부속서 4 복수국 간 무역협정 방식'은 WTO 체제 밖에서 복수국 간 무역협정을 체결하고 이를 WTO 설립협정 부속서 4에 포함하여 WTO 체제로 편입하는 방식이다. 복수국 간 무역협정이 부속서 4에 포함되기 위해서는 모든 WTO 회원국 대표로 구성되는 각료회의의 승인이 있어야 한다. 현재 부속서 4에의 포함 여부가 논의 중인 전자상거래협정은 협정 당사국에게만 전자상거래시장을 개방하고 기술이전을 허용한다. '부속서 4 복수국 간 무역협정 방식'은 협정상 혜택을 비당사국에 허용하지 않음으로써 해당 무역협정의 혜택을 누리고자 하는 회원국들의 협정 참여를 촉진하여 결과적으로 자유무역을 확산하는 기능을 한다.
>
> '임계질량 복수국 간 무역협정 방식'은 WTO 체제 밖에서 일부 회원국 간 무역협정을 채택하되 해당 협정의 혜택을 보편적으로 적용하여 무역자유화를 촉진하는 방식이다. 즉, 채택된 협정의 혜택은 최혜국대우 원칙에 따라 협정 당사국뿐 아니라 모든 WTO 회원국에 적용되는 반면, 협정의 의무는 협정 당사국에만 부여된다. 다만, 해당 협정이 발효되기 위해서는 협정 당사국들의 협정 적용대상 품목의 무역량이 해당 품목의 전세계 무역량의 90% 이상을 차지하여야 한다. '임계질량 복수국 간 무역협정 방식'의 대표적인 사례는 정보통신기술(ICT)제품의 국제무역 활성화를 위해 1996년 채택되어 1997년 발효된 정보기술협정이다.

① '임계질량 복수국 간 무역협정 방식'에 따라 채택된 협정의 혜택을 받는 국가는 해당 협정의 의무를 부담하는 국가보다 적을 수 없다.

② WTO의 의사결정 회의에 제안된 특정 안건을 지지하는 경우, 총의 제도에 따르면 그 회의에 불참하더라도 해당 안건에 대한 찬성의 뜻을 유지할 수 있다.

③ WTO 회원국은 전자상거래협정에 가입하지 않는다면 동 협정의 법적 지위에 영향을 미칠 수 없다.

④ WTO 각료회의가 총의 제도를 유지한다면 '부속서 4 복수국 간 무역협정 방식'의 도입 목적은 충분히 달성하기 어렵다.

⑤ 1997년 발효 당시 정보기술협정 당사국의 ICT제품 무역규모량의 총합은 해당 제품의 전세계 무역량의 90% 이상일 것으로 추정할 수 있다.

3. 다음 글 이후로 이어지는 내용으로 거리가 먼 것은?

철도교통의 핵심 기능인 정거장의 위치 및 역간거리는 노선, 열차평균속도, 수요, 운송수입 등에 가장 큰 영향을 미치는 요소로 고속화, 기존선 개량 및 신선 건설시 주요 논의의 대상이 되고 있으며, 과다한 정차역은 사업비를 증가시켜 철도투자를 저해하는 주요 요인으로 작용하고 있다. 한편, 우리나라의 평균 역간거리는 고속철도 46km, 일반철도 6.7km, 광역철도 2.1km로 이는 외국에 비해 59 ~ 84% 짧은 수준이다. 경부고속철도의 경우 천안 · 아산역 ~ 오송역이 28.7km, 신경주역 ~ 울산역이 29.6km 떨어져 있는 등 1990년 기본계획 수립 이후 오송, 김천 · 구미, 신경주, 울산역 등 다수의 역 신설로 인해 운행 속도가 저하되어 표정속도가 다른 선진국의 78% 수준이며, 경부선을 제외한 일반철도의 경우에도 표정속도가 45 ~ 60km/h 수준으로 운행함에 따라 타 교통수단 대비 속도경쟁력이 저하된 실정이다. 또한, 추가역 신설에 따른 역간거리 단축으로 인해 건설비 및 운영비의 대폭 증가도 불가피한 바, 경부고속철도의 경우 오송역 등 4개 역 신설로 인한 추가 건설비는 약 5,000억 원에 달한다. 운행시간도 당초 서울 ~ 부산 간 1시간 56분에서 2시간 18분으로 22분 지연되었으며, 역 추가 신설에 따른 선로분기기, 전환기, 신호기 등 시설물이 추가로 설치됨에 따라 유지보수비 증가 등 과잉 시설의 한 요인으로 작용했다. 이러한 역간거리와 관련하여 도시철도의 경우 도시철도건설규칙에서 정거장 간 거리를 1km 이상으로 규정함으로써 표준 역간거리를 제시하고 있으나, 고속철도, 일반철도 및 광역 철도의 정거장 위치와 역간거리는 교통수요, 정거장 접근거리, 운행속도, 여객 및 화물열차 운행방법, 정거장 건설 및 운영비용, 선로용량 등 단일 차량과 단일 정차패턴이 기본인 도시철도에 비해 복잡한 변수를 내포함으로써 표준안을 제시하기가 용이하지 않았으며 관련 연구가 매우 부족한 상황이다.

① 외국인 노선별 역간거리 비교
② 역간거리가 철도 운행 사업자에게 미치는 영향 분석
③ 역간거리 연장을 어렵게 하는 사회적인 요인 파악
④ 신설 노선 적정 역간거리 유지 시 기대효과 및 사회적 비용 절감 요소 분석
⑤ 역세권 개발과 부동산 시장과의 상호 보완 요인 파악

ANSWER 2.③ 3.⑤

4. 다음 글의 중심화제로 적절한 것은?

> 전통은 과거로부터 이어 온 것을 말한다. 이 전통은 대체로 그 사회 및 그 사회의 구성원인 개인의 몸에 배어 있는 것이다. 그러므로 스스로 깨닫지 못하는 사이에 전통은 우리의 현실에 작용하는 경우가 있다. 그러나 과거에서 이어 온 것을 무턱대고 모두 전통이라고 한다면, 인습이라는 것과의 구별이 서지 않을 것이다. 우리는 인습을 버려야 할 것이라고는 생각하지만, 계승해야 할 것이라고는 생각하지 않는다. 여기서 우리는, 과거에서 이어 온 것을 객관화하고, 이를 비판하는 입장에 서야 할 필요를 느끼게 된다. 그 비판을 통해서 현재의 문화 창조에 이바지할 수 있다고 생각되는 것만을 우리는 전통이라고 불러야 할 것이다. 이같이 전통은 인습과 구별될뿐더러, 또 단순한 유물과도 구별되어야 한다. 현재의 문화를 창조하는 일과 관계가 없는 것을 우리는 문화적 전통이라고 부를 수가 없기 때문이다.

① 전통의 본질
② 인습의 종류
③ 문화 창조의 본질
④ 외래 문화 수용 자세
⑤ 과거에 대한 비판

▌5 ~ 6▌다음은 소비자 보호 기관의 보고서이다. 이를 읽고 물음에 답하시오.

> 사회 구성원들이 경제적 이익을 추구하는 과정에서 불법 행위를 감행하기 쉬운 상황일수록 이를 억제하는 데에는 금전적 제재 수단이 효과적이다.
> 현행법상 불법 행위에 대한 금전적 제재 수단에는 민사적 수단인 손해 배상, 형사적 수단인 벌금, 행정적 수단인 과징금이 있으며, 이들은 각각 피해자의 구제, 가해자의 징벌, 법 위반 상태의 시정을 목적으로 한다. 예를 들어 기업들이 담합하여 제품 가격을 인상했다가 적발된 경우, 그 기업들은 피해자에게 손해 배상 소송을 제기당하거나 법원으로부터 벌금형을 선고받을 수 있고 행정기관으로부터 과징금도 부과 받을 수 있다. 이처럼 하나의 불법 행위에 대해 세 가지 금전적 제재가 내려질 수 있지만 제재의 목적이 서로 다르므로 중복 제재는 아니라는 것이 법원의 판단이다.
> 그런데 우리나라에서는 기업의 불법 행위에 대해 손해 배상 소송이 제기되거나 벌금이 부과되는 사례는 드물어서, 과징금 등 행정적 제재 수단이 억제 기능을 수행하는 경우가 많다. 이런 상황에서는 과징금 등 행정적 제재의 강도를 높임으로써 불법 행위의 억제력을 끌어올릴 수 있다. 그러나 적발 가능성이 매우 낮은 불법 행위의 경우에는 과징금을 올리는 방법만으로는 억제력을 유지하는 데 한계가 있다. 또한, 피해자에게 귀속되는 손해 배상금과는 달리 벌금과 과징금은 국가에 귀속되므로 과징금을 올려도 피해자에게는 ㉠직접적인 도움이 되지 못한다. 이 때문에 적발 가능성이 매우 낮은 불법 행위에 대해 억제력을 높이면서도 손해 배상을 더욱 충실히 할 방안들이 요구되는데 그 방안 중 하나가 '징벌적 손해 배상 제도'이다.
> 이 제도는 불법 행위의 피해자가 손해액에 해당하는 배상금에다 가해자에 대한 징벌의 성격이 가미된 배상금을 더하여 배상받을 수 있도록 하는 것을 내용으로 한다. 일반적인 손해 배상 제도에서는 피해자가 손해액을 초과하여 배상받는 것이 불가능하지만 징벌적 손해 배상 제도에서는 ㉡그것이 가능하다는 점에서 이례적이다. 그런데 ㉢이 제도는 민사적 수단인 손해 배상 제도이면서도 피해자가 받는 배상금 안에 ㉣벌금과 비슷한 성격이

가미된 배상금이 포함된다는 점 때문에 중복 제재의 발생과 관련하여 의견이 엇갈리며, 이 제도 자체에 대한 찬반양론으로 이어지고 있다.

이 제도의 반대론자들은 징벌적 성격이 가미된 배상금이 피해자에게 부여되는 ㉤횡재라고 본다. 또한 징벌적 성격이 가미된 배상금이 형사적 제재 수단인 벌금과 함께 부과될 경우에는 가해자에 대한 중복 제재가 된다고 주장한다. 반면에 찬성론자들은 징벌적 성격이 가미된 배상금을 피해자들이 소송을 위해 들인 시간과 노력에 대한 정당한 대가로 본다. 따라서 징벌적 성격이 가미된 배상금도 피해자의 구제를 목적으로 하는 민사적 제재의 성격을 갖는다고 보아야 하므로 징벌적 성격이 가미된 배상금과 벌금이 함께 부과되더라도 중복 제재가 아니라고 주장한다.

5. 문맥을 고려할 때 ㉠ ~ ㉤에 대한 설명으로 적절하지 <u>않은</u> 것은?

① ㉠은 피해자가 금전적으로 구제받는 것을 의미한다.
② ㉡은 피해자가 손해액을 초과하여 배상받는 것을 가리킨다.
③ ㉢은 징벌적 손해 배상 제도를 가리킨다.
④ ㉣은 행정적 제재 수단으로서의 성격을 말한다.
⑤ ㉤은 배상금 전체에서 손해액에 해당하는 배상금을 제외한 금액을 의미한다.

6. 윗글을 바탕으로 〈보기〉를 이해한 내용으로 적절하지 <u>않은</u> 것은?

보기

우리나라의 법률 중에는 징벌적 손해 배상 제도의 성격을 가진 규정이 「하도급거래 공정화에 관한 법률」 제35조에 포함되어 있다. 이 규정에 따르면 하도급거래 과정에서 자기의 기술자료를 유용당하여 손해를 입은 피해자는 그 손해의 3배까지 가해자로부터 배상받을 수 있다.

① 박 사원 : 이 규정에 따라 피해자가 받게 되는 배상금은 국가에 귀속되겠군.
② 이 주임 : 이 규정의 시행으로, 기술자료를 유용해 타인에게 손해를 끼치는 행위가 억제되는 효과가 생기겠군.
③ 유 대리 : 이 규정에 따라 피해자가 손해의 3배를 배상받을 경우에는 배상금에 징벌적 성격이 가미된 배상금이 포함되겠군.
④ 고 과장 : 일반적인 손해 배상 제도를 이용할 때보다 이 규정을 이용할 때에 피해자가 받을 수 있는 배상금의 최대한도가 더 커지겠군.
⑤ 김 팀장 : 이 규정이 만들어진 것으로 볼 때, 하도급거래 과정에서 발생하는 기술자료 유용은 적발 가능성이 매우 낮은 불법 행위에 해당하겠군.

ANSWER 4.① 5.④ 6.①

7. 다음 내용에서 주장하고 있는 것은?

> 기본적으로 한국 사회는 본격적인 자본주의 시대로 접어들었고 그것은 소비사회, 그리고 사회 구성원들의 자기표현이 거대한 복제 기술에 의존하는 대중문화 시대를 열었다. 현대인의 삶에서 대중매체의 중요성은 더욱더 높아지고 있으며 따라서 이제 더 이상 대중문화를 무시하고 엘리트 문화 지향성을 가진 교육을 하기는 힘든 시기에 접어들었다. 세계적인 음악가로 추대 받고 있는 비틀스도 영국 고등학교가 길러낸 음악가이다.

① 대중문화에 대한 검열이 필요하다.
② 한국에서 세계적인 음악가의 탄생을 위해 고등학교에서 음악 수업의 강화가 필요하다.
③ 한국 사회에서 대중문화를 인정하는 것은 중요하다.
④ 교양 있는 현대인의 배출을 위해 고전음악에 대한 교육이 필요하다.
⑤ 대중문화를 이끌어 갈 젊은 세대 육성에 힘을 쏟아야 한다.

┃8 ~ 9┃ 다음은 선물 거래에 관련된 설명이다. 물음에 답하시오.

> 선물 거래는 경기 상황의 변화에 의해 자산의 가격이 변동하는 데서 올 수 있는 경제적 손실을 피하려는 사람과 그 위험을 대신 떠맡으면서 그것이 기회가 될 수 있는 상황을 기대하며 경제적 이득을 얻으려는 사람 사이에서 이루어지는 것이다.
>
> [A]
> 배추를 경작하는 농민이 주변 여건에 따라 가격이 크게 변동하는 데서 오는 위험에 대비해 3개월 후 수확하는 배추를 채소 중개상에게 1포기당 8백 원에 팔기로 미리 계약을 맺었다고 할 때, 이와 같은 계약을 선물 계약, 8백 원을 선물 가격이라고 한다. 배추를 경작하는 농민은 선물 계약을 맺음으로써 3개월 후의 배추 가격이 선물 가격 이하로 떨어지더라도 안정된 소득을 확보할 수 있게 된다. 그렇다면 채소 중개상은 왜 이와 같은 계약을 한 것일까? 만약 배추 가격이 선물 가격 이상으로 크게 뛰어오르면 그는 이 계약을 통해 많은 이익을 챙길 수 있기 때문이다. 즉 배추를 경작한 농민과는 달리 3개월 후의 배추 가격이 뛰어오를지도 모른다는 기대에서 농민이 우려하는 위험을 대신 떠맡는 데 동의한 것이다.
>
> 선물 거래의 대상에는 농산물이나 광물 외에 주식, 채권, 금리, 외환 등도 있다. 이 중 거래 규모가 비교적 크고 그 방식이 좀 더 복잡한 외환 즉, 통화 선물 거래의 경우를 살펴보자. 세계 기축 통화인 미국 달러의 가격, 즉 달러 환율은 매일 변동하기 때문에 달러로 거래 대금을 주고받는 수출입 기업의 경우 뜻하지 않은 손실의 위험이 있다. 따라서 달러 선물 시장에서 약정된 가격에 달러를 사거나 팔기로 계약해 환율 변동에 의한 위험에 대비하는 방법을 활용한다.
>
> 미국에서 밀가루를 수입해 식품을 만드는 A 사는 7월 25일에 20만 달러의 수입 계약을 체결하고 2개월 후인 9월 25일에 대금을 지급하기로 하였다. 7월 25일 현재 원/달러 환율은 1,300원/US\$이고 9월에 거래되는 9월물 달러 선물의 가격은 1,305원/US\$이다. A 사는 2개월 후에 달러 환율이 올라 손실을 볼 경우를 대비해 선물 거래소에서 9월물 선물 20만 달러어치를 사기로 계약하였다. 그리고 9월 25일이 되자 A 사가 우려한 대로 원/달

러 환율은 1,350원/US$, 9월물 달러 선물의 가격은 1,355원/US$으로 올랐다. A 사는 아래의 〈표〉와 같이 당장 미국의 밀가루 제조 회사에 지급해야 할 20만 달러를 준비하는 데 2개월 전에 비해 1천만 원이 더 들어가는 손실을 보았다. 하지만 선물 시장에서 달러당 1,305원에 사서 1,355원에 팔 수 있으므로 선물 거래를 통해 1천만 원의 이익을 얻어 현물 거래에서의 손실을 보전할 수 있게 된다.

외환 거래	환율 변동에 의한 손익 산출	손익
현물	− 50원(1,300원 − 1,350원) × 20만 달러	− 1,000만 원
선물	50원(1,355원 − 1,305원) × 20만 달러	1,000만 원

〈표〉 A 사의 외환 거래로 인한 손익

　반대로 미국에 상품을 수출하고 그 대금을 달러로 받는 기업의 경우 받은 달러의 가격이 떨어지면 손해이므로, 특정한 시점에 달러 선물을 팔기로 계약하여 선물의 가격 변동을 이용함으로써 손실에 대비하게 된다.

　㉠선물이 자산 가격의 변동으로 인한 손실에 대비하기 위해 약정한 시점에 약정한 가격으로 사거나 팔기로 한 것이라면, 그 약정한 시점에 사거나 파는 것을 선택할 수 있는 권리를 부여하는 계약이 있는데 이를 ㉡옵션(Option)이라고 한다. 계약을 통해 옵션을 산 사람은 약정한 시점, 즉 만기일에 상품을 사거나 파는 것이 유리하면 그 권리를 행사하고, 그렇지 않으면 그 권리를 포기할 수 있다. 그런데 포기하면 옵션 계약을 할 때 지불했던 옵션 프리미엄이라는 일종의 계약금도 포기해야 하므로 그 금액만큼의 손실은 발생한다. 만기일에 약정한 가격으로 상품을 살 수 있는 권리를 콜옵션, 상품을 팔 수 있는 권리를 풋옵션이라고 한다. 콜옵션을 산 사람은 상품의 가격이 애초에 옵션에서 약정한 것보다 상승하게 되면, 그 권리 행사를 통해 가격 변동 폭만큼 이익을 보게 되고 이 콜옵션을 판 사람은 그만큼의 손실을 보게 된다. 마찬가지로 풋옵션을 산 사람은 상품의 가격이 애초에 옵션에서 약정한 것보다 하락하게 되면, 그 권리 행사를 통해 가격 변동 폭만큼 이익을 보게 되고 이 풋옵션을 판 사람은 그만큼의 손실을 보게 된다.

　선물이나 옵션은 상품의 가격 변동에서 오는 손실을 줄여 시장의 안정성을 높이고자 하는 취지에서 만들어진 것이다. 하지만 이것이 시장 내에서 손실 그 자체를 줄이는 것은 아니고 새로운 부가가치를 창출하는 것도 아니다. 또한 위험을 무릅쓰고 높은 수익을 노리고자 하는 투기를 조장한다는 점에서 오히려 시장의 안정성을 저해한다는 비판도 제기되고 있다.

8. [A]의 거래 방식을 바르게 평가한 사람은?

① 甲 : 안정된 소득을 거래 당사자 모두에게 보장해 주기 위한 것이군.

② 乙 : 상품의 수요와 공급이 불균형한 상태를 극복하기 위한 경제 활동인 것이군.

③ 丙 : 가격 변동에 따른 위험 부담을 거래 당사자의 어느 한쪽에 전가하는 것이군.

④ 丁 : 서로의 이익을 극대화하기 위해 거래 당사자 간에 손실을 나누어 가지는 것이군.

⑤ 戊 : 소득이 균형 있게 분배되도록 거래 당사자의 소득에 따라 가격을 달리하는 것이군.

ANSWER 7.③　8.③

9. ㉠, ㉡에 대한 설명으로 적절하지 않은 것은?

① ㉠은 ㉡과 달리 가격 변동의 폭에 따라 손익의 규모가 달라진다.

② ㉡은 ㉠과 달리 약정한 상품에 대한 매매의 실행 여부를 선택할 수 있다.

③ ㉡은 ㉠의 거래로 인해 발생하는 손실에 대비하기 위해 활용될 수 있다.

④ ㉠, ㉡은 모두 계약 시점과 약정한 상품을 매매할 수 있는 시점이 서로 다르다.

⑤ ㉠, ㉡은 모두 위험 요소로 인한 시장 내의 경제적 손실 자체를 제거하지는 못한다.

10. 다음 글을 읽고 논리적 흐름에 따라 바르게 배열한 것을 고르시오.

> (가) 그러나 지금까지의 연구에 따르면 정보해석능력과 정치참여가 그런 상관관계를 갖고 있다는 증거를 발견하기 힘들다. 그 이유를 살펴보자. 먼저 교육 수준이 높을수록 시민들의 정보해석능력이 향상된다.
>
> (나) 의사소통의 장애가 시민들의 낮은 정보해석능력 때문에 발생하고 그 결과 시민들의 정치참여가 저조하다고 생각할 수 있다. 즉 정보해석능력이 향상되지 않으면 시민들의 정치참여가 증가하지 않는다는 것이다. 다른 한편으로 정보해석능력이 향상되면 시민들의 정치참여가 증가한다는 사실에는 의심의 여지가 없다. 그렇다면 정보해석능력과 시민들의 정치참여는 양의 상관관계를 갖게 될 것이다.
>
> (다) 미국의 경우 2차 대전 이후 교육 수준이 지속적으로 향상되어 왔지만 투표율은 거의 높아지지 않았다. 우리나라에서도 지난 30여 년 동안 국민들의 평균 교육 수준은 매우 빠르게 향상되어 왔지만 투표율이 높아지지는 않았으며, 평균 교육 수준이 도시보다 낮은 농촌지역의 투표율이 오히려 높았다.
>
> (라) 예를 들어 대학교육에서는 다양한 전문적 정보와 지식을 이해하고 구사하는 훈련을 시켜주기 때문에 대학교육의 확대가 시민들의 정보해석능력의 향상을 가져다준다. 그런데 선거에 관한 국내외 연구를 보면, 시민들의 교육 수준이 높아지지만 정치참여는 증가하지 않는다는 것을 보여주는 경우들이 있다.

① (가) → (나) → (다) → (라)

② (가) → (라) → (나) → (다)

③ (나) → (가) → (라) → (다)

④ (라) → (나) → (가) → (다)

⑤ (라) → (가) → (나) → (다)

11. 다음은 아래 기사문을 읽고 나눈 직원들의 대화이다. 대화의 흐름상 빈칸에 들어갈 말로 가장 적절한 것은 어느 것인가?

영양과 칼로리 면에서 적절한 식량 공급보다 인간의 건강과 복지에 더 중요한 것은 없다. 지난 50년 동안 세계 인구의 상당 부분이 영양실조를 겪었지만 식량 확보에 실패한 것은 생산보다는 분배의 문제였다. 기술 발전으로 수확량을 늘린다고 해도 모든 지역의 향상 속도가 동일하지는 않을 것이며 정체되는 일부도 있을 것이다. 우리는 주요 작물의 잉여로 식량부족에 대해 걱정하지 않는다. 실제로 지난 50년 동안 우리는 주요 작물의 잉여를 경험했다. 이로 인해 많은 사람들이 식량 부족에 대해 걱정하지 않게 되었다. 2013년에 생산된 수백만 톤의 가장 중요한 주요 식량은 옥수수(1,018 Mt), 논 쌀(746 Mt), 밀(713 Mt), 대두(276 Mt)였다. 이 네 가지 작물은 전 세계적으로 소비되는 칼로리의 약 2/3를 차지한다. 더욱이, 이들 작물 각각에 대한 토지 단위 면적당 평균 수확량은 1960년 이후 두 배 이상 증가했다. 그렇다면 지금 왜 식량 안보에 대해 걱정해야 할까? 한 가지 이유는 주요 작물의 이러한 전 세계적인 잉여물로 인해 식물 과학 연구 및 작물 개선에 대한 관심이 점진적으로 줄어들었기 때문이다. 이는 세계적인 수준으로 나타났다. 그러나 이러한 무관심은 현재의 세계 인구 및 식량 소비 경향에 직면하여 근시안적이다. 전 세계 인구는 오늘날 70억 명에서 2050년 95억 명까지 증가할 것으로 예상된다. 인구가 증가하는 곳은 주로 도시가 될 것이고, 식단이 구황 작물에서 가공 식품으로 점차 바뀌게 될 것이다. 그러면 많은 육류 및 유제품이 필요하고 그보다 더 많은 사료가 필요하다. 예를 들어 1kg의 소를 생산하기 위해서는 10kg의 사료가 필요하다. 도시 인구의 증가는 동물성 식품에 대한 수요 증가를 가져오고 예상되는 인구 증가에만 기초하여 추정된 것보다 훨씬 빠른 작물 생산량의 증가를 요구할 것이다. 이 추세는 계속될 것으로 예상되며, 세계는 2013년 대비 2050년까지 85% 더 많은 기본 식료품이 필요할 것으로 예측된다.

가현 : 식량 문제가 정말 큰일이군. 이러다가 대대적인 식량난에 직면하게 될 지도 모르겠다.
나현 : 현재의 기술로 농작물 수확량을 증가시키면 큰 문제는 없지 않을까?
다현 : 문제는 (   )
라현 : 그래서 생산보다 분배가 더 문제라는 거구나.

---

① "과학기술이 수요량을 따라가지 못할 거라는 점이야."

② "인구의 증가가 너무 빠른 속도로 진행되고 있다는 사실이야."

③ "지구의 일부 지역에서는 농작물 수확량 향상 속도가 정체될 거라는 사실이지."

④ "지구의 모든 지역에서 식량 소비 속도가 동일하지는 않다는 점이지."

⑤ "지구의 많은 토지들이 비옥하지 않다는 점이지."

12. 다음 글을 참고할 때, '깨진 유리창의 법칙'이 시사하는 바로 가장 적절한 설명은 무엇인가?

1969년 미국 스탠포드 대학의 심리학자인 필립 짐바르도 교수는 아주 흥미로운 심리실험을 진행했다. 범죄가 자주 발생하는 골목을 골라 새 승용차 한 대를 보닛을 열어놓은 상태로 방치시켰다. 일주일이 지난 뒤 확인해보니 그 차는 아무런 이상이 없었다. 원상태대로 보존된 것이다. 이번에는 똑같은 새 승용차를 보닛을 열어놓고, 한쪽 유리창을 깬 상태로 방치시켜 두었다. 놀라운 일이 벌어졌다. 불과 10분이 지나자 배터리가 없어지고 차 안에 쓰레기가 버려져 있었다. 시간이 지나면서 낙서, 도난, 파괴가 연이어 일어났다. 1주일이 지나자 그 차는 거의 고철상태가 되어 폐차장으로 실려 갈 정도가 되었던 것이다. 훗날 이 실험결과는 '깨진 유리창의 법칙'이라는 이름으로 불리게 된다.

1980년대의 뉴욕 시는 연간 60만 건 이상의 중범죄가 발생하는 범죄도시로 악명이 높았다. 당시 여행객들 사이에서 '뉴욕의 지하철은 절대 타지 마라'는 소문이 돌 정도였다. 미국 라토가스 대학의 켈링 교수는 '깨진 유리창의 법칙'에 근거하여, 뉴욕 시의 지하철 흉악 범죄를 줄이기 위한 대책으로 낙서를 철저하게 지울 것을 제안했다. 낙서가 방치되어 있는 상태는 창문이 깨져있는 자동차와 같은 상태라고 생각했기 때문이다.

---

① 범죄는 대중교통 이용 공간에서 발생확률이 가장 높다.
② 문제는 확인되기 전에 사전 단속이 중요하다.
③ 작은 일을 철저히 관리하면 큰 사고를 막을 수 있다.
④ 낙서는 가장 핵심적인 범죄의 원인이 된다.
⑤ 범죄를 막기 위해서는 지하철을 폐쇄해야 한다.

13. 다음은 해외이주자의 외화송금에 대한 설명이다. 옳지 않은 것은?

---

1. 필요서류
   - 여권 또는 여권 사본
   - 비자 사본 또는 영주권 사본
   - 해외이주신고확인서(환전용) – 국내로부터 이주하는 경우
   - 현지이주확인서(이주비환전용) – 현지이주의 경우
   - 세무서장이 발급한 자금출처 확인서 – 해외이주비 총액이 10만 불 초과 시
2. 송금한도 등
   한도 제한 없음
3. 송금방법
   N은행 영업점을 거래외국환은행으로 지정한 후 송금 가능
4. 알아야 할 사항
   - 관련법규에 의해 해외이주자로 인정받은 날로부터 3년 이내에 지정거래외국환은행을 통해 해외이주비를 지급받아야 함
   - 해외이주자에게는 해외여행경비를 지급할 수 없음

---

① 송금 한도에는 제한이 없다.

② 국내로부터 이주하는 경우 해외이주신고확인서(환전용)가 필요하다.

③ 관련법규에 의해 해외이주자로 인정받은 날로부터 3년 이내에 지정거래외국환은행을 통해 해외이주비를 지급받아야 한다.

④ 농협은행 영업점을 거래외국환은행으로 지정한 후 송금이 가능하다.

⑤ 해외이주자의 외화송금에서 반드시 필요한 서류 중 하나는 세무서장이 발급한 자금출처 확인서다.

▌14 ~ 15 ▌ 다음에 주어진 조건이 모두 참일 때 옳은 결론을 고르면?

14.

- 모든 A는 B다.
- 모든 B는 C이다.
- 어떤 D는 B다.
- 어떠한 E도 B가 아니다.

A : 모든 A는 C다.
B : 어떤 C는 B다.

① A만 옳다.
② B만 옳다.
③ A와 B 모두 옳다.
④ A와 B 모두 그르다.
⑤ A와 B 모두 옳은지 그른지 알 수 없다.

15.

- 김 대리보다 큰 사람은 없다.
- 박 차장이 이 과장보다 크다.
- 박 차장이 최 부장보다는 크지 않다.

A : 이과장이 가장 작다.
B : 박차장은 세 번째로 크다.

① A만 옳다.
② B만 옳다.
③ A와 B 모두 옳다.
④ A와 B 모두 그르다.
⑤ A와 B 모두 옳은지 그른지 알 수 없다.

▌16 ~ 17▐ H공사 홍보팀에 근무하는 이 대리는 사내 홍보 행사를 위해 관련 준비를 진행하고 있다. 다음을 바탕으로 물음에 답하시오.

〈행사장 도면〉

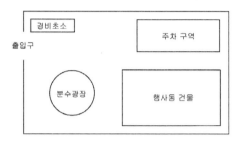

〈행사 장소〉
행사동 건물 1층 회의실

〈추가 예상 비용〉
• 금연 표지판 설치
– 단독 입식 : 45,000원
– 게시판 : 120,000원
• 쓰레기통 설치
– 단독 설치 : 25,000원/개
– 벤치 2개 + 쓰레기통 1개 : 155,000원
• 안내 팸플릿 제작

구분	단면	양면
2도 인쇄	5,000원/100장	10,000원/100장
5도 인쇄	1,300원/100장	25,000원/100장

16. 행사를 위해 홍보팀에서 추가로 설치해야 할 물품이 다음과 같을 때, 추가 물품 설치에 필요한 비용은 총 얼마인가?

- 금연 표지판 설치
- 분수대 후면 1곳
- 주차 구역과 경비초소 주변 각 1곳
- 행사동 건물 입구 1곳
  - ※ 실외는 게시판 형태로 설치하고 행사장 입구에는 단독 입식 형태로 설치
- 쓰레기통
- 분수광장 금연 표지판 옆 1곳
- 주차 구역과 경비초소 주변 각 1곳
  - ※ 분수광장 쓰레기통은 벤치와 함께 설치

---

① 550,000원

② 585,000원

③ 600,000원

④ 610,000원

⑤ 625,000원

17. 이 대리는 추가 비용을 정리하여 팀장에게 보고하였다. 이를 검토한 팀장은 다음과 같이 별도의 지시사항을 전달하였다. 팀장의 지시사항에 따른 팸플릿의 총 인쇄에 소요되는 비용은 얼마인가?

"이 대리, 아무래도 팸플릿을 별도로 준비하는 게 좋겠어. 한 800명 정도 참석할 거 같으니 인원수대로 준비하고 2도 단면과 5도 양면 인쇄를 반씩 섞도록 하게."

---

① 98,000원

② 99,000원

③ 100,000원

④ 110,000원

⑤ 120,000원

18. A, B, C 세 사람은 같은 지점에서 출발하여 임의의 순서로 나란히 이웃한 은행, 마트, 쇼핑몰에 자가용, 지하철, 버스 중 한 가지를 이용하여 갔다. 다음 조건을 만족할 때, 다음 중 옳은 것은?

> • 가운데에 위치한 곳에 간 사람은 버스를 통해 이동했다.
> • B와 C는 서로 이웃해 있지 않은 곳으로 갔다.
> • C는 가장 먼 곳으로 갔다.
> • 마트와 쇼핑몰은 서로 이웃해있다.
> • B는 마트에 갔다.
> • 은행에 갈 수 있는 유일한 방법은 지하철이다.

① 은행 – 마트 – 쇼핑몰이 순서대로 있다.

② 마트에 가기 위해 자가용을 이용해야 한다.

③ A는 버스를 이용하고, B는 지하철을 이용한다.

④ C는 은행에 가지 않았다.

⑤ 은행은 쇼핑몰보다 가까이에 있다.

19. 다음과 같은 구조를 가진 놀이기구에 A ~ H 8명이 탑승하려고 한다. 알 수 있는 정보가 다음과 같을 때, B가 (4)에 탑승 중이라면, D가 탑승 중인 칸은? (단, 한 칸에 한 명씩 탑승한다.)

1라인(앞)	(1)	(2)	(3)	(4)	(5)
2라인(뒤)	(6)	(7)	(8)	(9)	(10)

> • 비어있는 칸은 한 라인에 한 개씩 있고, A · B · F · H는 1라인에, 나머지는 2라인에 탑승한다.
> • A와 C는 서로를 등지고 있다.
> • F는 (3)에 탑승 중이며, 맞은편은 비어있다.
> • C의 오른쪽 칸은 비어있고 그 옆 칸에 E가 탑승하고 있다.
> • B의 옆은 비어있다.
> • H와 D는 누구보다 멀리 떨어져 앉았다.

① (6)   ② (7)

③ (8)   ④ (9)

⑤ (10)

20. 다음 중 '단것을 좋아하는 사람은 수박을 좋아한다.'의 명제가 참이 되기 위해 필요한 명제 3가지를 보기에서 고른 것은?.

> ㉠ 딸기를 좋아하는 사람은 초콜릿을 싫어한다.
> ㉡ 초콜릿을 좋아하는 사람은 수박을 좋아하지 않는다.
> ㉢ 단것을 좋아하는 사람은 딸기를 좋아하지 않는다.
> ㉣ 수박을 좋아하지 않는 사람은 초콜릿을 좋아한다.
> ㉤ 딸기를 싫어하는 사람은 수박을 좋아한다.
> ㉥ 초콜릿을 좋아하지 않는 사람은 단것을 좋아하지 않는다.

① ㉠㉢㉤ ② ㉠㉤㉥

③ ㉡㉢㉣ ④ ㉡㉣㉥

⑤ ㉣㉤㉥

21. 빵, 케이크, 마카롱, 쿠키를 판매하고 있는 달콤 베이커리 프랜차이즈에서 최근 각 지점 제품을 섭취하고 복숭아 알레르기가 발생했다는 민원이 제기되었다. 해당 제품에는 모두 복숭아가 들어가지 않지만, 복숭아를 사용한 제품과 인접 시설에서 제조하고 있다. 아래의 사례를 참고할 때 다음 중 반드시 거짓인 경우는?

> • 복숭아 알레르기 유발 원인이 된 제품은 빵, 케이크, 마카롱, 쿠키 중 하나이다.
> • 각 지점에서 복숭아 알레르기가 있는 손님이 섭취한 제품과 알레르기 유무는 아래와 같다.
>
> | | |
> |---|---|
> | 광화문점 | 빵과 케이크를 먹고 마카롱과 쿠키를 먹지 않은 경우, 알레르기가 발생했다. |
> | 종로점 | 빵과 마카롱을 먹고 케이크 와 쿠키를 먹지 않은 경우, 알레르기가 발생하지 않았다. |
> | 대학로점 | 빵과 쿠키를 먹고 케이크와 마카롱을 먹지 않은 경우 알레르기가 발생했다. |
> | 홍대점 | 케이크와 마카롱을 먹고 빵과 쿠키를 먹지 않은 경우 알레르기가 발생했다. |
> | 상암점 | 케이크와 쿠키를 먹고 빵 과 마카롱을 먹지 않은 경우 알레르기가 발생하지 않았다. |
> | 강남점 | 마카롱과 쿠키를 먹고 빵과 케이크를 먹지 않은 경우 알레르기가 발생하지 않았다. |

① 광화문점, 종로점, 홍대점의 사례만을 고려하면 케이크가 알레르기의 원인이다.

② 광화문점, 대학로점, 상암점의 사례만을 고려하면, 빵이 알레르기의 원인이다.

③ 종로점, 홍대점, 강남점의 사례만을 고려하면, 케이크가 알레르기의 원인이다.

④ 대학로점, 홍대점, 강남점의 사례만을 고려하면, 마카롱이 알레르기의 원인이다.

⑤ 대학로점, 상암점, 강남점의 사례만을 고려하면, 빵이 알레르기의 원인이다.

22. 갑, 을, 병, 정, 무 다섯 사람은 6층 건물 각 층에서 업무를 본다. 다음 조건을 모두 만족할 경우 항상 5층에서 내리는 사람은?

- 모든 사람은 1층에서 근무하지 않고, 엘리베이터를 1층에서 탑승하여 각 층에 내린다.
- 을은 무가 내리기 직전에 내렸다.
- 5층에서 2명이 함께 내리고 나머지는 혼자 내렸다.
- 정은 자신이 내리기 전 2명이 내리는 것을 보았다.
- 병이 내리기 직전에는 아무도 내리지 않았다.

---

① 갑   ② 을
③ 병   ④ 정
⑤ 무

23. R사는 공작기계를 생산하는 업체이다. 이번 주 R사에서 월요일 ~ 토요일까지 생산한 공작기계가 다음과 같을 때, 월요일에 생산한 공작기계의 수량이 될 수 있는 수를 모두 더하면 얼마인가? (단, 1대도 생산하지 않은 날은 없었다.)

- 화요일에 생산된 공작기계는 금요일에 생산된 수량의 절반이다.
- 이 공장의 최대 하루 생산 대수는 9대이고, 이번 주에는 요일별로 생산한 공작기계의 대수가 모두 달랐다.
- 목요일부터 토요일까지 생산한 공작기계는 모두 15대이다.
- 수요일에는 9대의 공작기계가 생산되었고, 목요일에는 이보다 1대가 적은 공작기계가 생산되었다.
- 월요일과 토요일에 생산된 공작기계를 합하면 10대가 넘는다.

---

① 10   ② 11
③ 12   ④ 13
⑤ 14

24. A ~ E 5명 중 2명이 귤을 먹었다고 한다. 범인은 거짓을 말하고 나머지는 참을 말할 때, 5명의 진술은 다음과 같다고 한다. 이때, 항상 귤을 먹은 범인과 귤을 먹지 않은 사람의 조합으로 가능한 것은?

> A : 난 거짓을 말하고 있지 않아.
> B : 난 귤을 먹지 않았어.
> C : 귤을 먹은 사람은 E야.
> D : A는 지금 거짓을 말하고 있어.
> E : B는 귤을 먹은 사람이 아니야.

	귤을 먹은 범인	귤을 먹지 않은 사람
①	A	E
②	B	D
③	C	B
④	D	A
⑤	B	D

25. 갑사, 을사, 병사는 A, B, C 3개 운동 종목에 대한 3사 간의 경기를 실시하였으며, 결과는 다음 표와 같다. 이에 대한 설명으로 올바르지 않은 것은? (단, 무승부인 경기는 없다고 가정한다.)

구분	갑	을	병
A 종목	4승 6패	7승 3패	4승 6패
B 종목	7승 3패	2승 8패	6승 4패
C 종목	5승 5패	3승 7패	7승 3패

① 갑사가 병사로부터 거둔 A 종목 경기 승수가 1승뿐이었다면 을사는 병사에 압도적인 우세를 보였다.

② 을사의 B 종목 경기 8패가 나머지 두 회사와의 경기에서 절반씩 거둔 결과라면 갑사와 병사의상대 전적은 갑사가 더 우세하다.

③ 갑사가 세 종목에서 거둔 승수 중 을사와 병사로부터 각각 적어도 2승 이상씩을 거두었다면, 적어도 을사는 병사보다 A 종목의, 병사는 을사보다 C 종목의 상대 전적이 더 우세하다.

④ 갑사는 C 종목에서 을사, 병사와의 상대 전적이 동일하여 우열을 가릴 수 없다.

⑤ 승과 패에 부여된 승점이 세 종목 모두 동일하다면 세 종목 전체의 성적은 병사, 갑사, 을사 순으로 높다.

26. 다음 글을 근거로 판단할 때, 부산으로 함께 파견 갈 수 있는 사람들이 바르게 짝지어진 것은?

> N회사는 업무상 지방으로 파견이 잦은 편이다. 인사팀 A 씨는 매달 파견 갈 직원들을 정하는 업무를 담당하고 있다. 이번 달에는 부산 – 4명, 대구 – 3명, 강릉 – 1명, 울산 – 4명이 파견을 가야한다.
>
> 파견을 갈 직원은 A ~ G 7명이며 개인별 파견 가능한 지역은 다음과 같다. 한 사람이 두 지역까지만 파견을 갈 수 있으며, 모든 사람은 한 지역 이상에 파견을 가야 한다.

구분	A	B	C	D	E	F	G
부산	–	–	O	–	O	O	O
대구	O	O	O	–	O	–	O
강릉	–	–	–	O	–	–	O
울산	–	O	O	O	–	–	O

① A, G
② D, G
③ B, F
④ B, C
⑤ C, E

27. 은행의 대출심사부에서는 가계대출 상품의 상품 설명서 내용 중 연체이자에 대한 다음과 같은 사항을 고객에게 안내하려고 한다. 다음을 참고할 때, 주택담보대출(원금 1억 2천만 원, 약정이자율 연 5%)의 월납이자(50만 원)를 미납하여 연체가 발생하고, 연체 발생 후 3개월 시점에 납부할 경우의 연체이자는 얼마인가?

> • 연체이자율은 [대출이자율+연체기간별 연체가산이자율]로 적용합니다.
> ※ 연체가산이자율은 연 3%로 적용합니다.
> • 연체이자율은 최고 15%로 합니다.
> • 상품에 따라 연체이자율이 일부 달라지는 경우가 있으므로 세부적인 사항은 대출거래약정서 등을 참고하시기 바랍니다.
> • 연체이자(지연배상금)를 내셔야 하는 경우
> ※ 「이자를 납입하기로 약정한 날」에 납입하지 아니한 때 : 이자를 납입하여야 할 날의 다음 날부터 1개월(주택담보대출의 경우 2개월)까지는 내셔야 할 약정이자에 대해 연체이자가 적용되고, 1개월(주택담보대출의 경우 2개월)이 경과하면 기한이익상실로 인하여 대출원금에 연체이율을 곱한 연체 이자를 내셔야 합니다.

① 798,904원
② 775,304원
③ 750,992원
④ 731,528원
⑤ 710,044원

ANSWER 24.③ 25.④ 26.⑤ 27.①

28. 다음 그림처럼 화살표에서 시작해서 시계방향으로 수와 사칙연산기호가 배열되어 있다. (?)에서 시작한 값이 마지막에 등호(＝)로 연결되어 식을 완성한다. (?) 안에 알맞은 수로 옳은 것은? (단, 사칙연산기호의 연산순서는 무시하고, 그림에 있는 순서대로 계산한다.)

		→		
(?)	−	9	×	5
=				÷
7				2
+				−
3	÷	12	+	4

① 11

② 12

③ 13

④ 14

⑤ 15

29. 농도 25%인 소금물 xg이 있다. 이 소금물에 소금의 양만큼 물을 더 넣고, 소금을 추가로 25g 넣었을 때의 농도가 25%였다면 최종 소금물의 양은?

① 400g

② 450g

③ 500g

④ 550g

⑤ 600g

30. 부피가 32인 구의 지름과 동일한 길이를 반지름으로 가진 원뿔의 높이가 6이라면, 원뿔의 부피는 구의 부피의 몇 배인가? (단, 원주율은 3으로 계산한다.)

① 1

② 2

③ 3

④ 4

⑤ 5

31. 입구부터 출구까지의 총 길이가 840m인 터널을 열차가 초속 50m의 속도로 달려 열차가 완전히 통과할 때까지 걸린 시간이 25초라고 할 때, 이보다 긴 1,400m의 터널을 동일한 열차가 동일한 속도로 완전히 통과하는 데 걸리는 시간은 얼마인가?

① 34.5초

② 35.4초

③ 36.2초

④ 36.8초

⑤ 37.3초

32. 어떤 이동 통신 회사에서는 휴대폰의 사용 시간에 따라 매월 다음과 같은 요금 체계를 적용한다고 한다.

요금제	기본 요금	무료 통화	사용 시간(1분)당 요금
A	10,000원	0분	150원
B	20,200원	60분	120원
C	28,900원	120분	90원

예를 들어, B 요금제를 사용하여 한 달 동안의 통화 시간이 80분인 경우 사용 요금은 다음과 같이 계산한다.

$$20,200 + 120 \times (80 - 60) = 22,600원$$

B요금제를 사용하는 사람이 A요금제와 C요금제를 사용할 때 보다 저렴한 요금을 내기 위한 한 달 동안의 통화 시간은 a분 초과 b분 미만이다. 이 때, $b - a$의 값은? (단, 매월 총 사용 시간은 분 단위로 계산한다.)

① 70

② 80

③ 90

④ 100

⑤ 110

33. 다음은 어느 공과대학의 각 학과 지원자의 비율을 나타낸 것이다. 2021년 건축공학과를 지원한 학생 수가 270명일 때 2007년 건축공학과 지원자 수는 전년 대비 몇 명이 증가하였는가? (단, 2020년과 2021년의 공과대학 전체 지원자 수는 같았다.)

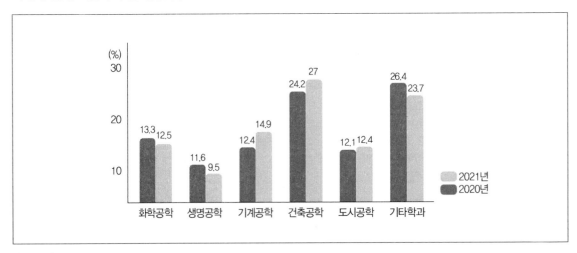

① 28명

② 21명

③ 14명

④ 7명

⑤ 0명

| 34 ~ 35 | 다음은 성별 경제활동인구를 나타낸 자료이다. 다음을 보고 물음에 답하시오.

(단위 : 천 명, %)

구분	2021년		2020년	
	남	여	남	여
15세 이상인구	21,886	22,618	21,699	22,483
취업자	15,463	11,660	15,372	11,450
실업자	627	437	630	443
비경제활동인구	5,797	10,521	5,697	10,590
경제활동참가율	73.5	53.5	73.7	52.9
실업률	3.9	3.6	3.9	3.7
고용률	(가)	(나)	(다)	(라)

※ 1) 경제활동인구란 15세 이상 인구 중 취업자와 실업자를 의미한다.
 2) 비경제활동인구란 15세 이상 인구 중 경제활동인구를 제외한 나머지를 의미한다.
 3) 경제활동참가율 : 15세 이상 인구 중 취업자와 실업자를 합한 경제활동인구의 비율
 4) 실업률 : 경제활동인구 중 실업자가 차지하는 비율
 5) 고용률 : 15세 이상 인구 중 취업자의 비율

34. (가) ~ (라)에 들어갈 숫자들의 합은? (단, 고용률은 소수점 둘째 자리에서 반올림하여 구한다.)

① 243.8 ② 243.9
③ 244.0 ④ 244.1
⑤ 244.2

35. 만약 2022년 남성의 고용률, 취업자 수는 전년과 동일하며, 2022년 남성의 실업자 수가 작년에 비해 8천 명 많아졌다면, 남성의 비경제활동인구 수는? (단, 비경제활동인구 수는 소수점 첫째 자리에서 반올림한다.)

① 5,763천 명 ② 5,773천 명
③ 5,783천 명 ④ 5,793천 명
⑤ 5,803천 명

ANSWER 33.① 34.③ 35.②

36. 다음은 교육복지지원 정책사업 내 단위사업 세출 결산 현황을 나타낸 표이다. 2020년 대비 2021년의 급식비 지원 증감률로 옳은 것은? (단, 소수 둘째 자리에서 반올림한다.)

(단위 : 백만 원)

단위사업명	2021년	2020년	2019년
	결산액	결산액	결산액
총계	5,016,557	3,228,077	2,321,263
학비 지원	455,516	877,020	1,070,530
방과후교육 지원	636,291	–	–
급식비 지원	647,314	665,984	592,300
정보화 지원	61,814	64,504	62,318
농어촌학교 교육여건 개선	110,753	71,211	77,334
교육복지우선 지원	157,598	188,214	199,019
누리과정 지원	2,639,752	989,116	–
교과서 지원	307,519	288,405	260,218
학력격차해소	–	83,622	59,544

① − 2.9%

② − 1.4%

③ 2.9%

④ 10.5%

⑤ 1.4%

37. 다음은 N은행에서 투자를 검토하고 있는 사업평가 자료인데, 직원의 실수로 일부가 훼손되었다. 다음 중 ㈎, ㈏, ㈐, ㈑에 들어갈 수 있는 수치는? (단, 인건비와 재료비 이외의 투입요소는 없다.)

구분	목표량	인건비	재료비	산출량	효과성 순위	효율성 순위
A	㈎	200	50	500	3	2
B	1,000	㈏	200	1,500	2	1
C	1,500	1,200	㈐	3,000	1	3
D	1,000	300	500	㈑	4	4

※ 1) 효율성 = 산출 / 투입
　2) 효과성 = 산출 / 목표

	㈎	㈏	㈐	㈑
①	300	500	800	800
②	500	800	300	800
③	800	500	300	300
④	500	300	800	800
⑤	800	800	300	500

38. 다음 설명을 참고할 때, 'ISBN 89 349 0490'코드를 EAN코드로 올바르게 바꾼 것은 어느 것인가?

한국도서번호란 국제적으로 표준화된 방법에 의해, 전 세계에서 생산되는 각종 도서에 부여하는 국제 표준도서번호(International Standard Book Number : ISBN) 제도에 따라 우리나라에서 발행되는 도서에 부여하는 고유번호를 말한다. 또한 EAN(European Artical Number)은 바코드 중 표준화된 바코드를 말한다. 즉, EAN코드는 국내뿐만 아니라 전 세계적으로 코드체계(자리수와 규격 등)가 표준화되어 있어 소매점이 POS시스템 도입이나 제조업 혹은 물류업자의 물류관리 등에 널리 사용이 가능한 체계이다.

ISBN코드를 EAN코드로 변환하는 방법은 다음과 같다.

먼저 9자리로 구성된 ISBN코드의 맨 앞에 3자리 EAN 도서번호인 978을 추가한다. 이렇게 연결된 12자리 숫자의 좌측 첫 자리 수부터 순서대로 번갈아 1과 3을 곱한다. 그렇게 곱해서 산출된 모든 수들을 더하고, 다시 10으로 나누게 된다. 이 때 몫을 제외한 '나머지'의 값이 다음과 같은 체크기호와 대응된다.

나머지	0	1	2	3	4	5	6	7	8	9
체크기호	0	9	8	7	6	5	4	3	2	1

나머지에 해당하는 체크기호가 확인되면 처음의 12자리 숫자에 체크기호를 마지막에 더하여 13자리의 EAN코드를 만들 수 있게 된다.

① EAN 9788934904909
② EAN 9788934904903
③ EAN 9788934904907
④ EAN 9788934904906
⑤ EAN 9788934904908

39. 다음 중 아래와 같은 자료에서 '기록(초)' 필드를 이용하여 최길동의 순위를 계산하고자 할 때 C3에 들어갈 함수식으로 올바른 것은 어느 것인가?

	A	B	C
1	이름	기록(초)	순위
2	김길동	53	3
3	최길동	59	4
4	박길동	51	1
5	이길동	52	2
6			

① =RANK(B3,$B$2:$B$5,1)

② =RANK(B3,$B$2:$B$5,0)

③ =RANK(B3,$B$2:B5,1)

④ =RANK(B3,B2:$B$5,0)

⑤ =RANK(B3,B$2:B5,1)

40. 워크시트에서 다음 〈보기〉의 표를 참고로 55,000원에 해당하는 할인율을 'C6'셀에 구하고자 할 때의 적절한 수식은 어느 것인가?

	A	B	C	D	E	F
1		〈보기〉				
2		금액	30,000	50,000	80,000	150,000
3		할인율	3%	7%	10%	15%
4						
5		금액	55,000			
6		할인율	7%			
7						

① =VLOOKUP(C5,C2:F2,C3:F3)

② =LOOKUP(C5,C2:F2,C3:F3)

③ =HLOOKUP(C5,C2:F2,C3:F3)

④ =LOOKUP(C6,C2:F2,C3:F3)

⑤ =HLOOKUP(C6,C2lF2,C3:F3)

ANSWER 38.⑤ 39.① 40.②

41. 다음의 알고리즘에서 인쇄되는 A의 값은?

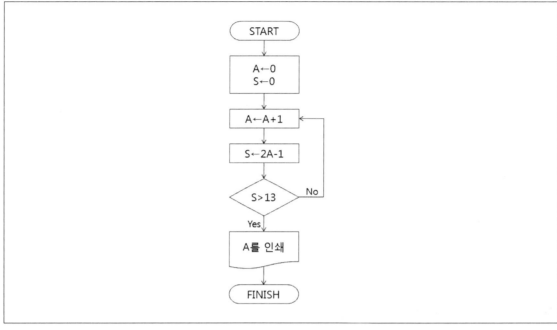

① 7
② 8
③ 9
④ 10
⑤ 11

42. 다음 시트에서 1행의 데이터에 따라 2행처럼 표시하려고 할 때, 다음 중 A2 셀에 입력된 함수식으로 적절한 것은?

	A	B
1	3	-2
2	양	음

① =IF(A1〈=0,“양”,“음”)
② =IF(A1 IS=0,“양”OR “음”)
③ =IF(A1〉=0,“양”,“음”)
④ =IF(A1〉0,“양”OR “음”)
⑤ =IF(A1 IS=0,“양”,“음”)

43. G사 홍보팀에서는 다음과 같이 직원들의 수당을 지급하고자 한다. C12셀부터 D15셀까지 기재된 사항을 참고로 D열에 수식을 넣어 직책별 수당을 작성하였다. D2셀에 수식을 넣어 D10까지 드래그하여 다음과 같은 자료를 작성하였다면, D2셀에 들어가야 할 적절한 수식은?

	A	B	C	D
1	사번	직책	기본급	수당
2	1410114	대리	2,550,000	450,000
3	1410007	대리	2,550,000	450,000
4	1110065	과장	2,350,000	550,000
5	1810112	사원	1,900,000	400,000
6	1210105	과장	2,300,000	550,000
7	0810043	부장	3,750,000	650,000
8	1510036	대리	2,500,000	450,000
9	1010068	과장	2,350,000	550,000
10	2010020	사원	1,750,000	400,000
11				
12			부장	650,000
13			과장	550,000
14			대리	450,000
15			사원	400,000
16				
17				

① =VLOOKUP(C12,$C$12:$D$15,2,1)

② =VLOOKUP(C12,$C$12:$D$15,2,0)

③ =VLOOKUP(B2,$C$12:$D$15,2,0)

④ =VLOOKUP(B2,$C$12:$D$15,2,1)

⑤ =VLOOKUP(C12,$C$12:$D$15,1,0)

ANSWER 41.② 42.③ 43.③

44. 인사팀에서는 다음과 같이 직급별 신체조건을 파악해 운동지수를 알아보았다. 다음 자료를 참고할 때, 수식 '=DAVERAGE(A4:E10,"체중",A1:C2)'의 결과값으로 알맞은 것은?

	A	B	C	D	E
1	직급	키	키		
2	대리	>170	<180		
3					
4	직급	키	나이	체중	운동지수
5	대리	174	30	72	132
6	대리	178	29	64	149
7	과장	168	33	75	138
8	사원	180	25	80	125
9	대리	168	39	82	127
10	사원	182	27	74	139

① 176

② 29.5

③ 140.5

④ 74.5

⑤ 68

45. 지민 씨는 회사 전화번호부를 1대의 핸드폰에 저장하였다. 핸드폰 전화번호부에서 검색을 했을 때 나타나는 결과로 옳은 것은? ('6'을 누르면 '5468', '7846' 등이 뜨고 'ㅌ'을 누르면 '전태승' 등이 뜬다.)

구분	이름	번호
총무팀	이서경	0254685554
마케팅팀	김민종	0514954554
인사팀	최찬웅	0324457846
재무팀	심빈우	0319485575
영업팀	민하린	01054892464
해외사업팀	김혜서	01099843232
전산팀	전태승	01078954654

① 'ㅎ'을 누르면 4명이 뜬다.
② '03'을 누르면 3명이 뜬다.
③ '55'를 누르면 2명이 뜬다.
④ 'ㅂ'을 누르면 아무도 나오지 않는다.
⑤ '32'를 누르면 2명이 뜬다.

46. 농업활동을 통해 환경보전 · 농촌 공동체 유지 · 먹거리 안전 등의 기능을 증진하기 위해 정부가 농업인에게 보조금을 지원하는 제도는 무엇인가?

① 고정직불금   ② 이중곡가제
③ 농민공익수당   ④ 추곡수매제도
⑤ 공익직불제

47. 농가에서 숙식하며 농사 · 문화체험 · 생활 등을 참여할 수 있는 농촌체험 관광 상품은?

① 플랜테이션   ② 팜 스테이
③ 팜 파티플래너   ④ 애그플레이션
⑤ 에어로 팜

48. 농협의 ICA 집행위원회 가입연도로 옳은 것은?

① 1997년   ② 1983년
③ 1975년   ④ 1970년
⑤ 1963년

49. 팥 재배시 수확량 증가를 위한 적절한 방법이 아닌 것은?

① 습기에 약한 팥은 평이랑에서 재배하여야 한다.
② 비닐덮기를 실시한다.
③ 중북부 지역의 팥 적정 씨뿌림 시기는 6월 중하순이다.
④ 병해충 방제를 성실하게 한다.
⑤ 종자 알갱이 하나하나를 파종하여 심는 점뿌림을 실시한다.

50. 포장 재료를 이용하여 포장내부 가스농도가 자연적으로 일정 수준에 이르도록 하는 포장 방식은?

① CA저장
② MA저장
③ 저온저장
④ 고온저장
⑤ 진공포장

51. 조류인플루엔자(AI)에 대한 설명으로 옳지 않은 것은?

① 야생조류나 닭, 오리 등 가금류에 감염되는 인플루엔자 바이러스이다.
② AI 확산을 방지하기 위해서는 축산농가 철새 도래지 방문을 자제한다.
③ AI 바이러스는 열에 강해 가열조리를 한 후에도 살아남는다.
④ AI 인체감염을 예방하기 위해서는 손을 자주, 30초 이상 씻고 가급적 손으로 눈, 코, 입을 만지지 않는다.
⑤ 닭, 오리의 AI가 의심된다면 즉시 가축방역기관으로 신고한다.

52. 다음 중 각각의 핵심기술이 농업 분야에 적용되는 사례로 옳지 않은 것은?

> ㉠ 무선 통신으로 각종 사물을 연결하는 기술
> ㉡ 인간의 학습능력 등을 컴퓨터 프로그램으로 실현한 기술
> ㉢ 대규모 데이터를 수집하고 분석하는 기술

① ㉠은 센서를 이용하여 농산물 재배 환경의 데이터를 실시간으로 측정하고 수집할 수 있다.
② ㉡은 숙련 농업인의 기술을 데이터로 수집하고 시각화하여 신규 농업인들이 단기간에 기술을 습득하거나 농작물의 병충해를 진단할 수 있도록 하는 해외의 농업기술 학습지원시스템을 사례로 들 수 있다.
③ ㉢은 비정형 데이터와 토양 및 기상데이터 등을 접목하여 생산량을 예측하거나 생산·유통 데이터를 연계·분석하여 수급 예측에 활용할 수 있다.
④ 통신 기업들이 통신사업의 장점을 이용하여 스마트 농업에 진출하는 것, 농산물 직거래 유통 플랫폼 사업을 추진하는 것 등을 4차 산업혁명으로 인해 나타난 변화로 볼 수 있다.
⑤ 과학기술정보통신부에 따르면 2세대 스마트 팜은 농수산 산업을 중심으로 확산되고 있다.

53. 차량사물통신인 V2X의 통신으로 적절하지 않은 것은?

① V2V(Vehicle to Vehicle) ② V2I(Vehicle to Infrastructure)
③ V2R(Vehicle to Road) ④ V2P(Vehicle to Pedestrian)
⑤ V2N(Vehicle to Nomadic Device)

54. 사용자 생활환경 안에서 자연스럽게 요구 사항을 인지하여 필요한 서비스를 제공하며 인터페이스를 최소화하는 것은?

① NUI ② NUX
③ GUI ④ SMI
⑤ 제로 UI

55. 다음 〈보기〉 중 정보보호 및 개인정보보호 관리체계인증(ISMS – P)에 대한 설명으로 적절한 것을 모두 고르면?

───────────── 보기 ─────────────

ⓐ 정보보호 관리체계 인증만 선택적으로 받을 수 있다.
ⓑ 개인정보 제공뿐만 아니라 파기할 때 보호조치도 포함한다.
ⓒ 위험 관리 분야의 인증기준은 보호대책 요구사항 영역에서 규정한다.
ⓓ 관리체계 수립 및 운영 영역은 Plan, Do, Check, Act의 사이클에 따라 지속적이고 반복적으로 실행되는지 평가한다.

① ㉠㉡ ② ㉡㉣
③ ㉢㉣ ④ ㉠㉡㉣
⑤ ㉡㉢㉣

56. 음악 스트리밍 어플에서 인기 차트 중심보다 자신의 취향별 플레이 리스트를 듣는 이용자가 증가하는 추세이다. 인터넷에서 콘텐츠 생산에 영향을 미치는 이들을 일컫는 용어는?

① 유비노마드 ② 리뷰슈머
③ 트라이슈머 ④ 디지털 프로슈머
⑤ 트랜슈머

57. 거래를 자동으로 체결하는 소프트웨어를 통해서 하는 스마트 계약에서 주되게 사용되고 있는 기술이 아닌 것은?

① 튜링시험

② 분산원장기술(DLT)

③ 블록체인

④ 분산응용(DApp)

⑤ 솔리디티(solidity)

58. 세계이동통신사업자연합회(GSMA)가 정의한 RCS에 관한 설명으로 옳은 것은?

① SMS보다 더 많은 정보를 담을 수 있다.

② 별도의 애플리케이션을 설치한 뒤에 사용한다.

③ 사용할 때 데이터 과금이 있다.

④ 데이터를 사용하여 전송실패가 빈번하다.

⑤ 카카오톡이 RCS의 대표적이다.

59. 5G에 대한 설명으로 적절하지 않은 것은?

① 주파수 효율을 높이기 위해서 Massive MIMO이 5G 표준에 도입되었다.

② 5G는 최대 20Gbps의 속도로 데이터 전송이 가능하다.

③ 초고주파수를 활용하기 위해 빔포밍 기술을 사용한다.

④ 국제 표준화단체(3GPP)에서 5G 기술표준을 개발한다.

⑤ 음성서비스에서 별도의 QoS 보장 기능을 제공한다.

60. 플랫폼의 일종으로 하드웨어 기술과 3D 기술을 접목하여 나만의 아바타로 가상세계를 체험할 수 있다. 이용자가 플랫폼 내에서 디지털 콘텐츠를 소비하는 3차원 가상세계를 의미하는 것은?

① 가상현실

② 증강현실

③ 혼합현실

④ 확장현실

⑤ 메타버스

ANSWER 53.③ 54.⑤ 55.④ 56.④ 57.① 58.① 59.⑤ 60.⑤

※ 해당영역은 일반분야에 지원하시는 수험생만 푸시면 됩니다.

61. 하나의 물건을 갖게 되면 그것에 어울리는 다른 물건들을 계속해서 구매하게 되는 현상은?

① 디드로 효과　　　　　　　　　　② 채찍 효과

③ 캘린더 효과　　　　　　　　　　④ 쿠퍼 효과

⑤ 톱니 효과

62. 〈보기〉에서 경기불황을 극복하기 위해 정부가 고려할 수 있는 정책을 모두 고른 것은?

┌─────────────────────── 보기 ───────────────────────┐
│ ㉠ 법인세율 인상   │
│ ㉡ 국책사업의 확장   │
│ ㉢ 지급준비율 인하   │
│ ㉣ 통화안정증권 매각   │
└───┘

① ㉠㉡　　　　　　　　　　　　　② ㉡㉢

③ ㉢㉣　　　　　　　　　　　　　④ ㉠㉢

⑤ ㉡㉣

63. IPO를 할 때 공모물량보다 초과한 양의 청약이 있을 경우 공모주식을 차입하여 초과 배정하는 것을 의미하는 용어는?

① 공개매수　　　　　　　　　　　② 랩어카운트

③ 공매도　　　　　　　　　　　　④ 그린슈

⑤ 매수옵션

64. 최고가격제에 대한 설명으로 옳은 것을 모두 고르면?

> ㉠ 암시장이 출현한다.
> ㉡ 초과공급이 발생한다.
> ㉢ 수요량이 증가한다.
> ㉣ 제품의 질이 저하된다.
> ㉤ 공급량이 증가한다.

① ㉠㉡㉢ ② ㉠㉢㉣
② ㉡㉢㉣ ③ ㉡㉣㉤
④ ㉢㉣㉤

65. 다음 (   ) 안에 들어갈 말로 옳은 것은?

> 물가가 지속적으로 상승하는 경제현상으로 총수요의 증가와 생산비 상승이 주요 원인이다. (   )로/으로 명목임금은 올라도 실질임금은 낮아져 임금소득자에게는 불리한 소득의 재분배가 이루어지며, 채무자에게는 유리하고 채권자에게는 불리한 부의 재분배 현상도 발생한다. (   )은/는 이렇게 생산과정을 통하지 않고 사회구성원 사이에 소득과 부를 재분배하고, 경제적 효율성을 낮춰 경제 성장에 악영향을 미친다.

① 인플레이션 ② 디플레이션
③ 본원통화 ④ 통화창조
⑤ 통화승수

ANSWER 61.① 62.② 63.④ 64.② 65.①

66. 다음 내용을 읽고 ( ) 안에 들어갈 말로 옳은 것을 고르면?

> ( )은/는 생명보험이나 손해보험의 어느 한 종류로 분류하기가 어렵다. 왜냐하면 질병보장상품의 경우 사람을 보험대상으로 하기 때문에 생명보험처럼 보이지만, 질병으로 인한 소득상실분의 보장, 각종 질병치료비의 실손보상 등으로 인해 손해보험으로 볼 수 있기 때문이다. 보험업법에서는 ( )을/를 생명보험과 손해보험이 아닌 독립적인 보험으로 구분하고 있다

① 제3보험   ② 언더라이팅 보험
③ 화재보험   ④ 적화보험
⑤ 국민연금

67. 다음 중 환율이 상승함으로써 수입과 수출에 미치는 영향을 바르게 나타낸 것은?

① 수출촉진, 수입억제   ② 수출억제, 수입억제
③ 수출촉진, 수입촉진   ④ 수출억제, 수입촉진
⑤ 수출 · 수입에 변화가 없다.

68. 지니계수(Gini Coefficient)를 증가시켜 소득분배를 불균등하게 하는 요인은?

① 양도소득세   ② 무료급식제도
③ 상속세   ④ 의무교육제도
⑤ 금리인상

69. 다음 중 우리나라 GDP에 영향을 주지 않는 것은?

① 전기가스 비용   ② 미국 텍사스에 위치한 국내 기업의 제조공장
③ 외국 유명 대기업의 한국지사 제조공장   ④ 국내 광공업 수입
⑤ 건강보험료

70. 다음 중 소득이 떨어져도 소비수준이 변하지 않는 현상은?

① 도플러 효과   ② 잠재가격
③ 의존 효과   ④ 관성 효과
⑤ 구축 효과

※ 해당영역은 IT분야에 지원하시는 수험생만 푸시면 됩니다.

71. 한 모듈 내의 각 구성 요소들이 공통의 목적을 달성하기 위하여 서로 얼마나 관련이 있는지의 기능적 연관의 정도를 나타내는 것은?

① Cohesion   ② Coupling

③ Structure   ④ Unity

⑤ Utility

72. 주문 릴레이션에서 "3개 이상 주문한 주문제품을 검색하라"는 질의에 대한 SQL문을 작성하였다. 잘못된 부분은?

① SELECT 주문제품

② FROM 주문

③ GROUP BY 주문제품

④ WHERE ⑤ COUNT(*) >= 3;

73. 다음 중 미국의 벨 연구소에서 개발한 미니 컴퓨터용 운영체제로서 C언어로 작성되어 다양한 컴퓨터에서 사용되는 운영체제로 옳은 것은?

① LISP   ② UNIX

③ MS – DOS   ④ WINDOWS

⑤ NFS

74. 다음 중 전송회선이 단절되면 전체 네트워크가 중단되는 네트워크 토폴로지로 옳은 것은?

① 트리형   ② 그물형

③ 링형   ④ 버스형

⑤ 성형

ANSWER 66.①   67.①   68.①   69.②   70.④   71.①   72.④   73.②   74.④

75. 다음은 E – R 다이어그램을 그래프로 표현한 표기법과 그 의미를 나타낸 〈표〉이다. ㉠, ㉡에 들어갈 내용으로 옳은 것은?

기호	의미
▭	개체(Entity) 타입
▭	약한 개체 타입
◇	㉠
◯	㉡
———	개체에 속하는 속성을 연결할 때, 개체와 관계를 연결할 때 사용

	㉠	㉡
①	유도속성	부분키
②	기본키	링크
③	링크	기본키
④	속성	관계(Relationship) 타입
⑤	관계(Relationship) 타입	속성

76. 다음 중 두 개의 입력 값 중 하나 이상이 1이면 출력값이 1이 되는 기본논리회로로 옳은 것은?

① AND ② NOT

③ OR ④ NAND

⑤ NOR

77. 다음 설명으로 옳은 것은?

> 하나의 CPU를 이용하여 여러 개의 프로그램을 실행시킴으로써 짧은 시간에 많은 작업을 수행할 수 있게 하여 시스템의 효율을 높여 주는 방식의 시스템이다.

① 실시간 시스템 ② 다중 프로그래밍 시스템

③ 분산처리 시스템 ④ 시분할 처리 시스템

⑤ 다중 처리 시스템

78. 다음은 무엇에 대한 설명인가?

> • 하나의 채널로만 사용하는 아날로그 방식의 문제점을 해결하기 위해 개발된 다중화 방식이다.
> • TDM 방식으로 각 신호를 전송할 시간대역으로 분리한 후 각 시간대역을 FDM 방식으로 전송할 주파수 대역을 분리한다.
> • 여러 사용자가 시간과 주파수를 공유하면서 신호를 송·수신할 수 있는 통신 방식이다.

① TDM(Time Division Multiplexing)

② FDM(Frequency Division Multiplexing)

③ ATDM(Asynchronous Time Division Multiplexing)

④ STDM(Synchronous Time Division Multiplexing)

⑤ CDM(Code Division Multiplexing)

79. 다음 설명으로 옳은 것은?

> 프로그램 작성자가 일반적으로 보호되고 있는 시스템에 들어가기 위한 통로를 의미하는 말로 원래는 관리자가 외부에서도 시스템을 점검할 수 있도록 만들어 두었으나 해킹에 취약한 부분이 될 수도 있다.

① 게이트웨이   ② 크래커

③ 방화벽   ④ 백도어

⑤ 루트킷

80. 다음 중 각 시스템마다 매번 인증 절차를 밟지 않고 한 번의 로그인 과정으로 기업 내의 각종 업무 시스템이나 인터넷 서비스에 접속할 수 있게 해 주는 보안 응용 솔루션으로 옳은 것은?

① CGI   ② SSO

③ OSS   ④ Wibro

⑤ I - PIN

ANSWER 75.⑤ 76.③ 77.② 78.⑤ 79.④ 80.②

직무능력평가

┃ 1 ~ 2 ┃ 다음 자료를 읽고 물음에 답하시오.

지문은 손가락의 진피로부터 땀샘이 표피로 융기되어 일정한 흐름 모양으로 만들어진 것으로 솟아오른 부분을 융선, 파인 부분을 골이라고 한다. 지문은 진피 부분이 손상되지 않는 한 평생 변하지 않는다. 이 때문에 홍채, 정맥, 목소리 등과 함께 지문은 신원을 확인하기 위한 중요한 생체 정보로 널리 사용되고 있다.

지문 인식 시스템은 등록된 지문과 조회하는 지문이 동일한지 판단함으로써 신원을 확인하는 생체 인식 시스템이다. 지문을 등록하거나 조회하기 위해서는 지문 입력 장치를 통해 지문의 융선과 골이 잘 드러나 있는 지문 영상을 얻어야 한다. 지문 입력 장치는 손가락과의 접촉을 통해 정보를 얻는데, 이때 지문의 융선은 접촉면과 닿게 되고 골은 닿지 않는다. 따라서 지문 입력 장치의 융선과 골에 대응하는 빛의 세기, 전하량, 온도와 같은 물리량에서 차이가 발생한다.

㉠광학식 지문 입력 장치는 조명 장치, 프리즘, 이미지 센서로 구성되어 있다. 프리즘의 반사면에 손가락을 고정시키면 융선 부분에 묻어 있는 습기나 기름이 반사면에 얇은 막을 형성한다. 조면에서 나와 얇은 막에 입사된 빛은 굴절되거나 산란되어 약해진 상태로 이미지 센서에 도달한다. 골 부분은 반사면에 닿아 있지 않으므로 빛이 굴절, 산란되지 않고 반사되어 센서에 도달한다. 이미지 센서는 빛의 세기를 디지털 신호로 변환하여 지문 영상을 만든다. 이 장치는 지문이 있는 부위에 땀이나 기름기가 적은 건성 지문인 경우에는 온전한 지문 영상을 획득하기 어렵다.

㉡정전형 센서식 지문 입력 장치는 미세한 정전형 센서들을 촘촘하게 배치한 판을 사용한다. 이 판에는 전기가 흐르고 각 센서마다 전하가 일정하게 충전되어 있다. 판에 손가락이 닿으면 전하가 방전되어 센서의 전하량이 줄어든다. 이때 융선이 접촉된 센서와 그렇지 않은 센서는 전하량에 차이가 생기는데, 각 센서의 전하량을 변환해 지문 영상을 얻는다.

㉢초전형 센서식 지문 입력 장치는 인체의 온도 변화를 감지하는 여러 개의 작은 초전형 센서를 손가락의 폭에 해당하는 길이만큼 일렬로 배치해서 사용한다. 이 센서는 온도가 변할 때에만 신호가 발생하는 특성이 있다. 센서가 늘어선 방향과 직각 방향으로 손가락을 접촉시킨 채 이동시키면, 접촉면과 지문의 융선 사이에 마찰열이 발생하여 융선과 골에 따라 센서의 온도가 달라진다. 이때 발생하는 미세한 온도 변화를 센서가 감지하고 이에 해당하는 신호를 변환하여 연속적으로 저장해 지문 영상을 얻는다. 이 장치는 다른 지문 입력 장치보다 소형화할 수 있어 스마트폰과 같은 작은 기기에 장착할 수 있다.

ⓐ일반적으로 생체 인식 시스템에서는 '생체 정보 수집', '전 처리', '특징 데이터 추출', '정합'의 과정을 거치는데 지문 인식 시스템도 이를 따른다. 생체 정보 수집 단계는 지문 입력 장치를 사용하여 지문 영상을 얻는 과정에 해당한다. 전처리 단계에서는 지문 형태와 무관한 영상 정보를 제거하고 지문 형태의 특징이 부각되도록 지문 영상을 보정한다. 특징 데이터 추출 단계에서는 전처리 단계에서 보정된 영상으로부터 각 지문이 가진 고유한 특징

풀이종료시간 : [   ] – [   ]
풀이소요시간 : [   ]분 [   ]초

데이터를 추출한다. 특징 데이터로는 융선의 분포 유형, 융선의 위치와 연결 상태 등이 사용된다. 정합 단계에서는 사전에 등록되어 있는 특징 데이터와 지문 조회를 위해 추출된 특징 데이터를 비교하여 유사도를 계산한다. 이 값이 기준치보다 크면 동일한 사람의 지문으로 판정한다.

1. ⊙ ~ ⓒ을 사용해 정상적인 '지문 영상'을 얻었고 이를 회의 때 발표하였다. 각 센서에 감지되는 물리량에 대한 평가로 가장 적절한 것은?

① 홍 대리 : ⊙에서는, 융선의 위치에서 반사되어 센서에 도달한 빛의 세기가 골의 위치에서 반사되어 센서에 도달한 빛의 세기보다 강하겠군.

② 박 팀장 : ⓛ에서는, 융선에 대응하는 센서의 전하량이 골에 대응하는 센서의 전하량과 같겠군.

③ 이 과장 : ⓛ에서는, 융선에 대응하는 센서의 전하량이 골에 대응하는 센서의 전하량보다 적겠군.

④ 최 대리 : ⓒ에서는, 융선에 대응하는 센서의 온도가 골에 대응하는 센서의 온도와 같겠군.

⑤ 고 대리 : ⓒ에서는, 융선에 대응하는 센서의 온도가 골에 대응하는 센서의 온도보다 낮겠군.

ANSWER 1.③

2. ⓐ에 따라 〈보기〉의 정보를 활용한 홍채 인식 시스템을 설계한다고 할 때, 단계별 고려 사항으로 적절하지 않은 것은?

━━━━━━ 보기 ━━━━━━

　　홍채는 각막과 수정체 사이에 있는 근육 막으로, 빛을 통과시키는 구멍인 동공을 둘러싸고 있다. 홍채 근육은 빛의 양을 조절하기 위해 수축하거나 이완하여 동공의 크기를 조절한다. 홍채에는 불규칙한 무늬가 있는데, 두 사람의 홍채 무늬가 같은 확률은 대략 20억 분의 1 정도로 알려져 있다.

① [생체 정보 수집] 홍채의 바깥에 각막이 있으므로 홍채 정보를 수집할 때에는 지문 입력 장치와 달리, 홍채 입력 장치와 홍채가 직접 닿지 않게 하는 방식을 고려해야 한다.

② [전 처리] 생체 정보 수집 단계에서 얻은 영상에서 홍채의 불규칙한 무늬가 나타난 부분만을 분리하는 과정이 필요하다.

③ [전 처리] 홍채의 불규칙한 무늬가 선명하게 드러날 수 있도록 생체 정보 수집 단계에서 얻은 영상을 보정해야 한다.

④ [특징 데이터 추출] 홍채 근육에 의해 동공의 크기가 달라진다는 점을 고려하여 홍채에서 동공이 차지하는 비율을 특징 데이터로 추출해야 한다.

⑤ [정합] 등록된 홍채의 특징 데이터와 조회하려는 홍채의 특징 데이터 사이의 유사도를 판정하는 기준치가 정해져 있어야 한다.

3. 다음 글을 통해 알 수 있는 내용이 아닌 것은?

　　오늘날 인류가 왼손보다 오른손을 선호하는 경향은 어디서 비롯되었을까? 무기를 들고 싸우는 결투에서 오른손잡이는 왼손잡이 상대를 만나 곤혹을 치르곤 한다. 왼손잡이 적수가 무기를 든 왼손은 뒤로 감춘 채 오른손을 내밀어 화해의 몸짓을 보이다가 방심한 틈에 공격을 할 수도 있다. 그러나 이런 상황이 왼손에 대한 폭넓고 뿌리 깊은 반감을 다 설명해 준다고는 생각하지 않는다. 예컨대 그런 종류의 겨루기와 거의 무관했던 여성들의 오른손 선호는 어떻게 설명할 것인가?

　　오른손을 귀하게 여기고 왼손을 천대하는 현상은 어쩌면 산업화 이전 사회에서 배변 후 사용할 휴지가 없었다는 사실과 관련이 있을 법하다. 인류 역사에서 대부분의 기간 동안 배변 후 뒤처리를 담당한 것은 맨손이었다. 맨손으로 배변 뒤처리를 하는 것은 불쾌할뿐더러 병균을 옮길 위험을 수반하는 일이었다. 이런 위험의 가능성을 낮추는 간단한 방법은 음식을 먹거나 인사할 때 다른 손을 사용하는 것이었다. 기술 발달 이전의 사회에서는 대개 왼손을 배변 뒤처리에, 오른손을 먹고 인사하는 일에 사용했다. 이런 전통에서 벗어난 행동을 보면 사람들은 기겁하지 않을 수 없었다. 오른손과 왼손의 역할 분담에 관한 관습을 따르지 않는 어린아이는 벌을 받았을 것이다.

나는 이런 배경이 인간 사회에서 널리 나타나는 '오른쪽'에 대한 긍정과 '왼쪽'에 대한 반감을 어느 정도 설명해 줄 수 있으리라고 생각한다. 그러나 이 설명은 왜 애초에 오른손이 먹는 일에, 그리고 왼손이 배변 처리에 사용되었는지 설명해주지 못한다. 확률로 말하자면 왼손이 배변 처리를 담당하게 될 확률은 1/2이다. 그렇다면 인간 사회 가운데 절반 정도는 왼손잡이 사회였어야 할 것이다. 그러나 동서양을 막론하고 왼손잡이 사회는 확인된 바 없다. 세상에는 왜 온통 오른손잡이 사회들뿐인지에 대한 근본적인 설명은 다른 곳에서 찾아야 할 것 같다.

한쪽 손을 주로 쓰는 경향은 뇌의 좌우반구의 기능 분화와 관련되어 있는 것으로 보인다. 보고된 증거에 따르면, 왼손잡이는 읽기와 쓰기, 개념적·논리적 사고 같은 좌반구 기능에서 오른손잡이보다 상대적으로 미약한 대신 상상력, 패턴 인식, 창의력 등 전형적인 우반구 기능에서는 상대적으로 기민한 경우가 많다.

비비원숭이의 두개골 화석을 연구함으로써 오스트랄로피테쿠스가 어느 손을 즐겨 썼는지를 추정할 수 있다. 이들이 비비원숭이를 몽둥이로 때려서 입힌 상처의 흔적이 남아 있기 때문이다. 연구에 따르면 오스트랄로피테쿠스는 약 80%가 오른손잡이였다. 이는 현대인과 거의 일치한다. 사람이 오른손을 즐겨 쓰듯 다른 동물들도 앞발 중에 더 선호하는 쪽이 있는데, 포유류에 속하는 동물들은 대개 왼발을 즐겨 쓰는 것으로 나타났다. 이들 동물에서도 뇌의 좌우반구 기능은 인간과 본질적으로 다르지 않으며, 좌우반구의 신체 제어에서 좌우 교차가 일어난다는 점도 인간과 다르지 않다.

왼쪽과 오른쪽의 대결은 인간이라는 종의 먼 과거까지 거슬러 올라간다. 나는 이성대 직관의 힘겨루기, 뇌의 두 반구 사이의 힘겨루기가 오른손과 왼손의 힘겨루기로 표면화된 것이 아닐까 생각한다. 즉 오른손이 원래 왼손보다 더 능숙했기 때문이 아니라 뇌의 좌반구가 인간의 행동을 지배하는 권력을 갖게 되었기 때문에 오른손 선호에 이르렀다는 생각이다. 그리고 이것이 사실이라면 직관적 사고에 대한 논리적 비판은 거시적 관점에서 그 타당성을 의심해볼 만하다. 어쩌면 뇌의 우반구 역시 좌반구의 권력을 못마땅하게 여기고 있는지도 모른다. 다만 논리적인 언어로 반론을 펴지 못할 뿐.

① 위생에 관한 관습은 명문화된 규범 없이도 형성될 수 있다.

② 직관적 사고보다 논리적 사고가 인간의 행위를 더 강하게 지배해 왔다고 볼 수 있다.

③ 인류를 제외한 대부분의 포유류의 경우에는 뇌의 우반구가 좌반구와의 힘겨루기에서 우세하다고 볼 수 있다.

④ 먹는 손과 배변을 처리하는 손이 다르게 된 이유는 먹는 행위와 배변 처리 행위에 요구되는 뇌 기능이 다르기 때문이다.

⑤ 왼손을 천대하는 관습이 가져다주는 이익이 있다고 해서 오른손잡이가 왼손잡이보다 압도적으로 많은 이유가 설명되는 것은 아니다.

ANSWER 2.④ 3.④

4. 다음 글에 대한 이해로 옳지 않은 것은?

청소년 자녀를 키우는 부모의 피할 수 없는 고민 중 하나는 바로 게임일 것이다. 요즘의 청소년은 인공지능(AI)과 같은 디지털 기술을 놀이로 체험하고 증강현실에 익숙한 세대이다. 게임이라는 사이버 공간에서 친구를 사귀는 것 역시 자연스럽다.

이에 대해 기성세대들은 우려가 크다. 사이버 범죄에 고스란히 노출될 뿐만 아니라 아직은 통제능력이 부족한 청소년들이 일상생활이 불가할 정도로 자극적인 게임에 중독되기 때문이다. 실제로 청소년 게임 중독 현상이 사회적 문제로 크게 대두되어 정부에서는 이른바 게임 셧다운제를 도입하기도 했다. 하지만 셧다운제의 도입은 게임 산업의 위축을 야기하고 더 이상 시대 흐름에 맞지 않은 제도라는 지적이 잇따르자 지난 10년간 시행하던 셧다운제를 폐지하고 자율적으로 선택하는 '게임시간 선택제'를 시행하기로 했다.

게임 이용 환경은 PC 위주의 게임에서 모바일 게임으로 변화하였다. 지난 해, 청소년 345명을 대상으로 시행한 게임 이용 분야 조사에 따르면 모바일 게임이 90.1%, PC게임은 64.3%를 차지했다. 4차 산업혁명의 시대와 더불어 e스포츠 및 게임 산업 발전은 자연스러운 시대의 흐름이며 이를 일방적으로 제한할 수는 없는 것이다.

강한 통제는 더 큰 범죄와 중독을 불러일으킬 수 있다. 실제로 셧다운제를 시행하면서 청소년들 사이에서는 타인의 명의를 빌려 게임하는 일이 적지 않았다. 이에 따른 부가적인 범죄는 물론, 자신을 통제하는 능력과 도덕적 신념 역시 지향하기 어려워질 것이다. 앞으로 계속해서 메타버스, 인공지능(AI) 등의 디지털 환경이 구축될 것이고 다양한 매체가 생겨날 텐데 더 이상 기성세대가 하지 말라고 통제하고 관리할 수 있는 부분이 아니다. 스스로 조절하는 능력을 키우는 것이 중요하다.

① 청소년들의 게임 중독 현상으로 게임 셧다운제가 도입되었다.
② PC게임에서 모바일 게임 이용자 수가 더 많아졌다.
③ 4차 산업혁명의 자연스러운 시대 흐름을 제한할 수는 없다.
④ 청소년들이 심야시간에 이용할 수 있는 매체가 다양해졌다.
⑤ 정부의 통제보다 자기조절능력을 키우는 것이 중요하다.

5. 다음 글을 순서에 맞게 배열한 것은?

㉠ 예를 들어 우리나라는 머리가 나쁜 경우 '돌머리'라고 표현하지만 영어권에서는 '호박머리'라고 표현한다. 또 우리나라는 '고사리 손'은 어린 아이의 작은 손을 의미하지만 일본에서는 노인의 손을 의미한다. 이렇든 문화적으로 공감대가 형성되어 있어야 이해할 수 있는 것이다.

㉡ 또 '돼지'는 식탐이 많고 덩치가 큰 사람에게 '돼지같다'라고 부정적으로 표현하는 한편, 재물을 의미하기도 한다. 때문에 고사를 지낼 때도 돼지머리를 올리며 돼지꿈을 꾸었다고 하면 복권을 사라고 한다.

㉢ 비유는 문화의 정수라고 할 정도로 심오한 측면이 있다. 비유는 말하고자 하는 대상을 다른 대상에 빗대어 말하는 것으로, 같은 문화를 공유하는 관계여야 이를 이해할 수 있다. 상대방이 비유를 듣고 이해하지 못한다면 의사소통에 실패한 것이다.

㉣ 동물의 경우 12간지에 주로 빗대어 표현하는데 대표적으로 '개'와 '돼지'가 있다. 개를 비유할 때 흥미로운 점은 주로 부정적으로 표현한다는 것이다. 우리가 생각하는 개의 이미지는 충직함, 친근함인 데 반해 어떤 대상이나 상황이 마음에 들지 않을 때 '개같다'는 표현을 한다.

㉤ 우리나라는 특히 신체와 동물, 식물과 자연 등에 비유하는 표현이 많은데, 신체 가운데 가장 많이 쓰이는 부위를 고르자면 '눈에 밟힌다', '눈이 감긴다', '콧대가 높다', '입이 짧다', '입이 거칠다'에서 알 수 있듯이, 머리와 입이라고 할 수 있다.

---

① ㉠㉡㉢㉣㉤

② ㉠㉤㉣㉢㉡

③ ㉡㉤㉠㉢㉣

④ ㉢㉠㉤㉣㉡

⑤ ㉢㉤㉣㉡㉠

6. 〈보기 1〉에 제시된 네 가지 시각으로 〈보기 2〉 평가를 하는 경우 가장 적절한 평가는?

보기 1

과거에 일어난 금융위기에 대해 많은 연구가 진행되었어도 그 원인에 대해 의견이 모아지지 않는 경우가 대부분이다. 이것은 금융위기가 여러 차원의 현상이 복잡하게 얽혀 발생하는 문제이기 때문이기도 하지만, 사람들의 행동이나 금융 시스템의 작동 방식을 이해하는 시각이 다양하기 때문이기도 하다. 은행위기를 중심으로 금융위기에 관한 주요 시각을 다음과 같은 네 가지로 분류할 수 있다. 이들이 서로 배타적인 것은 아니지만 주로 어떤 시각에 기초해서 금융위기를 이해하는가에 따라 그 원인과 대책에 대한 의견이 달라진다고 할 수 있다.

우선, 은행의 지불능력이 취약하다고 많은 예금주들이 예상하게 되면 실제로 은행의 지불능력이 취약해지는 현상, 즉 ㉠'자기 실현적 예상'이라 불리는 현상을 강조하는 시각이 있다. 예금주들이 예금을 인출하려는 요구에 대응하기 위해 은행이 예금의 일부만을 지급준비금으로 보유하는 부분준비제도는 현대 은행 시스템의 본질적 측면이다. 이 제도에서는 은행의 지불능력이 변화하지 않더라도 예금주들의 예상이 바뀌면 예금 인출이 쇄도하는 사태가 일어날 수 있다. 예금은 만기가 없고 선착순으로 지급하는 독특한 성격의 채무이기 때문에, 지불능력이 취약해져서 은행이 예금을 지급하지 못할 것이라고 예상하게 된 사람이라면 남보다 먼저 예금을 인출하는 것이 합리적이기 때문이다. 이처럼 예금 인출이 쇄도하는 상황에서 예금 인출 요구를 충족시키려면 은행들은 현금 보유량을 늘려야 한다. 이를 위해 은행들이 앞다투어 채권이나 주식, 부동산과 같은 자산을 매각하려고 하면 자산 가격이 하락하게 되므로 은행들의 지불능력이 실제로 낮아진다.

둘째, ㉡은행의 과도한 위험 추구를 강조하는 시각이 있다. 주식회사에서 주주들은 회사의 모든 부채를 상환하고 남은 자산의 가치에 대한 청구권을 갖는 존재이고 통상적으로 유한책임을 진다. 따라서 회사의 자산 가치가 부채액보다 더 커질수록 주주에게 돌아올 이익도 커지지만, 회사가 파산할 경우에 주주의 손실은 그 회사의 주식에 투자한 금액으로 제한된다. 이러한 ⓐ비대칭적인 이익 구조로 인해 수익에 대해서는 민감하지만 위험에 대해서는 둔감하게 된 주주들은 고위험 고수익 사업을 선호하게 된다. 결과적으로 주주들이 더 높은 수익을 얻기 위해 감수해야 하는 위험을 채권자에게 전가하는 것인데, 자기자본비율이 낮을수록 이러한 동기는 더욱 강해진다. 은행과 같은 금융 중개 기관들은 대부분 부채비율이 매우 높은 주식회사 형태를 띤다.

셋째, ㉢은행가의 은행 약탈을 강조하는 시각이 있다. 전통적인 경제 이론에서는 은행의 부실을 과도한 위험 추구의 결과로 이해해왔다. 하지만 최근에는 은행가들에 의한 은행 약탈의 결과로 은행이 부실해진다는 인식도 ⓑ강해지고 있다. 과도한 위험 추구는 은행의 수익률을 높이려는 목적으로 은행의 재무 상태를 악화시킬 위험이 큰 행위를 은행가가 선택하는 것이다. 이에 비해 은행 약탈은 은행가가 자신에게 돌아올 이익을 추구하여 은행에 손실을 초래하는 행위를 선택하는 것이다. 예를 들어 은행가들이 자신이 지배하는 은행으로부터 남보다 유리한 조건으로 대출을 받는다거나, 장기적으로 은행에 손실을 초래할 것을 알면서도 자신의 성과급을 높이기 위해 단기적인 성과만을 추구하는 행위 등은, 지배주주나 고위 경영자의 지위를 가진 은행가가 은행에 대한 지배력을 사적인 이익을 위해 사용한다는 의미에서 약탈이라고 할 수 있다.

넷째, ②이상 과열을 강조하는 시각이 있다. 위의 세 가지 시각과 달리 이 시각은 경제 주체의 행동이 항상 합리적으로 이루어지는 것은 아니라는 관찰에 기초하고 있다. 예컨대 많은 사람이 자산 가격이 일정 기간 상승하면 앞으로도 계속 상승할 것이라 예상하고, 일정 기간 하락하면 앞으로도 계속 하락할 것이라 예상하는 경향을 보인다. 이 경우 자산 가격 상승은 부채의 증가를 낳고 이는 다시 자산 가격의 더 큰 상승을 낳는다. 이러한 상승 작용으로 인해 거품이 커지는 과정은 경제 주체들의 부채가 과도하게 늘어나 금융 시스템을 취약하게 만들게 되므로, 거품이 터져 금융 시스템이 붕괴하고 금융위기가 일어날 현실적 조건을 강화시킨다.

보기 2

1980년대 후반에 A국에서 장기 주택담보 대출에 전문화한 은행인 저축대부조합들이 대량 파산하였다. 이 사태와 관련하여 다음과 같은 사실들이 주목받았다.
- 1970년대 이후 석유 가격 상승으로 인해 부동산 가격이 많이 오른 지역에서 저축대부조합들의 파산이 가장 많았다.
- 부동산 가격의 상승을 보고 앞으로도 자산 가격의 상승이 지속될 것을 예상하고 빚을 얻어 자산을 구입하는 경제 주체들이 늘어났다.
- A국의 정부는 투자 상황을 낙관하여 저축대부조합이 고위험채권에 투자할 수 있도록 규제를 완화하였다.
- 예금주들이 주인이 되는 상호회사 형태였던 저축대부조합들 중 다수가 1980년대에 주식회사 형태로 전환하였다.
- 파산 전에 저축대부조합의 대주주와 경영자들에 대한 보상이 대폭 확대되었다.

① 최 팀장 : ③은 위험을 감수하고 고위험채권에 투자한 정도와 고위 경영자들에게 성과급 형태로 보상을 지급한 정도가 비례했다는 점을 들어, 은행의 고위 경영자들을 비판할 것이다.
② 박 과장 : ⓒ은 부동산 가격 상승에 대한 기대 때문에 예금주들이 책임질 수 없을 정도로 빚을 늘려 은행이 위기에 빠진 점을 들어, 예금주의 과도한 위험 추구 행태를 비판할 것이다.
③ 김 대리 : ⓒ은 저축대부조합들이 주식회사로 전환한 점을 들어, 고위험채권 투자를 감행한 결정이 궁극적으로 예금주의 이익을 더욱 증가시켰다고 은행을 옹호할 것이다.
④ 홍 부장 : ⓒ은 저축대부조합이 정부의 규제 완화를 틈타 고위험채권에 투자하는 공격적인 경영을 한 점을 들어, 저축대부조합들의 행태를 용인한 예금주들을 비판할 것이다.
⑤ 이 과장 : ②은 차입을 늘린 투자자들, 고위험채권에 투자한 저축대부조합들, 규제를 완화한 정부 모두 낙관적인 투자 상황이 지속될 것이라고 예상한 점을 들어, 그 경제 주체 모두를 비판할 것이다.

ANSWER 6.⑤

7. 다음 글을 통해 답을 찾을 수 없는 질문은?

　　사진은 자신의 주관대로 끌고 가야 한다. 일정한 규칙이 없는 사진 문법으로 의사소통을 하고자 할 때 필요한 것은 대상이 되는 사물의 객관적 배열이 아니라 주관적 조합이다. 어떤 사물을 어떻게 조합해서 어떤 생각이나 느낌을 나타내는가 하는 것은 작가의 주관적 판단에 의할 수밖에 없다. 다만 철저하게 주관적으로 엮어야 한다는 것만은 확실하다.

　　주관적으로 엮고, 사물을 조합한다고 해서 소위 '만드는 사진'처럼 합성을 하고 이중촬영을 하라는 뜻은 아니다. 특히 요즈음 디지털 사진이 보편화되면서 포토샵을 이용한 합성이 많이 보이지만, 그런 것을 권하려는 것이 아니다. 사물을 있는 그대로 찍되, 주위 환경과 어떻게 어울리게 하여 어떤 의미로 살려 낼지를 살펴서 그들끼리 연관을 지을 줄 아는 능력을 키우라는 뜻이다.

　　사람들 중에는 아직도 사진이 객관적인 매체라고 오해하는 사람들이 퍽 많다. 그러나 사진의 형태만 보면 객관적일 수 있지만, 내용으로 들어가 보면 객관성은 한 올도 없다. 어떤 대상을 찍을 것인가 하는 것부터가 주관적인 선택 행위이다. 아름다움을 표현하기 위해서 꽃을 찍는 사람이 있는가 하면 꽃 위를 나는 나비를 찍는 사람도 있을 것이고 그 곁의 여인을 찍는 사람도 있을 것이다. 이처럼 어떤 대상을 택하는가 하는 것부터가 주관적인 작업이며, 이것이 사진이라는 것을 머리에 새겨 두고 사진에 임해야 한다. 특히 그 대상을 어떻게 찍을 것인가로 들어가면 이제부터는 전적으로 주관적인 행위일 수밖에 없다. 렌즈의 선택, 셔터 스피드나 조리개 값의 결정, 대상과의 거리 정하기 등 객관적으로는 전혀 찍을 수 없는 것이 사진이다. 그림이나 조각만이 주관적 예술은 아니다.

　　때로 객관적이고자 하는 마음으로 접근할 수도 있기는 하다. 특히 다큐멘터리 사진의 경우 상황을 객관적으로 파악, 전달하고자 하는 마음은 이해가 되지만, 어떤 사람도 완전히 객관적으로 접근할 수는 없다. 그 객관이라는 것도 그 사람 입장에서의 객관이지 절대적 객관이란 이 세상에 있을 수가 없는 것이다. 더구나 예술로서의 사진으로 접근함에 있어서야 말할 것도 없는 문제이다. 객관적이고자 하는 시도도 과거의 예술에서 있기는 했지만, 그 역시 객관적이고자 실험을 해 본 것일 뿐 객관적 예술을 이루었다는 것은 아니다.

　　예술이 아닌 단순 매체로서의 사진이라 해도 객관적일 수는 없다. 그 이유는 간단하다. 사진기가 저 혼자 찍으면 모를까, 찍는 사람이 있는 한 그 사람의 생각과 느낌은 어떻게든지 그 사진에 작용을 한다. 하다못해 무엇을 찍을 것인가 하는 선택부터가 주관적인 행위이다. 더구나 예술로서, 창작으로서의 사진은 주관을 배제하고는 존재조차 할 수 없다는 사실을 깊이 새겨서, 언제나 '나는 이렇게 보았다. 이렇게 생각한다. 이렇게 느꼈다.'라는 점에 충실하도록 노력해야 할 것이다.

① 사진의 주관성을 염두에 두어야 하는 까닭은 무엇인가?
② 사진으로 의사소통을 하고자 할 때 필요한 것은 무엇인가?
③ 단순 매체로서의 사진도 객관적일 수 없는 까닭은 무엇인가?
④ 사진의 객관성을 살리기 위해서는 구체적으로 어떤 작업을 해야 하는가?
⑤ 사진을 찍을 때 사물을 주관적으로 엮고 조합하라는 것은 어떤 의미인가?

8. 다음 글의 밑줄 친 ㉠ ~ ㉤ 중, 전체 글의 문맥과 논리적으로 어울리지 않는 의미를 포함하고 있는 것은 어느 것인가?

정부의 지방분권 강화의 흐름은 에너지 정책 측면에서도 매우 시의적절해 보인다. 왜냐하면 현재 정부가 강력히 추진 중인 에너지전환정책의 성공 여부는 그 특성상 지자체의 협력과 역할에 달려 있기 때문이다.

현재까지의 중앙 정부 중심의 에너지 정책은 필요한 에너지를 값싸게 충분히 안정적으로 공급한다는 공급관리 목표를 달성하는데 매우 효율적이었다고 평가할 수 있다. 또한 중앙 정부 부처가 주도하는 현재의 정책 결정 구조는 에너지공급 설비와 비용을 최소화할 수 있으며, ㉠ 일관된 에너지 정책을 추구하여 개별 에너지 정책들 간의 충돌을 최소화할 수 있는 장점이 있다. 사실, 특정지역 대형설비 중심의 에너지 정책을 추진할 때는 지역 경제보다는 국가경제 차원의 비용편익 분석이 타당성을 확보할 수 있고, 게다가 ㉡ 사업 추진 시 상대해야 할 민원도 특정지역으로 한정되는 경우가 많기 때문에 중앙정부 차원에서의 정책 추진이 효율적일 수 있다.

그러나 신재생에너지 전원과 같이 소규모로 거의 전 국토에 걸쳐 설치되어야 하는 분산형 전원 비중이 높아지는 에너지전환정책 추진에는 사정이 달라진다. 중앙 정부는 실제 설비가 들어서는 수많은 개별 지역의 특성을 세심히 살펴 추진할 수 없어 소규모 전원의 전국적 관리는 불가능하다. 실제로 현재 태양광이나 풍력의 보급이 지체되는 가장 큰 이유로 지자체의 인허가 단계에서 발생하는 다양한 민원이 지적되고 있다. 중앙정부 차원에서 평가한 신재생에너지의 보급 잠재력이 아무리 많아도, 실제 사업단계에서 부딪치는 다양한 어려움을 극복하지 못하면 보급 잠재력은 허수에 지나지 않게 된다. 따라서 ㉢ 소규모 분산전원의 확대는 거시적 정책이 아니라 지역별 특성을 세심히 고려한 미시적 정책에 달려 있다고 해도 지나치지 않다. 당연히 지역 특성을 잘 살필 수 있는 지자체가 분산 전원 확산에 주도권을 쥐는 편이 에너지전환정책의 성공에 도움이 될 수 있다.

이뿐만 아니라 경제가 성장하면서 에너지소비 구조도 전력, 도시가스, 지역난방 등과 같은 네트워크에너지 중심으로 변화하다 보니 지역별 공급비용에 대한 불균형을 고려해 ㉣ 지역별 요금을 단일화해야 한다는 목소리도 점점 커지고 있고, 환경과 안전에 대한 국민들의 인식도 과거와 비교해 매우 높아져 이와 관련한 지역 사안에 관심도 커지고 있다. 이러한 변화는 때로는 지역 간 갈등으로 혹은 에너지시설 건설에 있어 님비(NIMBY)현상 등으로 표출되기도 한다. 모두 지역의 특성을 적극적으로 감안하고 지역주민들의 의견을 모아 해결해야 할 사안이다. 당연히 중앙정부보다 지자체가 훨씬 잘 할 수 있는 영역이다.

하지만 중앙정부의 역할이 결코 축소되어서는 안 된다. 소규모 분산전원이 확대됨에 따라 에너지공급의 안정성을 유지하기 위해 현재보다 더 많은 에너지 설비가 요구될 수 있으며 설비가 소형화되면서 공급 비용과 비효율성이 높아질 우려도 있기 때문이다. ㉤ 따라서 지역 간 에너지시스템을 연계하는 등 공급 효율성을 높이기 위해 지자체 간의 협력과 중앙정부의 조정기능이 더욱 강조되어야 한다. 에너지전환정책은 중앙정부와 지자체 모두의 에너지 정책 수요를 증가시키고 이들 간의 협력의 필요성을 더욱 요구할 것이다.

① ㉠

② ㉡

③ ㉢

④ ㉣

⑤ ㉤

9. 다음은 '원자재 가격 상승에 따른 문제점과 대책'에 관한 글을 쓰기 위해 작성한 개요이다. 논지 전개상 적절하지 않은 것은?

> Ⅰ. 서론 : 원자재 가격 상승의 현황
>   국제 시장에서 원자재 가격이 연일 최고가를 경신하는 상황을 언급함 …… ⓐ
> Ⅱ. 본론
>   1. 원자재 가격 상승에 따른 문제점
>   가. 경제적 측면 : 상품의 가격 상승으로 수출 둔화, 수출 상품의 경쟁력 상실, 외국 바이어 방문의
>   감소 … ⓑ
>   나. 사회적 측면 : 내수 부진으로 소비 생활 위축, 경기 침체로 실업자 증가, 소득 감소로 가계 소
>   비의 위축 …… ⓒ
>   2. 원자재 가격 상승에 대한 대책
>   가. 경제적 측면 : 수출 경쟁력 확보를 위한 노력, 품질이 뛰어난 신상품 개발, 새로운 시장 개척으
>   로 판로 확보 …… ⓓ
>   나. 사회적 측면 : 소비 활성화 정책 시행, 수입 원자재에 대한 과세 강화 …… ⓔ
> Ⅲ. 결론 : 경쟁력 확보와 소비 활성화 방안 모색
>   수출 경쟁력을 확보하고 소비 활성화를 위한 정책을 시행함

① ⓐ

② ⓑ

③ ⓒ

④ ⓓ

⑤ ⓔ

10. 다음 제시된 글의 주제로 가장 적합한 것은?

> 만약 영화관에서 영화가 재미없다면 중간에 나오는 것이 경제적일까, 아니면 끝까지 보는 것이 경제적일까? 아마 지불한 영화 관람료가 아깝다고 생각한 사람은 영화가 재미없어도 끝까지 보고 나올 것이다. 과연 그러한 행동이 합리적일까? 영화관에 남아서 영화를 계속 보는 것은 영화관에 남아 있으면서 기회비용을 포기하는 것이다. 이 기회비용은 영화관에서 나온다면 할 수 있는 일들의 가치와 동일하다. 영화관에서 나온다면 할 수 있는 유용하고 즐거운 일들은 얼마든지 있으므로, 영화를 계속 보면서 치르는 기회비용은 매우 크다고 할 수 있다. 결국 영화관에 남아서 재미없는 영화를 계속 보는 행위는 더 큰 기회와 잠재적인 이익을 포기하는 것이므로 합리적인 경제 행위라고 할 수 없다.
>
> 경제 행위의 의사 결정에서 중요한 것은 과거의 매몰비용이 아니라 현재와 미래의 선택기회를 반영하는 기회비용이다. 매몰비용이 발생하지 않도록 신중해야 한다는 교훈은 의미가 있지만 이미 발생한 매몰비용, 곧 돌이킬 수 없는 과거의 일에 얽매이는 것은 어리석은 짓이다. 과거는 과거일 뿐이다. 지금 얼마를 손해 보았는지가 중요한 것이 아니라, 지금 또는 앞으로 얼마나 이익을 또는 손해를 보게 될지가 중요한 것이다. 매몰비용은 과감하게 잊어버리고, 현재와 미래를 위한 삶을 살 필요가 있다. 경제적인 삶이란, 실패한 과거에 연연하지 않고 현재를 합리적으로 사는 것이기 때문이다.

① 돌이킬 수 없는 과거의 매몰비용에 얽매이는 것은 어리석은 짓이다.

② 경제 행위의 의사결정에서 중요한 것은 미래의 선택기회를 반영하는 기회비용이다.

③ 매몰비용은 과감하게 잊어버리고, 기회비용을 고려할 필요가 있다.

④ 실패한 과거에 연연하지 않고 현재를 합리적으로 사는 경제적인 삶을 살아가는 것이 중요하다.

⑤ 기회비용을 고려하지 않아도 된다.

ANSWER 9.⑤ 10.④

11. 다음 글을 읽고 이에 관련한 내용으로 보기 가장 어려운 것을 고르면?

현대는 소비의 시대다. 소비가 하나의 이데올로기가 된 세상이다. 소비자들은 쏟아져 나오는 여러 상품들을 선택하는 행위를 통해 욕구 충족을 할 뿐 아니라 개인의 개성과 정체성을 형성한다. 소비가 인간을 만드는 것이다. 그뿐 아니다. 다른 사람의 소비를 보면서 그를 평가하기도 한다. 그 사람이 무엇을 소비하느냐에 따라 그 사람의 값을 매긴다.

거기서 자연스럽게 배태되는 게 바로 유행이다. 온통 소비에 신경을 쓰다 보니 유명인이나 트렌드 세터들이 만들어내는 소비패턴에 민감하다. 옷이든 장신구든 아니면 먹거리든 간에 이런 유행을 타지 않은 게 드물 정도다. 유행을 따르지 않으면 어딘지 시대에 뒤지고 소외되는 것 같은 강박관념이 사람들을 짓누르고 있다.

문제는 유행이 무척 짧은 수명을 갖는다는 것이다. 옷 같은 경우는 일 년이 멀다하고 새로운 패션이 밀려온다. 소비시장이 그만큼 다양화, 개성화, 전문화됐다는 뜻이다. 제대로 유행의 첨단에 서자면 정신이 달아날 지경일 것이다.

원래 제품 수명주기이론에서는 제품이 태어나 사라질 때까지를 보통 3 ~ 5년 정도로 본다. 즉 도입기와 성장기 - 성숙기 - 쇠퇴기를 거치는 데 몇 년 정도는 걸린다는 설명이다. 상품의 생명력이 이 정도 유지되는 게 정상이다. 그래야 생산자들도 어느 정도 이 속도에 맞춰 신상품을 개발하는 등 마케팅 전략을 세울 수 있다.

그런데 최근 풍조는 상품 수명이 1년을 넘기지 못하는 경우가 잦다고 한다. 소득이 늘면서 유행에 목을 매다보니 남보다 한 발짝이라도 빨리 가고 싶은 욕망이 생기고 그것이 유행의 주기를 앞당기는 것이다. 한때 온 나라를 떠들썩하게 했던 아웃도어 열풍이 급격히 식어가고 있다는 보도다. 업계에 따르면 국내 아웃도어 시장 규모는 2014년 7조 4,000억 원을 정점으로 급격한 내림세에 접어들었다. 작년 백화점 등 유통업체들은 아웃도어에서 6 ~ 9% 마이너스 성장을 했다. 업체들은 일부 브랜드를 접고 감원에 들어가는가 하면 백화점에서도 퇴점하는 사례가 증가하고 있다.

과거에도 하얀국물 라면 등 음식이나 패션 등 일부 상품에서 빠른 트렌드 변화가 읽혔다. 소비자 요구는 갈수록 복잡다단해지고 기업이 이에 적응하는 데는 한계가 있는 것이다. 피곤한 것은 기업 쪽이다. 한편으로는 갈수록 부박해지는 소비문화가 걱정스럽기도 하다. 환경보호 등 여러 측면에서 소비가 미덕인 시대는 아닌 것 같기 때문이다.

---

① 사람들은 제품구매를 통해 니즈를 충족하고 그들의 개성을 형성하게 된다.

② 현대에 들어 분야를 막론하고 유행을 좇지 않는 게 거의 없다.

③ 제품수명주기는 도입기 - 성장기 - 성숙기 - 쇠퇴기의 4단계를 겪게 된다.

④ 빠른 트렌드의 변화로 인해 소비자들의 욕구충족이 되는 반면에 기업의 경우에는 이에 맞추기 위해 상당히 피곤해진다.

⑤ 소득이 증가하면서 제품의 유행주기가 점차적으로 느리게 된다.

|12 ~ 13| 다음 글을 읽고 물음에 답하시오.

　　컴퓨터의 CPU가 어떤 작업을 수행하는 것은 CPU의 '논리 상태'가 시간에 따라 바뀌는 것을 말한다. 가령 Z ＝X＋Y의 연산을 수행하려면 CPU가 X와 Y에 어떤 값을 차례로 저장한 다음, 이것을 더하고 그 결과를 Z에 저장하는 각각의 기능을 순차적으로 진행해야 한다. CPU가 수행할 수 있는 기능은 특정한 CPU의 논리 상태와 일대일로 대응되어 있으며, 프로그램은 수행하고자 하는 작업의 진행에 맞도록 CPU의 논리 상태를 변경한다. 이를 위해 CPU는 현재 상태를 저장하고 이것에 따라 해당 기능을 수행할 수 있는 부가 회로도 갖추고 있다. 만약 CPU가 가지는 논리 상태의 개수가 많아지면 한 번에 처리할 수 있는 기능이 다양해진다. 따라서 처리할 데이터의 양이 같다면 이를 완료하는 데 걸리는 시간이 줄어든다.

　　논리 상태는 2진수로 표현되는데 논리 함수를 통해 다른 상태로 변환된다. 논리 소자가 연결된 조합 회로는 논리 함수의 기능을 가지는데, 조합 회로는 논리 연산은 가능하지만 논리 상태를 저장할 수는 없다. 어떤 논리 상태를 '저장'한다는 것은 2진수 정보의 시간적 유지를 의미하는데, 외부에서 입력이 유지되지 않더라도 입력된 정보를 논리 회로 속에 시간적으로 가둘 수 있어야 한다.

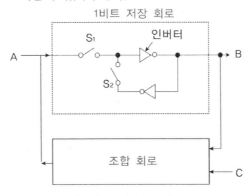

1비트 저장 회로

〈그림〉 순차 논리 회로

　　인버터는 입력이 0일 때 1을, 1일 때 0을 출력하는 논리 소자이다. 〈그림〉의 점선 내부에 표시된 '1비트 저장 회로'를 생각해보자. 이 회로에서 스위치 S_1은 연결하고 스위치 S_2는 끊은 채로 A에 정보를 입력한다. 그런 다음 S_2를 연결하면 S_1을 끊더라도 S_2를 통하는 ㉠ 피드백 회로에 의해 A에 입력된 정보와 반대되는 값이 지속적으로 B에 출력된다. 따라서 이 회로는 0과 1중 1개의 논리 상태, 즉 1비트의 정보를 저장할 수 있다. 이러한 회로가 2개가 있다면 00, 01, 10, 11의 4가지 논리 상태, n개가 있다면 2^n가지의 논리 상태 중 1개를 저장할 수 있다.

　　그렇다면 논리 상태의 변화는 어떻게 일어날까? 이제 〈그림〉과 같이 1비트 저장 회로와 조합 회로로 구성되는 '순차 논리 회로'를 생각해보자. 이 회로에서 조합 회로는 외부 입력 C와 저장 회로의 출력 B를 다시 입력으로 되받아, 내장된 논리 함수를 통해 논리 상태를 변환하고, 이를 다시 저장 회로의 입력과 연결하는 ㉡ 피드백 회로를 구성한다. 예를 들어 조합 회로가 두 입력이 같을 때는 1을, 그렇지 않을 경우 0을 출력한다고 하자. 만일 B에서 1이 출력되고 있을 때 C에 1이 입력된다면 조합 회로는 1을 출력하게 된다. 이때 외부에서 어떤 신호를 주어 S_2가 열리자마자 S_1이 닫힌 다음 다시 S_2가 닫히고 S_1이 열리는 일련의 스위치 동작이 일어나도록 하면,

조합 회로의 출력은 저장 회로의 입력과 연결되어 있으므로 B에서 출력되는 값은 0으로 바뀐다. 그런 다음 C의 값을 0으로 바꾸어주면, 일련의 스위치 동작이 다시 일어나더라도 B의 값은 바뀌지 않는다. 하지만 C에 다시 1을 입력하고 일련의 스위치 동작이 일어나도록 하면 B의 출력은 1로 바뀐다. 따라서 C에 주는 입력에 의해 저장 회로가 출력하는 논리 상태를 임의로 바꿀 수 있다.

[A]
만일 이 회로에 2개의 1비트 저장 회로를 병렬로 두어 출력을 2비트로 확장하면 00 ~ 11의 4가지 논리 상태 중 1개를 출력할 수 있다. 조합 회로의 외부 입력도 2비트로 확장하면 조합 회로는 저장 회로의 현재 출력과 합친 4비트를 입력받게 된다. 이를 내장된 논리 함수에 의해 다시 2비트 출력을 만들어 저장 회로의 입력과 연결한다. 이와 같이 2비트로 확장된 순차 논리 회로에서 외부 입력을 주고 스위치 동작이 일어나도록 하면, 저장 회로의 출력은 2배로 늘어난 논리 상태 중 하나로 바뀐다.

이 회로에 일정한 시간 간격으로 외부 입력을 바꾸고 스위치 동작 신호를 주면, 주어지는 외부 입력에 따라 특정한 논리 상태가 순차적으로 출력에 나타나게 된다. 이런 회로가 N비트로 확장된 대표적인 사례가 CPU이며 스위치를 동작시키는 신호가 CPU 클록이다. 회로 외부에서 입력되는 정보는 컴퓨터 프로그램의 '명령 코드'가 된다. 명령 코드를 CPU의 외부 입력으로 주고 클록 신호를 주면 CPU의 현재 논리 상태는 특정 논리 상태로 바뀐다. 이때 출력에 연결된 회로가 바뀐 상태에 해당하는 기능을 수행하게 된다. CPU 클록은 CPU의 상태 변경 속도, 즉 CPU의 처리 속도를 결정한다.

12. 기술TF에서는 윗글의 〈그림〉에 대해 논의하였다. 다음 중 적절히 이해한 사람은?

① 오 팀장 : 외부로부터 이 순차 논리 회로에 입력되는 정보는 오직 A를 통해서만 입력 가능하다.

② 차 대리 : 스위치 수가 증가하면 이 순차 논리 회로가 변경할 수 있는 논리 상태의 수는 감소하게 된다.

③ 이 주임 : 조합 회로는 A에 입력된 값을 B로 출력하는 과정에서 입력 값과 출력 값이 결과적으로 같아지게 만든다.

④ 박 대리 : 1비트 저장 회로는 외부의 정보 입력과 상관없이 정보를 논리 회로 속에 시간적으로 가두는 역할을 한다.

⑤ 김 과장 : 1비트 저장 회로에는 논리 소자가 있어서 순차 논리 회로에서 논리 함수를 통해 논리 연산 기능을 한다.

13. 기술TF에서는 [A]를 바탕으로 아래의 〈보기〉를 분석하였다. 적절하지 않은 의견을 제시한 사람은?

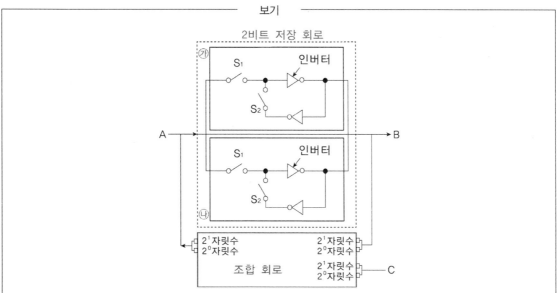

보기

2비트 저장 회로에는 두 개의 1비트 저장 회로가 병렬로 연결되어 있다. ㉮는 입력되는 2비트 정보 중 2^1 자릿수를 처리하고, ㉯는 2^0 자릿수를 처리한다. 그리고 조합 회로에 내장된 논리 함수는 2^1 자릿수와 2^0 자릿수를 따로따로 인식하여, 외부 입력 C와 저장 회로의 출력 B가 입력된 값을 비교할 때 2^1 자릿수와 2^0 자릿수를 각각 비교하여 같으면 1, 다르면 0으로 처리한 다음, 이를 각 자릿수에 따라 조합하여 2비트 정보로 출력한다. 예를 들어 C에서 〈00〉이 입력되고 B에서 〈10〉이 입력되었다면, 2^1 자릿수인 0(C)과 1(B)을 비교하여 얻은 값인 0과, 2^0 자릿수인 0(C)과 0(B)을 비교하여 얻은 값인 1을 조합하여 〈01〉을 출력하게 된다. 현재 상태에서 B는 〈01〉을 출력하였다.

① 오 팀장 : 이 순차 논리 회로의 조합 회로에는 B의 2비트와 C의 2비트 정보를 합친 총 4비트의 정보가 입력된다.

② 차 대리 : 이 순차 논리 회로에서의 저장 회로의 입력과 출력, 그리고 조합 회로의 외부 입력과 출력은 모두 2비트이다.

③ 이 주임 : C에 〈11〉를 입력하게 되면 조합 회로는 내장된 논리 함수에 따라 〈01〉을 출력하여 저장 회로로 출력한다.

④ 박 대리 : C에 〈10〉을 입력한 다음 ㉮와 ㉯에 동시에 같은 스위치 동작이 일어나게 하면 B의 출력 값은 〈11〉이 된다.

⑤ 김 과장 : 이 순차 논리 회로와 같이 2개의 1비트 저장 회로를 병렬로 연결하면 동시에 출력할 수 있는 논리 상태가 4개가 된다.

14. A, B, C, D, E 다섯 명 중 출장을 가는 사람이 있다. 출장을 가는 사람은 반드시 참을 말하고, 출장에 가지 않는 사람은 반드시 거짓을 말한다. 다음과 같이 각자 말했을 때 항상 참인 것은?

> • A : E가 출장을 가지 않는다면, D는 출장을 간다.
> • B : D가 출장을 가지 않는다면, A는 출장을 간다.
> • C : A는 출장을 가지 않는다.
> • D : 2명 이상이 출장을 간다.
> • E : C가 출장을 간다면 A도 출장을 간다.

① 최소 1명, 최대 3명이 출장을 간다.

② C는 출장을 간다.

③ E는 출장을 가지 않는다.

④ A와 C는 같이 출장을 가거나, 둘 다 출장을 가지 않는다.

⑤ A가 출장을 가면 B도 출장을 간다.

15. 다음에 제시된 세 개의 명제가 참이라고 할 때, 결론 A, B에 대한 판단으로 알맞은 것은?

> 명제 1. 강 사원이 외출 중이면 윤 사원도 외출 중이다.
> 명제 2. 윤 사원이 외출 중이 아니면 박 사원도 외출 중이 아니다.
> 명제 3. 박 사원이 외출 중이 아니면 강 사원도 외출 중이 아니다.
>
> 결론 A. 윤 사원이 외출 중이 아니면 강 사원도 외출 중이 아니다.
> 결론 B. 박 사원이 외출 중이면 윤 사원도 외출 중이다.

① A만 옳다.

② B만 옳다.

③ A, B 모두 옳다.

④ A, B 모두 옳지 않다.

⑤ 옳은지 그른지 알 수 없다.

16. 다음 글과 〈상황〉을 근거로 판단할 때 옳은 것은?

제01조
① 주택 등에서 월령 2개월 이상인 개를 기르는 경우, 그 소유자는 시장·군수·구청장에게 이를 등록하여야 한다.
② 소유자는 제1항의 개를 기르는 곳에서 벗어나게 하는 경우에는 소유자의 성명, 소유자의 전화번호, 등록번호를 표시한 인식표를 그 개에게 부착하여야 한다.

제02조
① 맹견의 소유자는 다음 각 호의 사항을 준수하여야 한다.
　　1. 소유자 없이 맹견을 기르는 곳에서 벗어나지 아니하게 할 것
　　2. 월령이 3개월 이상인 맹견을 동반하고 외출할 때에는 목줄과 입마개를 하거나 맹견의 탈출을 방지할 수 있는 적정한 이동장치를 할 것
② 시장·군수·구청장은 맹견이 사람에게 신체적 피해를 주는 경우, 소유자의 동의 없이 맹견에 대하여 격리조치 등 필요한 조치를 취할 수 있다.
③ 맹견의 소유자는 맹견의 안전한 사육 및 관리에 관하여 정기적으로 교육을 받아야 한다.

제03조
① 제02조 재1항을 위반하여 사람을 사망에 이르게 한 자는 3년 이하의 징역 또는 3천만 원 이하의 벌금애 처한다.
② 제02조 제1항을 위반하여 사람의 신체를 상해에 이르게 한 자는 2년 이하의 징역 또는 2천만 원 이하의 벌금에 처한다.

〈상황〉
　甲과 乙은 맹견을 각자 자신의 주택에서 기르고 있다. 甲은 월령 1개월인 맹견 A의 소유자이고, 乙은 월령 3개월인 맹견 B의 소유자이다.

① 甲이 A를 동반하고 외출하는 경우 A에게 목줄과 입마개를 해야 한다.
② 甲은 맹견의 안전한 사육 및 관리에 관하여 정기적으로 교육을 받지 않아도 된다.
③ 甲이 A와 함께 타 지역으로 여행을 가는 경우, A에게 甲의 성명과 전화번호를 표시한 인식표를 부착하지 않아도 된다.
④ B가 제3자에게 신체적 피해를 주는 경우, 구청장이 B를 격리조치하기 위해서는 乙의 동의를 얻어야 한다.
⑤ 乙이 B에게 목줄을 하지 않아 제3자의 신체를 상해에 이르게 한 경우, 乙을 3년의 징역에 처한다.

17. 다음 〈상황〉과 〈자기소개〉를 근거로 판단할 때 옳지 않은 것은?

〈상황〉

5명의 직장인(A ~ E)이 커플 매칭 프로그램에 참여했다.

1) 남성이 3명이고 여성이 2명이다.
2) 5명의 나이는 34세, 32세, 30세, 28세, 26세이다.
3) 5명의 직업은 의사, 간호사, TV드라마감독, 라디오작가, 요리사이다.
4) 의사와 간호사는 성별이 같다.
5) 라디오작가는 요리사와 매칭 된다.
6) 남성과 여성의 평균 나이는 같다.
7) 한 사람당 한 명의 이성과 매칭이 가능하다.

〈자기소개〉

A : 안녕하세요. 저는 32세이고 의료 관련 일을 합니다.
B : 저는 방송업계에서 일하는 남성입니다.
C : 저는 20대 남성입니다.
D : 반갑습니다. 저는 방송업계에서 일하는 여성입니다.
E : 제가 이 중 막내네요. 저는 요리사입니다.

---

① TV드라마감독은 B보다 네 살이 많다.

② 의사와 간호사 나이의 평균은 30세이다.

③ D는 의료계에서 일하는 두 사람 중 나이가 적은 사람보다 두 살 많다.

④ A의 나이는 방송업계에서 일하는 사람들 나이의 평균과 같다.

⑤ E는 A ~ E 중 가장 어리다.

18. '가' 은행 '나' 지점에서는 3월 11일 회계감사 관련 서류 제출을 위해 본점으로 출장을 가야 한다. 다음에 제시된 〈조건〉과 〈상황〉을 바탕으로 판단할 때, 출장을 함께 갈 수 있는 직원들의 조합으로 가능한 것은?

〈조건〉

1) 08시 정각 출발이 확정되어 있으며, 출발 후 '나' 지점에 복귀하기까지 총 8시간이 소요된다. 단, 비가 오는 경우 1시간이 추가로 소요된다.
2) 출장인원 중 한 명이 직접 운전하여야 하며, '운전면허 1종 보통' 소지자만 운전할 수 있다.
3) 출장시간에 사내 업무가 겹치는 경우에는 출장을 갈 수 없다.
4) 출장인원 중 부상자가 포함되어 있는 경우, 서류 박스 운반 지연으로 인해 30분이 추가로 소요된다.
5) 차장은 책임자로서 출장인원에 적어도 한 명 포함되어야 한다.
6) 주어진 조건 외에는 고려하지 않는다.

〈상황〉

1) 3월 11일은 하루 종일 비가 온다.
2) 3월 11일 당직 근무는 17시 10분에 시작한다.

직원	직급	운전면허	건강 상태	출장 당일 사내 업무
A	차장	1종 보통	부상	없음
B	차장	2종 보통	건강	17시 15분 계약업체 담당
C	과장	없음	건강	17시 35분 고객 상담
D	과장	1종 보통	건강	당직 근무
E	대리	2종 보통	건강	없음

① A, B, C

② A, C, D

③ B, C, E

④ B, D, E

⑤ C, D, E

┃ 19 ~ 20 ┃ 다음 자료를 보고 이어지는 물음에 답하시오.

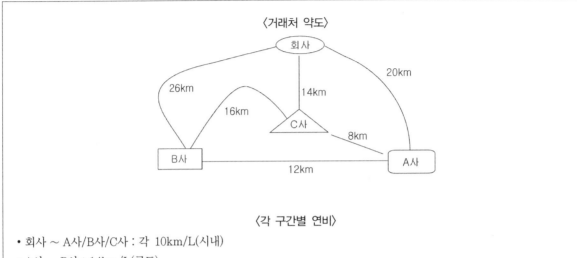

〈거래처 약도〉

〈각 구간별 연비〉

• 회사 ~ A사/B사/C사 : 각 10km/L(시내)
• A사 ~ B사 : 14km/L(국도)
• B사 ~ C사 : 8km/L(비포장도로)
• C사 ~ A사 : 20km/L(고속도로)
※ 연료비는 1L당 1,500원으로 계산한다.

19. 최 대리는 오늘 외출을 하여 A, B, C 거래처를 방문해야 한다. 세 군데 거래처를 모두 방문하고 마지막 방문지에서 바로 퇴근을 할 예정이지만, 서류 전달을 위해 중간에 한 번은 다시 회사로 돌아왔다 가야 한다. A사를 가장 먼저 방문할 경우 최 대리의 모든 거래처 방문이 완료되는 최단 거리 이동 경로는 몇 km인가?

① 58km
② 60km
③ 64km
④ 68km
⑤ 70km

20. 위와 같은 거래처 방문 조건하에서 최장 거리 이동 경로와 최단 거리 이동 경로의 총 사용 연료비 차액은 얼마인가?

① 3,000원
② 3,100원
③ 3,200원
④ 3,300원
⑤ 3,400원

21. 점포의 다양한 매력을 고려한 MCI(Multiplicative Competitive Interaction)모형에서 상품구색 효용, 판매원의 서비스 효용, 상업시설까지의 거리 효용 등을 포함하는 각종 인적자원 및 물적 자원에 대한 효용이 아래와 같을 때, B마트를 찾을 경우에 그 확률은 얼마인가?

〈상업시설 명단 및 효용치 구분〉

구분		상품구색에 대한 효용치	판매원서비스에 대한 효용치	상업시설까지의 거리에 대한 효용치
A	할인점	10	3	5
B	마트	5	4	5
C	상점가	2	5	10
D	백화점	5	5	6

① 10%　　　　　　　　　　　② 20%

③ 30%　　　　　　　　　　　④ 40%

⑤ 50%

22. 다음은 물품을 배송할 때, 물건의 정보와 요금을 나타낸 표이다. A지역부터 거리가 150km인 B지역까지 가로, 세로, 높이의 길이가 5m, 2m, 4m인 트럭을 이용해 옮긴다면 운송비용이 저렴한 물품부터 순서대로 나열한 것은? (단, 트럭에 최대한 많은 물건을 싣는다.)

구분	무게	부피 (가로 · 세로 · 높이 cm^3)	10kg요금(원)	10km당 요금(원)
A	5kg	700 × 30 × 10	6,000	2,500
B	3kg	80 × 60 × 30	5,000	4,000
C	3kg	50 × 50 × 50	5,500	3,000
D	2.5kg	40 × 20 × 120	4,000	8,000

① B, D, C, A

② B, C, A, D

③ A, C, D, B

④ A, D, B, C

⑤ D, B, C, A

❙23 ~ 24❙ 다음은 ○○회사 영업팀, 경영팀, 개발팀의 9월 일정표 및 메모이다. 9월 1일이 화요일일 때, 다음을 보고 물음에 답하시오.

〈9월 일정표〉					
영업팀		경영팀		개발팀	
16일 → 회사 전체 회의					
7	개발팀과 A제품 판매 회의	10	영업팀과 A제품 판매를 위한 회의	1	A제품 개발 마감
10	경영팀과 A제품 판매를 위한 회의	25	다음 달 채용 준비 시작	4	A제품 시연
14	국내에서 A제품 판매시작			7	영업팀과 A제품 판매를 위한 회의

〈필독사항〉		
영업팀	경영팀	개발팀
• 경영팀과 판매회의를 끝낸 후에 국내에서 판매를 시작하겠습니다. • 국내에서 제품 판매 이후에 해외에서 제품을 판매하려고 계획 중입니다.	• 출장을 다녀오신 분들은 출장 직후 경영팀에게 보고해주세요. • 채용 준비 시작 일주일 동안은 바쁘니 보고사항은 그 전에 해주세요.	• 영업팀은 국내외의 제품 사용자들의 후기를 듣고 정리하여 개발팀에 보고해주세요.

23. 영업팀 이 대리는 A제품 판매를 위해 해외로 3박 4일 동안 출장을 다녀왔다. 출장 시작일 또는 도착일 중 어느 날도 주말이 아니었으며, 출장보고를 작성하는 데 하루가 소요되었다면, 이 대리는 언제 출발하였는가?

① 17일

② 18일

③ 20일

④ 21일

⑤ 22일

24. 이 대리는 출장 이후 개발팀에게 전할 보고서를 2일간 작성했다고 한다. 보고서 작성을 끝낸 다음 날 개발팀에게 보고서를 넘겨주었을 때, 개발팀이 보고서를 받은 요일은?

① 월

② 화

③ 수

④ 목

⑤ 금

25. 어느 공장에서 A제품과 B제품을 1회에 각각 10개씩 제조한다. 다음을 참고하여 A와 B제품을 불량품 없이 100개, 150개 만드는 데 필요한 금액은? (단, 공장은 제품을 1개씩 제조하지 않고 1회씩 제조한다.)

〈제품 제조시 나오는 불량품과 필요한 재료〉

	A			B	
불량품	고무	플라스틱	불량품	고무	플라스틱
4개	5kg 필요	3kg 필요	2개	4kg 필요	4kg 필요

〈재료의 가격〉

(1) 고무(5kg 단위로 판매)
- 60kg까지 5kg에 2,500원
- 61kg부터 5kg에 3,000원

(2) 플라스틱(2kg 단위로 판매)
- 20kg까지 2kg에 1,000원
- 21kg부터 1kg에 1,000원

① 182,000원

② 184,000원

③ 186,000원

④ 188,000원

⑤ 190,000원

26. 다음 표는 어떤 렌터카 회사에서 제시한 차종별 자동차 대여료이다. C동아리 학생 10명이 차량을 대여하여 9박 10일간의 전국일주를 계획하고 있다. 다음 중 가장 경제적인 차량 임대 방법을 고르면?

구분	대여 기간별 1일 요금			대여 시간별 요금	
	1 ~ 2일	3 ~ 6일	7일 이상	6시간	12시간
소형(4인승)	75,000	68,000	60,000	34,000	49,000
중형(5인승)	105,000	95,000	84,000	48,000	69,000
대형(8인승)	182,000	164,000	146,000	82,000	119,000
SUV(7인승)	152,000	137,000	122,000	69,000	99,000
승합(15인승)	165,000	149,000	132,000	75,000	108,000

① 승합차 1대를 대여한다.

② 소형차 3대를 대여한다.

③ 중형차 2대를 대여한다.

④ 소형차 1대와 SUV 1대를 대여한다.

⑤ 중형차 1대와 대형차 1대를 대여한다.

27. 다음 글의 내용이 참일 때, 반드시 참인 진술은?

- 김 대리, 박 대리, 이 과장, 최 과장, 정 부장은 A 회사의 직원들이다.
- A 회사의 모든 직원은 내근과 외근 중 한 가지만 한다.
- A 회사의 직원 중 내근을 하면서 미혼인 사람에는 직책이 과장 이상인 사람은 없다.
- A 회사의 직원 중 외근을 하면서 미혼이 아닌 사람은 모두 그 직책이 과장 이상이다.
- A 회사의 직원 중 외근을 하면서 미혼인 사람은 모두 연금 저축에 가입해 있다.
- A 회사의 직원 중 미혼이 아닌 사람은 모두 남성이다.

① 갑 : 김 대리가 내근을 한다면, 그는 미혼이다.

② 을 : 박 대리가 미혼이면서 연금 저축에 가입해 있지 않다면, 그는 외근을 한다.

③ 병 : 이 과장이 미혼이 아니라면, 그는 내근을 한다.

④ 정 : 최 과장이 여성이라면, 그는 연금 저축에 가입해 있다.

⑤ 무 : 정 부장이 외근을 한다면, 그는 연금 저축에 가입해 있지 않다.

28. 다음 대화의 내용이 참일 때, 거짓인 진술은?

팀 장 : 위기관리체계 점검 회의를 위해 외부 전문가를 위촉해야 하는데, 위촉 후보자는 A, B, C, D, E, F 여섯 사람입니다.

대 리 : 그건 저도 알고 있습니다. 그런데 A와 B 중 적어도 한 명은 위촉해야 합니다. 지진 재해와 관련된 전문가들은 이들뿐이거든요.

팀 장 : 동의합니다. 그런데 A는 C와 같이 참여하기를 바라고 있습니다. 그러니까 C를 위촉할 경우에만 A를 위촉해야 합니다.

주 임 : 별문제 없어 보입니다. C는 반드시 위촉해야 하거든요. 회의 진행을 맡을 사람이 필요한데, C가 적격입니다. 그런데 C를 위촉하기 위해서는 D, E, F 세 사람 중 적어도 한 명은 위촉해야 합니다. C가 회의를 진행할 때 도움이 될 사람이 필요하거든요.

대 리 : E를 위촉할 경우에는 F도 반드시 위촉해야 합니다. E는 F가 참여하지 않으면 참여하지 않겠다고 했거든요.

주 임 : 주의할 점이 있습니다. B와 D를 함께 위촉할 수는 없습니다. B와 D는 같은 학술 단체 소속이거든요.

---

① 갑 : 총 3명만 위촉하는 방법은 모두 3가지이다.

② 을 : A는 위촉되지 않을 수 있다.

③ 병 : B를 위촉하기 위해서는 F도 위촉해야 한다.

④ 정 : D와 E 중 적어도 한 사람은 위촉해야 한다.

⑤ 무 : D를 포함하여 최소 인원을 위촉하려면 총 3명을 위촉해야 한다.

29. 가장 큰 값을 가지는 것부터 순서대로 나열한 것은?

$\bigcirc$ $3 \div \dfrac{1}{2} + 17.5 \times \dfrac{1}{2}$

$\bigcirc$ $21 - 8 \times 3 \times \dfrac{1}{30}$

$\bigcirc$ $45 + (-15) \times 2.5$

$\bigcirc$ $10 \div 3 + 2 \times 5$

① $\bigcirc > \bigcirc > \bigcirc > \bigcirc$

② $\bigcirc > \bigcirc > \bigcirc > \bigcirc$

③ $\bigcirc > \bigcirc > \bigcirc > \bigcirc$

④ $\bigcirc > \bigcirc > \bigcirc > \bigcirc$

⑤ $\bigcirc > \bigcirc > \bigcirc > \bigcirc$

30. 개인종합자산관리(ISA) 계좌는 개인이 운용하는 적금, 예탁금, 파생결합증권, 펀드를 한 계좌에서 운용하면서 각각의 상품의 수익 증감을 합산하여 발생한 수익에 대해 과세하는 금융상품으로 그 내용은 다음과 같다.

가입대상	• 거주자 중 직전 과세기간 또는 해당 과세기간에 근로소득 또는 사업소득이 있는 자 및 대통령령으로 정하는 농어민(모든 금융기관 1인 1계좌) • 신규 취업자 등은 당해 연도 소득이 있는 경우 가입 가능 ※ 직전년도 금융소득과세 대상자는 제외
납입한도	연간 2천만 원(5년간 누적 최대 1억 원) ※ 기가입한 재형저축 및 소장펀드 한도는 납입한도에서 차감
투자가능상품	• 예/적금, 예탁금 • 파생결합증권, 펀드
가입기간	2022년 12월 31일까지 가능
상품간 교체	가능
의무가입기간	• 일반 5년 • 청년층, 서민층 3년
세제혜택	계좌 내 상품 간 손익통산 후 순이익 중 200만 원까지는 비과세 혜택, 200만 원 초과분 9.9% 분리과세(지방소득세 포함)
기타	• ISA계좌를 5년 이내 해지하면 각 상품에서 실현한 이익금의 15.4%를 세금으로 부과 • 해지수수료 면제

대훈이는 ISA에 가입하고 5년 후에 여유 자금으로 ○○증권과 ○○펀드에 가입하여 1년 후 수익을 따져보니 증권에서는 750만 원의 이익을 보고, 펀드에서는 350만 원의 손해를 보았다. 대훈이가 ISA 계좌를 해지하지 않는다면 얼마의 세금을 내야 하는가? (단, 은행수수료는 없다.)

① 198,000원

② 398,000원

③ 598,000원

④ 798,000원

⑤ 1,198,000원

31. 다음은 2019 ~ 2023년 5개 지역별 N은행 운영 현황에 대한 자료이다. 이에 대한 설명으로 옳은 것은?

(단위 : 개소)

지역＼연도	2019년	2020년	2021년	2022년	2023년
서울	259	290	247	245	244
부산	151	141	141	141	140
대구	110	108	104	104	102
인천	54	54	54	55	54
경기	114	113	114	113	110

① 인천에서는 매년 54개소의 농협은행을 운영하고 있다.

② 2023년 5개 지역에서 운영하는 농협은행의 평균 개소는 120개소이다.

③ 2019 ~ 2023년 운영된 농협은행 개소의 증감 추이는 부산과 대구가 동일하다.

④ 2019년에 5개 지역에서 운영하는 농협은행의 총 개소에서 서울에서 운영하는 농협은행의 개소가 차지하는 비중은 35%를 넘는다.

⑤ 조사기간 동안 전 조사지역의 총 운영현황은 항상 700개소 이상이었다.

ANSWER 29.③ 30.① 31.④

32. 연극 공연을 준비하고 있는 극단은 다음과 같은 조건으로 총 1,500장의 티켓을 판매하려고 한다. 티켓 1,500장을 모두 판매한 금액이 6,000만 원이 되도록 하기 위해 판매해야 할 S석 티켓의 수를 구하면?

> ㈎ 티켓의 종류는 R석, S석, A석 세 가지이다.
> ㈏ R석, S석, A석 티켓의 가격은 각각 10만 원, 5만 원, 2만 원이고, A석 티켓의 수는 R석과 S석 티켓의 수의 합과 같다.

① 450장

② 600장

③ 750장

④ 900장

⑤ 1,050장

33. 미영이가 N은행 적금a 상품에 작년 말에 가입을 하였으며, 올해 초부터 입금을 한다면, 10년 후 그해 말에 계산한 원리합계는? (단, $1.06^{10} = 1.791$, 만 원 미만은 버린다.)

> • 상품명 : N은행 적금a
> • 가입자 : 본인
> • 계약기간 : 10년
> • 저축방법 : 매년 초에 20만 원씩 1년마다 복리로 적립
> • 이자율 : 6%

① 278만 원   ② 279만 원

③ 280만 원   ④ 281만 원

⑤ 282만 원

34. 다음은 A사의 올해 추진 과제의 전공별 연구책임자 현황에 대한 자료이다. 다음 설명 중 옳지 않은 것을 고르면?

(단위 : 명, %)

전공 \ 연구책임자	남자		여자	
	연구책임자 수	비율	연구책임자 수	비율
이학	2,833	14.8	701	30.0
공학	11,680	61.0	463	19.8
농학	1,300	6.8	153	6.5
의학	1,148	6.0	400	17.1
인문사회	1,869	9.8	544	23.3
기타	304	1.6	78	3.3
계	19,134	100.0	2,339	100.0

① 전체 연구책임자 중 공학전공의 연구책임자가 차지하는 비율이 50%를 넘는다.
② 전체 연구책임자 중 의학전공의 여자 연구책임자가 차지하는 비율은 약 1.9%이다.
③ 전체 연구책임자 중 인문사회전공의 연구책임자가 차지하는 비율은 12%를 넘는다.
④ 전체 연구책임자 중 농학전공의 남자 연구책임자가 차지하는 비율은 6%를 넘는다.
⑤ 전체 연구책임자 중 이학전공의 연구책임자가 차지하는 비율은 16%를 넘는다.

35. 다음은 직원들의 인사이동에 따른 4개의 지점별 직원 이동 현황을 나타낸 자료이다. 다음 자료를 참고할 때, 빈칸 ㈀, ㈁에 들어갈 수치로 알맞은 것은 어느 것인가?

〈인사이동에 따른 지점별 직원 이동 현황〉

(단위 : 명)

이동 전 \ 이동 후	A	B	C	D
A	–	32	44	28
B	16	–	34	23
C	22	18	–	32
D	31	22	17	–

〈지점별 직원 현황〉

(단위 : 명)

지점 \ 시기	인사이동 전	인사이동 후
A	425	(㈀)
B	390	389
C	328	351
D	375	(㈁)

	㈀	㈁			㈀	㈁
①	380명	398명		②	390명	388명
③	400명	398명		④	410명	408명
⑤	420명	418명				

┃36 ~ 37┃ 다음 사례를 읽고 물음에 답하시오.

NS그룹의 오 대리는 상사로부터 스마트폰 신상품에 대한 기획안을 제출하라는 업무를 받았다. 이에 오 대리는 먼저 기획안을 작성하기 위해 필요한 정보가 무엇인지 생각을 하였는데 이번에 개발하고자 하는 신상품이 노년층을 주 고객층으로 한 실용적이면서도 조작이 간편한 제품이기 때문에 우선 50 ~ 60대의 취향을 파악할 필요가 있었다. 따라서 오 대리는 50 ~ 60대 고객들이 현재 사용하고 있는 스마트폰의 모델과 좋아하는 디자인, 사용하면서 불편해 하는 사항, 지불 가능한 액수 등에 대한 정보가 필요함을 깨달았고 이러한 정보는 사내에 저장된 고객정보를 통해 얻을 수 있음을 인식하였다. 오 대리는 다음 주까지 기획안을 작성하여 제출해야 하기 때문에 이번 주에 모든 정보를 수집하기로 마음먹었고 기획안 작성을 위해서는 방대한 고객정보 중에서도 특히 노년층에 대한 정보만 선별할 필요가 있었다. 이렇게 사내에 저장된 고객정보를 이용할 경우 따로 정보수집으로 인한 비용이 들지 않는다는 사실도 오 대리에게는 장점으로 작용하였다. 여기까지 생각이 미치자 오 대리는 고객정보를 얻기 위해 고객센터에 근무하는 조 대리에게 관련 자료를 요청하였고 가급적 연령에 따라 분류해 줄 것을 당부하였다.

36. 다음 중 오 대리가 수집하고자 하는 고객정보 중에서 반드시 포함되어야 할 사항으로 옳지 않은 것은?

① 연령 ② 사용하고 있는 모델
③ 거주지 ④ 사용 시 불편사항
⑤ 지불 가능한 액수

37. 다음 〈보기〉의 사항들 중 위 사례에 포함된 사항은 모두 몇 개인가?

보기

- WHAT(무엇을) - WHERE(어디에서)
- WHEN(언제) - WHY(왜)
- WHO(누가) - HOW(어떻게)
- HOW MUCH(얼마나)

① 1개 ② 3개
③ 5개 ④ 7개
⑤ 9개

ANSWER 35.② 36.③ 37.④

| 38 ~ 39 | 다음은 H사의 물품 재고 창고에 적재되어 있는 제품 보관 코드 체계이다. 다음 표를 보고 이어지는 질문에 답하시오.

생산연월	공급처			제품 분류				입고량
	원산지 코드		제조사 코드	용품 코드		제품별 코드		
• 2309 – 2023년 9월 • 2211 – 2022년 11월	1	중국	A	All – 8	01	캐주얼	001	청바지	00001 부터 5자리 시 리얼 넘버 부여
			B	2 Stars			002	셔츠	
			C	Facai	02	여성	003	원피스	
	2	베트남	D	Nuyen			004	바지	
			E	N – sky			005	니트	
	3	멕시코	F	Bratos			006	블라우스	
			G	Fama	03	남성	007	점퍼	
	4	한국	H	혁진사			008	카디건	
			I	K상사			009	모자	
			J	영스타	04	아웃 도어	010	용품	
	5	일본	K	왈러스			011	신발	
			L	토까이			012	래시가드	
			M	히스모	05	베이비	013	내복	
	6	호주	N	오즈본			014	바지	
			O	Island			015	사료	
	7	독일	P	Kunhe	06	반려 동물	016	간식	
			Q	Boyer			017	장난감	

〈예시〉

2023년 3월에 중국 '2 Stars'에서 생산된 아웃도어 신발의 15번째 입고 제품 코드

→ 2303 – 1B – 04011 – 00015

38. 2023년 10월에 생산된 '왈러스'의 여성용 블라우스로 10,215번째 입고된 제품의 코드로 알맞은 것은?

① 2210 – 5K – 02006 – 00215   ② 2310 – 5K – 02060 – 10215

③ 2310 – 5K – 02006 – 10215   ④ 2210 – 5L – 02005 – 10215

⑤ 2310 – 5L – 02060 – 10215

39. 제품 코드 2303 - 3G - 04011 - 00910에 대한 설명으로 옳지 않은 것은?

① 해당 제품의 입고 수량은 적어도 910개 이상이다.

② 중남미에서 생산된 제품이다.

③ 여름에 생산된 제품이다.

④ 캐주얼 제품이 아니다.

⑤ 2023년에 생산된 제품이다.

40. 다음은 어느 회사의 사원 입사월일을 정리한 자료이다. 아래 워크시트에서 [C4] 셀에 수식 '=EOMONTH(C3,1)'를 입력하였을 때 결과 값은? (단, [C4] 셀에 설정되어 있는 표시형식은 '날짜'이다.)

	A	B	C
1	성명	성별	입사월일
2	구현정	여	2021-09-07
3	황성욱	남	2022-03-22
4	최보람	여	
5			

① 2022 - 04 - 30

② 2022 - 03 - 31

③ 2022 - 02 - 28

④ 2021 - 09 - 31

⑤ 2021 - 08 - 31

ANSWER 38.③ 39.③ 40.①

41. 다음 워크시트에서처럼 주민등록번호가 입력되어 있을 때, 이 셀의 값을 이용하여 [C1] 셀에 성별을 '남' 또는 '여'로 표시하고자 한다. [C1] 셀에 입력해야 하는 수식은? (단, 주민등록번호의 8번째 글자가 1이면 남자, 2이면 여자이다.)

	A	B	C
1	임나라	870808-2235672	
2	정현수	850909-1358527	
3	김동하	841010-1010101	
4	노승진	900202-1369752	
5	은봉미	890303-2251547	

① =CHOOSE(MID(B1,8,1), "여", "남")

② =CHOOSE(MID(B1,8,2), "남", "여")

③ =CHOOSE(MID(B1,8,1), "남", "여")

④ =IF(RIGHT(B1,8)="1", "남", "여")

⑤ =IF(RIGHT(B1,8)="2", "남", "여")

42. 다음 워크시트에서 영업2부의 보험실적 합계를 구하고자 할 때, [G2] 셀에 입력할 수식으로 옳은 것은?

	A	B	C	D	E	F	G
1	성명	부서	성별	보험실적		부서	보험실적 합계
2	윤진주	영업1부	여	13		영업2부	
3	임성민	영업2부	남	12			
4	김옥순	영업1부	여	15			
5	김은지	영업3부	여	20			
6	최준오	영업2부	남	8			
7	윤한성	영업3부	남	9			
8	하은영	영업2부	여	11			
9	남영호	영업1부	남	17			

① =DSUM(A1:D9,3,F1:F2)

② =DSUM(A1:D9,"보험실적",F1:F2)

③ =DSUM(A1:D9,"보험실적",F1:F3)

④ =SUM(A1:D9,"보험실적",F1:F2)

⑤ =SUM(A1:D9,4,F1:F2)

43. 다음의 알고리즘에서 인쇄되는 A는?

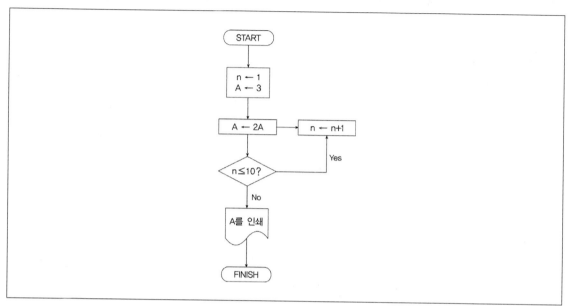

① $2^8 \cdot 3$

② $2^9 \cdot 3$

③ $2^{10} \cdot 3$

④ $2^{11} \cdot 3$

⑤ $2^{12} \cdot 3$

| 44 ~ 45 | **다음의 시스템 매뉴얼을 확인한 후 제시된 상황에서 적절한 입력코드를 고르시오.**

〈시스템 매뉴얼〉

❑ 항목 및 세부사항

항목	세부사항
Index@@ of Folder@@	• 오류 문자 : Index 뒤에 나타나는 문자 • 오류 발생 위치 : Folder 뒤에 나타나는 문자
Error Value	오류 문자와 오류 발생 위치를 의미하는 문자에 사용된 알파벳을 비교하여 오류 문자 중 오류 발생 위치의 문자와 일치하지 않는 알파벳의 개수 확인
Final Code	Error Value를 통하여 시스템 상태 판단

❑ 판단 기준 및 처리코드(Final Code)

판단 기준	처리코드
일치하지 않는 알파벳의 개수 = 0	Qfgkdn
0 < 일치하지 않는 알파벳의 개수 ≤ 3	Wxmt
3 < 일치하지 않는 알파벳의 개수 ≤ 5	Atnih
5 < 일치하지 않는 알파벳의 개수 ≤ 7	Olyuz
7 < 일치하지 않는 알파벳의 개수 ≤ 10	Cenghk

44.

System is processing requests…
System Code is X.
Run…

Error Found!
Index GHWDYC of Folder APPCOMPAT

Final Code? _____

① Qfgkdn   ② Wxmt

③ Cenghk   ④ Olyuz

⑤ Atnih

45.

System is processing requests...
System Code is X.
Run...

Error Found!
Index UGCTGHWT of Folder GLOBALIZATION

Final Code? _____

① Wxmt

② Atnih

③ Olyuz

④ Cenghk

⑤ Qfgkdn

46. 농촌과 관련된 활동을 통해 신체적·정신적 건강증진을 도모하는 사회적 농업의 하나로, 일반 농업과 달리 농사 자체가 목적이 아니라 건강의 회복을 위한 수단으로 농업을 활용하는 것은?

① 힐링농업   ② 웰빙농업

③ 행복농업   ④ 치유농업

⑤ 성취농업

47. 주로 토양에 서식하고 농업에서 생물 비료와 농약으로 가장 많이 사용되는 세균은?

① 광합성 세균   ② 바실러스(Bacillus)

③ 스트렙토마이세스(Streptomyces)   ④ 효모(yeast)

⑤ 트리코더마(Trichoderma)

48. '산지촌'에 대한 설명으로 가장 옳지 않은 것은?

① 비교적 교통이 편리하다.

② 주로 임업과 목축업에 종사하는 사람들이 많다.

③ 각종 편의시설이 부족하다.

④ 스키장이나 산림 휴양지 같은 관광 산업이 발달한다.

⑤ 고랭지 농업, 약초 재배, 버섯 재배 등을 볼 수 있다.

49. 협동조합 기본법에 따른 기본원칙으로 적절하지 않은 것은?

① 협동조합에서 특정 정당을 지지하는 행위를 할 수 있다.

② 협동조합은 자발적으로 결성할 수 있다.

③ 협동조합은 공동으로 소유해야 한다.

④ 협동조합은 업무를 수행할 때 조합원을 위해 봉사해야 한다.

⑤ 협동조합은 일부 조합원의 이익을 목적으로 하는 사업을 해서는 안 된다.

50. 협동조합에 대한 설명으로 옳지 않은 것은?

① 협동조합은 용역의 구매 · 생산 · 판매 · 제공 등을 협동으로 영위함으로써 조합원의 권익을 향상하고 지역 사회에 공헌하고자 하는 사업조직을 의미한다.

② 협동조합 중에서 지역주민의 권익과 복리 증진과 관련한 사업을 수행하는 것은 사회적 협동조합을 의미한다.

③ 국가 및 공공단체에서는 협동조합 사업에 협조는 가능하지만 자금 지원을 하는 것은 금지된다.

④ 협동조합의 설립목적은 조합원의 복리 증진과 상부상조를 목적으로 한다.

⑤ 협동조합은 조합원등의 권익 증진을 위하여 교육 · 훈련 및 정보 제공 등의 활동을 적극적으로 수행하여야 한다.

51. 다음 설명 중 (   ) 안에 들어갈 말로 옳은 것은?

> (   )은/는 대기 중으로 배출한 온실가스의 양을 상쇄할 수 있을 정도로 온실가스를 흡수하여 총량을 0으로 만든다는 정책이다. 이를 시행하는 대책으로 숲을 조성하여 산소를 공급하거나 재생에너지를 생산, 온실가스 배출량에 상응하는 탄소배출권을 통해 구매하는 방법 등이 있다.

① 넷 제로   ② 마이크로바이옴

③ 테라센티아   ④ 라이브 커머스

⑤ 바이오차

52. 블록체인 기술을 활용하여 만드는 디지털 신분인 DID에 대한 설명으로 적절하지 않은 것은?

① 모바일 신분증에 활용될 수 있다.

② 개인정보를 중앙기관에서 저장하여 관리한다.

③ 공동인증서 없이 휴대폰 인증만으로 전자상거래를 할 수 있다.

④ 발급자, 소유자, 검증자, 저장소가 필요하다.

⑤ 사용자가 자신의 신원정보를 관리할 수 있다.

ANSWER 46.④ 47.② 48.① 49.① 50.③ 51.① 52.②

53. 다음은 농촌 및 먹거리 관련 정부 정책에서 농협 활동 내용 및 역할로 옳지 않은 것은?

> (가) 자연경관, 생태환경, 생활문화, 역사자원 등을 활용하여 도시민들에게 휴식, 휴양, 지역 먹거리 등의 상품과 서비스를 제공한다. 이는 농촌에서 농업 외의 소득을 발생시켜 전체적으로 농가 수익을 향상시키고, 도시의 경제적 자원이 농촌으로 유입될 수 있도록 하여 도시와 농촌 간 소득 및 생활환경 양극화를 완화시켜 농촌지역의 활성화를 기대할 수 있다.
> (나) 먹거리 관련 시장실패를 치유하기 위한 정책으로, 먹거리와 관련된 생산·유통·소비·폐기 등의 모든 과정을 포함한다. 이를 통하여 지역생산과 로컬푸드를 지향하고 지역순환경제제를 활성화시키며, 자원순환과 음식물 폐기물을 줄여 지속가능한 환경을 만들어가고자 한다. 또한 빈곤층에 대해 먹거리 차별을 방지하고 사회적 약자를 배려하여 먹거리 존엄성을 회복하려는 계획이기도 하다.

① (가) : 팜 스테이 마을 먹거리에 대해 의미를 부여하여 향토음식 스토리로 차별성을 강화하는 한편, 지역을 대표하여 운영하는 것이기 때문에 전문인력으로 구성하는 것이 중요하다.

② (가) : 농협은 지역 농산물을 사용하는 로컬푸드 레스토랑을 운영하고 있으며, 이를 요리교실, 농산물 체험 등 다양한 로컬푸드 문화체험 장소로 활용할 수 있다.

③ (나) : 기존의 농협 로컬푸드 직매장 사업에 중·소규모 농가의 참여를 확대하는 등 지역 내 생산 – 소비 시스템을 더욱 내실화하도록 한다.

④ (나) : 지역단위 통합 사업에 참여하여, 장기적으로 로컬푸드와 학교급식, 공공급식, 지역 가공사업, 식교육 등을 통합 수행하는 먹거리 통합지원센터를 지향한다.

⑤ (나) : 농촌지역의 농협은 로컬푸드를 공급하는 한편, 인구가 집중되어 있는 도시지역의 농협은 소비지 농축산물 판매 거점이 되도록 한다.

54. 부가 통신사 서비스 안정화 법령에 대한 설명으로 적절하지 않은 것은?

① 적용대상은 하루 평균 이용자가 100만 명 이상에 데이터 트래픽이 국내 총 트래픽에 1% 이상인 부가 통신사이다.

② 넷플릭스, 구글, 페이스북, 네이버, 카카오 등이 대표적인 대상자이다.

③ 단말기와 관계없이 안정적으로 서비스를 제공한다.

④ 트래픽 경로 변경은 자체적으로 진행한다.

⑤ 유료 서비스를 이용하는 이용자에게 합리적인 결제수단을 제공한다.

55. 개인화된 데이터를 의미하는 것으로 다량의 데이터를 통해 '나'의 존재를 정량화하거나 입체화하여 분석하는 것으로 개인의 특성을 파악하여 디지털 자아의 탄생을 표현하는 데이터를 의미하는 것은?

① 빅데이터
② 다크 데이터
③ 패스트 데이터
④ 스몰 데이터
⑤ 스마트 데이터

56. 전자상거래에서 신용카드 지불정보를 안전하게 처리하기 위해 사용되는 프로토콜에서 쓰이지 않는 기술은?

① 전자봉투
② 공개키 암호
③ 전자서명
④ 전자화폐
⑤ 해시함수

57. '이것'은 자전거, 승용차, 버스, 택시, 철도, 비행기 등 모든 운송수단(모빌리티)의 서비스화를 의미한다. '이것'이 상용화되면 하나의 통합된 플랫폼에서 모빌리티 검색 · 예약 · 결제 서비스가 일괄 제공되고, 차량은 구매하는 대신 공유 또는 구독할 수 있게 된다. '이것'은 무엇인가?

① 자율주행
② P2P
③ 스마트 공조 시스템
④ 인포테인먼트 응용 서비스
⑤ 마스(MaaS)

58. 인기 검색어를 위해 의도적으로 조회수를 조작하는 이 현상에 해당하는 것은?

① 파밍
② 어뷰징
③ 바이럴마케팅
④ 그레셤의 법칙
⑤ 스파이웨어

ANSWER 53.① 54.④ 55.④ 56.④ 57.⑤ 58.②

59. 세계경제포럼(WEF)은 '전 세계 은행의 80%가 블록체인 기술을 도입할 것이며, 2025년 전 세계 GDP의 10%는 블록체인을 통해 이뤄질 것'이라는 전망을 내놓았다. 블록체인에 대한 설명 및 금융 분야에서의 활용에 대한 설명으로 가장 적절하지 않은 것은?

① 중앙에서 관리되던 장부 거래 내역 등의 정보를 탈중앙화하여 분산·저장하는 기술이기 때문에 참여자들이 모든 거래 정보에 접근할 수는 없다.

② 체인화된 블록에 저장된 정보가 모든 참여자들의 컴퓨터에 지속적으로 누적되므로, 특정 참여자에 의해 정보가 변경되거나 삭제되는 것은 사실상 불가능하다.

③ 거래 상대방에게도 거래 당사자의 신원을 공개하지 않고도 거래가 가능하다.

④ 고객이 보유하고 있는 금융, 의료, 신용정보 등의 디지털 자산을 안전하게 보관할 수있는 모바일 금고 개념으로 '디지털 자산 보관 서비스'를 제공할 수 있을 것이다.

⑤ 블록체인을 기반으로 디지털 지역화폐(지방자치단체의 복지수당, 지역상품권 등) 플랫폼을 지원할 수 있다.

60. 범죄감시시스템 중에 하나이다. 뉴욕 경찰청과 마이크로소프트사가 공동으로 개발한 것으로 빅데이터 기술을 활용하여 범죄를 예방하기 위해 개발되었다. 이 기술은 사생활 침해 논란을 낳고 있지만 범죄예방에 탁월한 효과가 사례를 통해 증명되었다. 이 기술은 무엇인가?

① CDN

② FNS

③ DAS

④ M2M

⑤ SAN

직무상식평가　　　　일반분야

※ 해당영역은 일반분야에 지원하시는 수험생만 푸시면 됩니다.

61. 구매자에게 최하의 가능한 선에서 결정되었다는 인상을 주기 위해 제품가격을 10,000원, 300,000원으로 하지 않고 9,990원, 299,900원으로 하는 가격결정방법은?

① Price Lining
② Odd Pricing
③ Prestige Pricing
④ Loss Leader
⑤ Unit Pricing

62. 다음 소득불평등 지표에 대한 설명으로 옳지 않은 것은?

① 지니계수가 0이면 완전 불평등, 1이면 완전 평등을 의미한다.
② 로렌츠 곡선은 대각선에 가까울수록 소득분배가 평등하다는 의미이다.
③ 로렌츠 곡선은 불균등할수록 한쪽으로 굽은 곡선이 그려진다.
④ 10분위분배율은 최하위 40%(1 ~ 4분위) 계층의 최상위 20%(9, 10분위)의 소득점유율로 나눈 지표이다.
⑤ 10분위분배율은 2에 가까울수록 소득분배가 고르다는 것을 의미한다.

63. 甲사는 올해 휴대폰 A2022을 출시했다. 다음 지문 중에서 금년에 甲사의 A2022과 경쟁 관계에 있는 제품을 모두 고르면?

> ㉠ 乙사에서 제작한 B 휴대폰
> ㉡ 잠재적인 시장진입자가 생산할 휴대폰
> ㉢ 작년에 발매된 甲사의 A2021
> ㉣ 내년에 발매될 甲사의 A2023

① ㉠㉡
② ㉠㉢
③ ㉡㉢
④ ㉠㉡㉢
⑤ ㉠㉡㉢㉣

ANSWER　59.① 60.③ 61.② 62.① 63.⑤

64. 다음 중 총공급곡선을 오른쪽으로 이동시키는 요인들을 모두 고르면?

> ⊙ 실질임금 상승   ⓒ 원자재 가격 하락
> ⓒ 신기술 개발   ⓔ 정부지출 증가

① ㉠㉡

② ㉡㉢

③ ㉢㉣

④ ㉠㉢㉣

⑤ ㉡㉢㉣

65. 다음 중 매파에 대한 설명으로 옳은 것을 모두 고르면?

> ⊙ 진보성향   ⓒ 인플레이션 억제
> ⓒ 양적완화 주장   ⓔ 금리인하 주장
> ⓜ 긴축정책 주장

① ㉠㉡

② ㉢㉣

③ ㉡㉣㉤

④ ㉠㉡㉤

⑤ ㉠㉢㉣

66. 다음 중 실업률이 높아지는 경우를 모두 고르면?

> ⊙ 정부가 실업보험 급여액을 인상하였다.
> ⓒ 산업구조에 커다란 변화가 초래되었다.
> ⓒ 최저임금이 인하되었다.
> ⓔ 경기가 불황에 접어들었다.
> ⓜ 정보통신 산업의 발전에 힘입어 구인현황에 대한 정보가 쉽게 알려질 수 있게 되었다.

① ㉠㉡㉣

② ㉠㉢㉣

③ ㉠㉣㉤

④ ㉡㉢㉣

⑤ ㉠㉡㉢㉣

67. 그림과 같이 환율이 변화할 때 나타날 수 있는 반응으로 적절한 것을 모두 고른 것은?

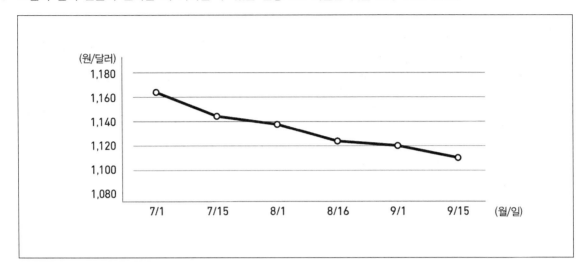

─────── 보기 ───────

㉠ 국민들 사이에서 해외여행이 늘어날 것이다.
㉡ 물가안정에는 도움이 될 것이다.
㉢ 수출률이 떨어지면서 기업 내에서 연말 보너스가 줄어들 것이다.
㉣ 국민들이 수입품 소비가 줄고 있는 것을 나타내는 것이다.

① ㉠㉡

② ㉡㉢

③ ㉢㉣

④ ㉠㉡㉢

⑤ ㉡㉢㉣

68. 다음 ㉠과 ㉡에 들어갈 말로 가장 적절한 것은?

> (㉠)은/는 윤리적으로나 법적으로 자신이 해야 할 최선의 의무를 다하지 않는 행위를 말한다. 미국에서 보험가입자들의 부도덕한 행위를 가리키는 말로 사용되기 시작했다. (㉡)은/는 거래 당사자 중 한쪽에만 정보가 있는 상황에서, 정보가 없는 쪽은 바람직하지 못한 상대방과 거래할 가능성이 큰 것을 의미한다.

	㉠	㉡
①	도덕적 해이	정보의 비대칭
②	정보의 비대칭	도덕적 해이
③	정보의 비대칭	역선택
④	도덕적 해이	역선택
⑤	역선택	정보의 비대칭

69. 다음 중 가격차별의 사례로 옳지 않은 것은?

① 영화관 조조할인
② 비수기 비행기 요금할인
③ 할인마트 할인 쿠폰
④ 성수기 호텔 가격 인상
⑤ 의복 브랜드 노세일 전략

70. 다음 중 내쉬균형에 대한 설명으로 옳지 않은 것은?

① 상대방의 대응에 따라 최선의 선택을 하면, 균형이 형성되어 서로 자신의 선택을 바꾸지 않게 된다.
② 상대의 전략이 바뀌지 않으면 자신의 전략 역시 바꿀 유인이 없는 상태다.
③ 경쟁기업들의 행동이 주어졌을 때, 각 기업들이 자신이 할 수 있는 최선의 선택을 함으로써 나타나는 균형을 뜻한다.
④ 상대방의 전략과는 관계없이 자신의 이윤을 크게 만드는 전략으로 하나의 균형만이 존재한다.
⑤ 정치적 협상이나 경제 분야에서의 전략으로 널리 활용되고 있다.

※ 해당영역은 IT분야에 지원하시는 수험생만 푸시면 됩니다.

71. ㈎의 [학생] 테이블에 ㈏의 새로운 투플이 삽입되지 않았다. 어떤 무결성 제약 조건의 위반 때문인가?

<table>
<tr><td colspan="4" align="center">㈎</td></tr>
<tr><td colspan="4">[학생]</td></tr>
<tr><td align="center">학번</td><td align="center">이름</td><td align="center">학년</td><td align="center">학과</td></tr>
<tr><td align="center">100</td><td align="center">조창수</td><td align="center">1</td><td align="center">컴퓨터공학과</td></tr>
<tr><td align="center">200</td><td align="center">이한범</td><td align="center">4</td><td align="center">작곡과</td></tr>
<tr><td align="center">300</td><td align="center">김한결</td><td align="center">3</td><td align="center">국문과</td></tr>
<tr><td align="center">400</td><td align="center">이한비</td><td align="center">3</td><td align="center">의상학과</td></tr>
<tr><td colspan="4" align="center">㈏</td></tr>
<tr><td align="center"></td><td align="center">김수희</td><td align="center">4</td><td align="center">컴퓨터공학과</td></tr>
</table>

① 관계 무결성   ② 개체 무결성

③ 참조 무결성   ④ 도메인 무결성

⑤ 애트리뷰트 무결성

72. 동시성 제어(Concurrency Control)의 문제점이 아닌 것은?

① 갱신 분실(Lost Update)   ② 비완료 의존성(Uncommitted Dependency)

③ 모순성(Inconsistency)   ④ 연쇄 복귀(Cascading Rollback)

⑤ 로킹(Locking)

73. 다음 중 주기억 장치에서 데이터를 받아 가산기의 산술연산 및 논리연산의 결과를 일시적으로 기억하는 장치는?

① 어드레스 레지스터   ② 명령 레지스터

③ 누산기   ④ 가산기

⑤ MAR

ANSWER 68.④ 69.⑤ 70.④ 71.② 72.⑤ 73.③

74. .다음은 무엇에 대한 설명인가?

> 개발 일정이 지연된다고 해서 말기에 새로운 인원을 투입하면 일정이 더욱 지연된다는 법칙

① 무어의 법칙
② 요르돈의 법칙
③ 길더의 법칙
④ 리드의 법칙
⑤ 브룩스의 법칙

75. 제한되지 않은 환경에서 다수가 사용한 프로그램에서 오류가 발견되면 개발자에게 통보하는 검사 기법은?

① 복구 검사
② 형상 검사
③ 알파 검사
④ 베타 검사
⑤ 화이트박스 검사

76. 다음 중 전송 매체상의 전송 프레임마다 해당 채널의 시간 슬롯이 고정적으로 할당되는 다중화 방식은?

① 주파수 분할 다중화
② 동기식 시분할 다중화
③ 통계적 시분할 다중화
④ 코드 분할 다중화
⑤ 비동기식 시분할 다중화

77. 다음의 설명에 해당하는 것은?

> 디지털 교환기와 디지털 전송로에 의하여 구성된 하나의 통신망으로 전화, 데이터, 팩시밀리, 화상 등 다른 복수의 통신 서비스를 제공하는 디지털 통신망을 말한다.

① 종합정보통신망(ISDN)
② 근거리 통신망(LAN)
③ 구내 망(PBX)
④ 광역 통신망(WAN)
⑤ 부가가치통신망(VAN)

78. 다음 중 암호 블록 연쇄모드라는 뜻을 가지고 있으며, 암호문 블록을 마치 체인처럼 연결시키는 암호문 모드는?

① ECB모드
② CTR모드
③ CBC모드
④ CFB모드
⑤ OFB모드

79. 네트워크 방화벽 구축 형태에 대해 바르게 설명한 것을 모두 고른 것은?

인터넷 – 패킷 라우터 – 베스천 호스트 – 내부 네트워크

㉠ 2단계 방어로 안전성이 향상된다.
㉡ 가장 많이 활용되며, 융통성이 좋다.
㉢ 정보 지향적인 공격방어가 가능하다.
㉣ 구축비용이 많이 든다.
㉤ 로그인 정보의 유출 시에 내부 네트워크로의 침입이 가능하다.

① ㉠㉡㉢   ② ㉠㉡㉣

③ ㉠㉢㉣   ④ ㉡㉢㉣

⑤ ㉢㉣㉤

80. ⑺ ~ ⑼에서 설명하는 접근 제어 모델로 옳은 것은?

⑺ 무결성의 3가지 목표인 비인가자들의 데이터 변형 방지, 내 · 외부의 일관성 유지, 합법적인 사람에 의한 불법적인 수정 방지를 모두 만족하는 접근 제어 모델이다.
⑻ 첫 번째로 제시된 수학적 보안 모델이며, 군대의 보안 레벨과 같이 그 정보의 기밀성에 따라 상하 관계가 구분된 정보를 보호하기 위해 사용되는 접근제어 모델이다.
⑼ 데이터 무결성에 초점을 둔 상업용 모델로, 낮은 등급의 데이터를 읽을 수 없고, 높은 등급의 데이터에 쓸 수 없는 접근 제어 모델이다.

	(가)	(나)	(다)
①	비바 모델	클락 윌슨 모델	벨 라파듈라 모델
②	벨 라파듈라 모델	비바 모델	클락 윌슨 모델
③	클락 윌슨 모델	비바 모델	벨 라파듈라 모델
④	벨 라파듈라 모델	클락 윌슨 모델	비바 모델
⑤	클락 윌슨 모델	벨 라파듈라 모델	비바 모델

ANSWER 74.⑤ 75.④ 76.② 77.① 78.③ 79.② 80.⑤

PART

03

정답 및
해설

1	2	3	4	5	6	7	8	9	10	11	12	13	14	15	16	17	18	19	20
④	④	⑤	③	②	⑤	④	②	③	⑤	②	④	③	①	②	③	④	①	③	②
21	22	23	24	25	26	27	28	29	30	31	32	33	34	35	36	37	38	39	40
③	④	④	②	①	②	④	⑤	⑤	③	④	③	③	①	②	⑤	④	②	③	②
41	42	43	44	45	46	47	48	49	50	51	52	53	54	55	56	57	58	59	60
②	②	⑤	②	③	④	④	⑤	④	②	②	①	⑤	⑤	⑤	②	④	②	④	③
61	62	63	64	65	66	67	68	69	70	71	72	73	74	75	76	77	78	79	80
④	③	④	⑤	①	①	①	⑤	①	②	④	③	④	②	①	①	①	②	①	③

직무능력평가

1. ④

④ 지문에 있는 〈그림〉에 따라 경증치매는 주 · 야간 보호시설이나 입소시설에서 관리한다.

① 첫 번째 문단을 통해 우리나라에서는 보건복지부가 치매 관리의 중요성을 알리고 공감을 형성하기 위해 2008년부터 치매 인식개선과 극복 프로그램 캠페인을 열고 있다는 사실을 알 수 있다.

② 두 번째 문단을 통해 2016년에는 OECD가 발표한 10대 치매 관리 핵심 정책 목표를 기준으로 제3차 치매관리종합계획을 발표했다는 사실을 알 수 있다.

③ 두 번째 문단을 통해 2017년에 전국 256개 보건소에 치매안심센터를 단계적으로 설치하여 통합 치매관리서비스를 시작하였다는 것을 알 수 있으며 〈그림〉을 통해 상담, 조기검진, 쉼터 등을 운영한다는 사실을 알 수 있다.

⑤ 마지막 문단에서 WHO 자료에 의해 2021년 전 세계 치매 인구는 약 5,000만 명, 향후 2050년에는 1억 5,200만 명에 육박할 것으로 추정된다는 사실을 알 수 있다.

2. ④

① 지문에서 서울 이외의 지역별 비율이 명시되어 있지 않다.

② 지문에서 1인 가구의 증가, 경기불황 등 다양한 사회적 요인이 문제로 대두되고 있다고 밝히고 있다.

③ SNS가 외로움을 해결한다는 특징을 나타내는 내용은 지문에 없다.

⑤ 지문에서 외로움에 대한 사회적 위협이 과소평가 되어 있기 때문에 다양한 해결방안이 필요하다고 밝히고 있다.

3. ⑤

제시문은 스콧 피츠제럴드와 그의 소설 「위대한 개츠비」에 대한 이야기를 하고 있으나, ⑩은 청소년들에게 고전을 격려하고 있다.

4. ③

제시문은 화학 반응에 대한 이야기를 하고 있으나, ⓒ은 화학적 친화력에 대한 이야기를 하고 있다.

5. ②

〈보기〉를 표로 나타내면 다음과 같다.

구분	제안서	가격	실적	경력
甲 업체	탈락	통과	통과	통과
乙 업체		탈락		통과
丙 업체		통과	통과	

① 丙 업체의 제안서, 경력 기준 결과는 알 수 없다.

③ 乙과 丙 업체의 제안서 기준 결과는 알 수 없다.

④ 丙 업체의 경력 기준 결과는 알 수 없다.

⑤ 乙 업체는 가격 기준에 탈락하였으며 丙 업체는 가격 기준에 통과하였다.

6. ⑤

A 씨 어머니는 55세 이상 어르신 할인을 적용 받을 수 있으나 중복 할인은 받을 수 없으므로 할인 금액이 큰 오일 파스텔 수업에 대해 50% 할인 혜택을 받는다.

따라서 140,000원(A 씨 도자기 수업) + 350,000원(A 씨 어머니 도자기 수업) + 105,000원(A 씨 어머니 오일 파스텔 수업) = 595,000원을 결제해야 한다.

7. ④

④ 생계급여 수급자는 도자기 수업, 오일파스텔 수업 모두 30% 할인 혜택이 있다.

① 자차일 경우 주차요금 20%가 할인된다.

② 1일 수강권은 할인 혜택이 적용되지 않는다.

③ 장애인 또는 장애인 동승 차량은 30% 할인받을 수 있다.

⑤ 수업 동시 결제 시 중복 할인은 불가하다.

8. ②

① 제1호에 의해서 제1금융권 은행에서 판매하는 것 이외의 상품도 포함된다.

③ 제3호에 의해서 금융상품업자의 거래상대방은 금융소비자이다.

④ 제4호에 따라서 전문금융소비자가 아닌 일반금융소비자로 본다.

⑤ 제4호와 제5호에 따라 국가와 한국은행은 전문금융소비자에 해당한다.

9. ③

빈칸 이후의 문장에서 단기 이익의 극대화가 장기 이익의 극대화와 상충될 때에는 단기 이익을 과감하게 포기하기도 한다고 제시되어 있으므로 ③이 가장 적절하다.

10. ⑤

작자는 오래된 물건의 가치를 단순히 기능적 편리함 등의 실용적인 면에 두지 않고 그것을 사용해온 시간, 그 동안의 추억 등에 두고 있으며 그렇기 때문에 오래된 물건이 아름답다고 하였다.

11. ②

인간은 매체를 사용하여 타인과 소통하는데 그 매체는 음성 언어에서 문자로 발전했으며 책이나 신문, 라디오나 텔레비전, 영화, 인터넷 등으로 발전해 왔다. 매체의 변화는 사람들 간의 소통양식은 물론 문화 양식에까지 영향을 미친다. 현대에는 음성, 문자, 이미지, 영상, 음악 등이 결합된 매체 환경이 생기고 있다. 이 글에서는 텔레비전 드라마가 인터넷, 영화, 인쇄매체 등과 연결되어 복제되는 형상을 낳기도 하고 수용자의 욕망이 매체에 드러난다고 언급한다. 즉 디지털 매체 시대의 독자는 정보를 수용하기도 하지만 생산자가 될 수도 있음을 언급하고 있다고 볼 수 있다.

12. ④

4문단에 따르면 매체를 통한 관계 맺기에서 얻은 지지나 소속감은 피상적이거나 위선적 관계에 기반을 둔 경우가 많다. 따라서 매체를 통한 관계 맺기는 개인이 느끼는 소외감과 고립감을 극복할 수 있게 하는 근본적인 방법으로 볼 수 없다.

13. ③

③ 안전보건교육을 이수하는 것을 위반하면 벌금을 내야한다는 내용으로 ㉠에 들어가기 가장 적절하다.
①②④⑤ 용어의 정의를 내리고 있는 문장으로 ㉠에 들어가기에는 적절하지 않다.

14. ①

첫 번째와 두 번째 조건을 정리해 보면, 세 사람은 모두 각기 다른 건물에 연구실이 있으며, 오늘 갔던 서점도 서로 겹치지 않는 건물에 있다.
세 번째 조건에서 최 교수와 김 교수는 오늘 문학관 서점에 가지 않았다고 하였으므로 정 교수가 문학관 서점에 간 것을 알 수 있다. 즉, 정 교수는 홍보관에 연구실이 있고 문학관 서점에 갔다.
네 번째 조건에서 김 교수는 정 교수가 오늘 갔던 서점이 있는 건물에 연구실이 있다고 하였으므로 김 교수의 연구실은 문학관에 있고, 따라서 최 교수는 경영관에 연구실이 있다.
두 번째 조건에서 자신의 연구실이 있는 건물이 아닌 다른 건물에 있는 서점에 갔었다고 했으므로, 김 교수가 경영관 서점을 갔고 최 교수가 홍보관 서점을 간 것이 된다. 이를 표로 나타내면 다음과 같다.

교수	정 교수	김 교수	최 교수
연구실	홍보관	문학관	경영관
서점	문학관	경영관	홍보관

15. ②

맨 오른쪽에 서 있던 것은 영수이고, 민지는 맨 왼쪽에 있지 않았으므로, 경호, 민지, 영수의 순으로 서 있었다는 것을 알 수 있다. 5층에서 영수가 내리고 엘리베이터가 다시 올라갈 때 경호는 맨 왼쪽에 서 있게 된다.

16. ③

세 사람 중 한 사람만 사실을 말하고 있으므로 각각의 경우를 대입하여, 논리적 오류가 없는 것이 정답이 된다.

- **甲이 사실을 말하고 있는 경우** : 조건에 따라 乙과 丙은 거짓말이 되는데, 이는 甲이 먹은 사탕의 개수가 5개일 때만 논리적으로 성립이 가능하다.
- **乙이 사실을 말하고 있는 경우** : 조건에 따라 甲과 丙은 거짓말이 되는데, 乙이 사실일 경우 甲도 사실이 되므로 조건에 모순된다.
- **丙이 사실을 말하고 있는 경우** : 조건에 따라 甲과 乙은 거짓말이 되는데, 丙이 사실일 경우 甲도 사실이 되므로 조건에 모순된다.

따라서 甲이 사실을 말하고 있으며, 사탕을 5개 먹은 경우에만 전제 조건이 성립한다.

17. ④

보기의 내용을 바탕으로 5Why 단계를 구성해 보면 다음과 같다.

[문제] 최종 육안 검사 시 간과하는 점이 많다.

- 1Why : 왜 간과하는 점이 많은가? → 제대로 보지 못하는 경우가 많다.
- 2Why : 왜 제대로 보지 못하는가? → 잘 보이지 않을 때가 있다.
- 3Why : 왜 잘 보이지 않는가? → 작업장 조명이 어둡다.
- 4Why : 왜 작업장 조명이 어두운가? → 조명의 위치가 좋지 않다.
- 5Why : 왜 조명의 위치가 좋지 않은가? → 작업장 조명에 대한 기준이 없다.

[해결책] 작업장 조명에 대한 기준을 표준화한다.

18. ①

B가 F에게 가장 빠른 경로로 연락하는 경로는 'B → C → F'와 'B → A → F'가 있다. B와 F를 제외하면 1명이다.

19. ③

- **영업팀** : 영어 능통자 → 미국에 5년 동안 거주한 丁

  대인관계 원만한 자 → 폭넓은 대인관계를 가진 乙
- **인사팀** : 논리 활용 프로그램 사용 적합자 → 컴퓨터 활용능력 2급 자격증을 보유하고 논리적 · 수학적 사고력이
  우수한 丙
- **홍보팀** : 홍보 관련 업무 적합자, 외향적 성격 소유자 → 광고학을 전공하고 융통성 있는 사고를 하는 戊, 서비
  스업 관련 아르바이트 경험이 많은 甲

따라서 영업팀은 丁, 乙이고 인사팀은 丙, 홍보팀은 戊, 甲인 경우에 인력 배치가 자질과 능력에 따른 적재적소
에 인력을 배치한 것이다.

20. ②

- ㉠ 충전시간당 통화시간은 A모델 6.8H > D모델 5.9H > B모델 4.8H > C모델 4.0H 순이다. 음악재생시간은
  D모델 > A모델 > C모델 > B모델 순으로 그 순위가 다르다. (×)
- ㉡ 충전시간당 통화시간이 5시간 이상인 것은 A모델 6.8H와 D모델 5.9H이다. (○)
- ㉢ 통화 1시간을 감소하여 음악재생 30분의 증가 효과가 있다는 것은 음악재생에 더 많은 배터리가 사용된다는
  것을 의미하므로 A모델은 음악재생에, C모델은 통화에 더 많은 배터리가 사용된다. (×)
- ㉣ B모델은 통화시간 1시간 감소 시 음악재생시간 30분이 증가한다. 현행 12시간에서 10시간으로 통화시간을 2
  시간 감소시키면 음악재생시간이 1시간 증가하여 15시간이 되므로 C모델과 동일하게 된다. (○)

21. ③

두 개의 제품 모두 무게가 42g 이하여야 하므로 B모델은 제외된다. K 씨는 충전시간이 짧고 통화시간이 길어야
한다는 조건만 제시되어 있으므로 나머지 세 모델 중 A모델이 가장 적절하다.
친구에게 선물할 제품은 통화시간이 16시간이어야 하므로 통화시간을 더 늘릴 수 없는 A모델은 제외되어
야 한다. 나머지 C모델, D모델은 모두 음악재생시간을 조절하여 통화시간을 16시간으로 늘릴 수 있으며 이
때 음악재생시간 감소는 C, D모델이 각각 8시간(통화시간 4시간 증가)과 6시간(통화시간 3시간 증가)이
된다. 따라서 두 모델의 음악재생 가능시간은 15 − 8 = 7시간, 18 − 6 = 12시간이 된다. 그런데 일주일 1
회 충전하여 매일 1시간씩의 음악을 들을 수 있으면 된다고 하였으므로 7시간 이상의 음악재생시간이 필
요하지는 않으며, 7시간만 충족될 경우 고감도 스피커 제품이 더 낫다고 요청하고 있다. 따라서 D모델보다 C모
델이 더 적절하다는 것을 알 수 있다.

22. ④

명제가 참일 경우 항상 참이 되는 것은 대우이다. 주어진 조사 결과를 도식화하여 정리하면 다음과 같다.

조사 결과	대우
정육 → ~ 과일	과일 → ~ 정육
~ 한과 → 과일	~ 과일 → 한과
~ 건어물 → 햄 세트	~ 햄 세트 → 건어물
건어물 → ~ 정육	정육 → ~ 건어물

따라서 첫 번째 조사 결과(정육 → ~ 과일)와 두 번째 조사 결과의 대우(~ 과일 → 한과)를 통해 (정육 → ~ 과일 → 한과)가 성립하므로, ④는 항상 참이 된다.

23. ④

30 ~ 50대 여성이 90%를 차지하는 고객 구성의 상황에서 남성 고객 유치를 위해 남성적인 브랜드 이미지를 구축하는 것은 주 고객층의 외면을 불러올 수 있다.

24. ②

[질문 1 - 2 - 3]에 따른 조사 결과를 바탕으로 '시민들의 이용 행태' 개선을 위해 취할 수 있는 방법을 생각할 수 있다.
② 시설물의 질과 양은 공원 이용에 만족하는 가장 큰 원인이다.

25. ①

다음과 같은 배치로 생각할 수 있다. A와 D는 서로 붙어 있다.

26. ②

2019년까지의 아시아주계 외교자격 수 = 2,627 + 4,474 + 5,235 + 3,115 = 15451 ··· ㉠
2021년까지의 아시아주계 외교자격 수 = 5,621 + 3,344 + 1,189 + 816 = 10970 ··· ㉡
㉠ − ㉡ = 4,481(명)

27. ④

첫 번째 숫자와 두 번째 숫자를 더한 값에 ÷2를 하면 세 번째 숫자가 나온다. 따라서 () 안에 들어갈 수는 18이 된다.

28. ⑤

요일 계산 문제는 주어진 날짜에서 알고자 하는 날짜까지 총 며칠인지를 구한 뒤 7로 나눈 나머지를 통해 요일을 추론할 수 있다. 즉, 8월 16일부터 31일까지 16일에 9월(30일), 10월(31일), 11월(30일), 12월(31일), 1월 1일을 모두 더하면 $16 + 30 + 31 + 30 + 31 + 1 = 139$일이 된다. 139를 7로 나누면 나머지가 6이 되므로, 토요일에서 6일이 지난 금요일이 된다.

29. ⑤

작년의 송전 설비 수리 건수를 x, 배전 설비 수리 건수를 y라고 하면, $x + y = 238$이다. 또한 감소 비율이 각각 40%와 10%이므로 올 해의 수리 건수는 $0.6x$와 $0.9y$가 되며, 이것이 $5 : 3$의 비율이므로 $0.6x : 0.9y = 5 : 3$이 되어 $1.8x = 4.5y$가 되고 $x = 2.5y$이다.

따라서 두 연립방정식을 계산하면, $3.5y = 238$이 되어 $y = 68$, $x = 170$건임을 알 수 있다. 그러므로 올 해의 송전 설비 수리 건수는 $170 \times 0.6 = 102$건이 된다.

30. ③

직사각형의 짧은 쪽 변의 길이를 a, 긴 쪽 변의 길이를 b라고 할 때, 밧줄의 길이가 12m이므로 $2a + b \leq 12$여야 한다. a, b가 정수이며, 밧줄을 최대로 이용하는 경우 부등식이 성립할 수 있는 (a, b)의 조합은 (1, 10), (2, 8), (3, 6)의 세 가지로 이 중 꽃밭의 넓이 ab의 값이 최대가 되는 경우는 (3, 6)에 해당한다. 따라서 이 꽃밭의 넓이의 최댓값은 $18m^2$이다.

31. ④

9 이하의 수가 적힌 카드가 나올 확률은 1이다.

32. ③

㉠ 인터넷 뱅킹을 통한 해외 외화 송금이므로 금액에 상관없이 건당 최저수수료 3,000원과 전신료 5,000원 발생 → 합 8,000원

㉡ 은행 창구를 통한 해외 외화 송금이므로 송금 수수료 10,000원과 전신료 8,000원 발생 → 합 18,000원

㉢ 금액에 상관없이 건당 수수료가 발생 → 10,000원

따라서 지불한 총 수수료는 8,000원 + 18,000원 + 10,000원 = 36,000원이다.

33. ③

• 2021년 1월 7일 코스닥 지수 : 561.32

• 2020년 12월 30일 코스닥 지수 : 542.97

2020년 12월 30일의 코스닥 지수를 100%로 봤을 때 2021년 1월 7일의 코스닥 지수는 103.37956 … (%)이므로, 약 3.38% 상승했음을 알 수 있다.

34. ①

표를 채우면 다음과 같다.

후보 \ 응답자의 선호도	저렴한 상품가격	홍보모델	오프라인 판매처	기타	합
A	130	(가) 130	60	300	(620)
B	260	(100)	30	350	740
C	(195)	(나) 130	45	300	(670)
D	65	40	15	(50)	(170)
계	650	400	150	1,000	2,200

35. ②

터미널노드(Terminal Node)는 자식이 없는 노드로서 이 트리에서는 D, I, J, F, G, H, 6개이다.

36. ⑤

현대사회에서는 물적자원에 대한 관리가 매우 중요한 사안이며 Bar Code와 QR 코드뿐 아니라 이를 지원하는 다양한 기법이나 프로그램들이 개발되고 있어 Bar Code와 QR 코드에 대한 이해가 필요하다.

⑤ Bar Code의 정보는 검은 막대와 하얀 막대의 서로 다른 굵기의 조합에 의해 기호화 되는 것이며, 제품군과 특성을 기준으로 물품을 대/중/소분류에 의해 관리하게 된다.

37. ④

DSUM(범위, 열 번호, 조건)은 조건에 맞는 수치를 합하는 함수이며, DCOUNT(범위, 열 번호, 조건)은 조건에 맞는 셀의 개수를 세는 함수이다. 따라서 DSUM이 아닌 DCOUNT 함수를 사용해야 하며, 추리영역이 있는 열은 4열이므로 '=DCOUNT(A1:D6,4,F2:F3)'를 입력해야 한다.

38. ②

SUMIF는 조건에 맞는 데이터를 더해주는 함수로서 범위는 B2:B10으로 설정해 주고 조건은 3천만 원 초과가 아니라 이상이라고 했으므로 ">=30000000"으로 설정한다.

39. ③

n = 0, S = 1
n = 1, S = $1 + 1^2$
n = 2, S = $1 + 1^2 + 2^2$
…
n = 7, S = $1 + 1^2 + 2^2 + \cdots + 7^2$
∴ 출력되는 S의 값은 141이다.

40. ②

ⓒ 부분의 선택 – 처리 과정이 잘못되었다.
'구슬 개수 나누기 2의 나머지
= 0' → (참) → 정답을 '짝수'로 정하기
'구슬 개수 나누기 2의 나머지
= 0' → (거짓) → 정답을 '홀수'로 정하기

41. ②

평일 오전 8시부터 오후 8시까지 최소 비용으로 계속 1명 이상의 아르바이트생을 채용하기 위해서는 강한결과 송민국을 채용하면 된다.

42. ②

평일 오전 8시부터 오후 4시까지 근무하던 강한결의 공백을 채우기 위해서는 희망 근무 시간이 맞는 사람 중 월, 수, 금은 김샛별에게, 화, 목은 금나래에게 먼저 연락해 볼 수 있다.

43. ⑤

'지식'이란 '어떤 특정의 목적을 달성하기 위해 과학적 또는 이론적으로 추상화되거나 정립되어 있는 일반화된 '정보'를 뜻하는 것으로, 어떤 대상에 대하여 원리적·통일적으로 조직되어 객관적 타당성을 요구할 수 있는 판단의 체계를 제시한다. ⑤의 지식은 가치가 포함되어 있지 않은 단순한 데이터베이스라고 볼 수 있다.

44. ②

한 셀에 두 줄 이상 입력하려고 하는 경우 줄을 바꿀 때는 〈Alt〉 + 〈Enter〉를 눌러야 한다.

45. ③

버블 정렬은 서로 이웃한 데이터들을 비교하여 가장 큰 데이터를 가장 뒤로 보내는 정렬이다.

㉠ 1회전

9 ↔ 6	7	3	5
6	9 ↔ 7	3	5
6	7	9 ↔ 3	5
6	7	3	9 ↔ 5
6	7	3	5	9

㉡ 2회전

6	7 ↔ 3	5	9
6	3	7 ↔ 5	9
6	3	5	7	9

㉢ 3회전

6 ↔ 3	5	7	9
3	6 ↔ 5	7	9
3	5	6	7	9

46. ④

농협은 '산지에서 소비지까지(Farm to Table)'을 통해 체계적인 농식품 관리와 안전 농식품 공급을 한다.

47. ④

① **토양환경전문가** : 현장에서 채취한 토양을 실험실로 가져와 토양 측정 장비로 분석하고, 토양의 물리적인 특성과 화학적인 특성을 정확하게 진단하는 일을 하는 직업을 말한다.

② **농업드론전문가** : 드론을 이용해 농장을 효율적으로 경영하도록 도와주는 직업을 말한다.

③ **팜파티플래너** : 팜파티는 팜(Farm) + 파티(Party)의 결합을 의미하는 말로, 도시의 소비자에게는 품질 좋은 농산물을 저렴한 가격에 만나볼 수 있도록 주선하고, 농촌의 농업인에게는 안정적인 판매 경로를 만들어 주는 직업을 말한다.

⑤ **친환경농자재개발자** : 화학농약 등 합성 화학물질을 사용하지 않고 유기물과 식물 추출물, 자연광물, 미생물 등을 이용한 자재만을 사용해 농자재를 만드는 사람을 말한다.

48. ⑤

「농수산물 품질관리법 시행규칙」 제7조에 따라, 표준규격품을 출하하는 자가 표준규격품 임을 표시하기 위해서 해당 물품의 포장 겉면에 "표준규격품"이라는 문구와 함께 품목·산지·품종·생산 연도(곡류만 해당)·등급·무게·생산자 정보를 기입한다.

49. ④

① **5G(5th Generation Mobile Telecommunication)** : 5세대 이동통신으로 최대속도가 20Gbps인 이동통신기술이다.

② **데이터마이닝(Data Mining)** : 다양한 데이터 가운데 유용한 정보를 추출하여 선택에 이용하는 과정이다.

③ **OLAP(Online Analytical Processing)** : 사용자가 대용량 데이터를 편리하게 추출·분석하도록 도와주는 비즈니스 인텔리전스(Business Intelligence) 기술이다.

⑤ **머신러닝(Machine Learning)** : 인공지능의 한 분야로 컴퓨터를 통해 인간의 능력을 실현하기 위한 기술이다. 컴퓨터가 다양한 데이터를 통해 패턴을 찾아내는 방법이다.

50. ②

제시된 내용은 패리티 가격에 대한 설명이다. 패리티 가격은 농민, 즉 생산자를 보호하는 것이 목적이다.

51. ②

① GHI : 독일 세계기아원조(Welthungerhilfe)와 미국 세계식량연구소(IFPRI)가 협력하여 2006년부터 전 세계 기아 현황을 파악·발표하는 세계 기아지수를 말한다.

③ WFP : 기아 인구가 없는 제로 헝거(Zero Hunger) 달성을 목표로 하는 유엔 세계식량계획을 말한다.

④ ODA : 국제농업협력사업은 개발도상국을 위한 우리나라 농업기술 개발·보급 협력 사업이다.

⑤ GAFSP : 세계농업식량안보기금은 빈곤 국가 농업 생산성 제고를 위해 만들어진 국제기금이다.

52. ①

② 암종병(Tumour) : 상처침입균으로 엽흔에 침입하여 표면에 불규칙한 혹이나 궤양이 발생한다.

③ 균류병(菌類病) : 사과에 질병을 일으키는 원인 중에 하나인 균류병이다.

④ 붉은별무늬(Rust) : 적성병으로도 불린다. 녹균의 일종인 Gymnosporangiun 속(屬)의 병원균에 의해 나뭇잎에 얼룩점 무늬의 작은 황색무늬가 점점 커지면서 나타난다.

⑤ 점무늬낙엽병(Alternaria Leaf Spot) : Alternaria Mali에 의해 나타나고 잎에 담갈색 병반이 점차 커지는 병징이 있다.

53. ⑤

⑤ 뇌 − 컴퓨터 인터페이스(Brain − Computer Interface) : 뇌파를 이용하여 컴퓨터에서 해석할 수 있는 인터페이스를 말한다.

① 인공 신경망(Artificial Neural Network) : 인간의 신경처리 과정을 모방하여 만든 알고리즘을 말한다.

② 딥러닝(Deep Learning) : 다량의 데이터를 이용하여 스스로 학습하는 인공 신경망으로 구축된 기계학습 기술을 말한다.

③ 가상현실(Virtual Reality) : 컴퓨터에서 만들어진 가상현실을 말한다.

④ 생성적 대립 신경망(Generative Adversarial Network) : 딥러닝 알고리즘으로 진짜와 똑같은 가짜를 생성하여 이를 판별하여 학습하고 진짜와 같은 가짜를 만드는 기술이다.

54. ⑤

블랙박스 테스트(Blackbox Test) … 비교검사(Comparison Testing)에 해당한다. 입력조건의 중간값에서 보다 경계값에서 에러가 발생될 확률이 높다는 점을 이용하여 이를 실행하는 테스트인 경계값분석(Boundary Value Analysis), 입력데이터 간의 관계가 출력에 영향을 미치는 상황을 체계적으로 분석하여 효용성 높은 시험사례를 발견하고자 원인 − 결과 그래프 기법을 제안하는 원인효과그래픽기법(Cause Effect Graphing Testing) 등이 있다.

55. ⑤

①② 암호화폐의 종류이다.

③ 가격변동성이 적게 유지되도록 설계된 화폐이다

④ 비트코인과 같은 형식으로 간편하게 채굴할 수 있는 장점이 있다.

※ NYSE(New York Stock Exchange) … 상장사들의 처음 진행하는 거래를 기념하기 위해서 퍼스트 트레이드 NFT를 발행하였다. 대체 불가능한 토큰(Non Fungible Token)으로 디지털 자산에 고유 인식값을 부여하여 교환이 불가능하다. NYSE가 발행한 NFT인 10초가량의 동영상 안에는 각 회사의 로고, 상장가격, 거래코드 등이 들어있다.

56. ②

애자일(Agile) … 문서작업 및 설계에 집중하던 개발 방식에서 벗어나 좀 더 프로그래밍에 집중하는 개발방 법론이다. 애자일(Agile)이란 단어는 '날렵한', '민첩한'이란 뜻을 가진 형용사이다. 애자일 개발방식도 그 본 래 의미를 따른다. 정해진 계획만 따르기보다, 개발 주기 혹은 소프트웨어 개발 환경에 따라 유연하게 대처하는 방식을 의미한다.

57. ④

① 디지털 쿼터족(Digital Quarter族) : 디지털을 기성세대보다 $\frac{1}{4}$ 시간 이내에 빠르게 처리하는 세대를 말한다.

② 디지털 사이니지(Digital Signage) : 디지털 미디어 광고를 말한다.

③ 디지털 디바이드(Digital Divide) : 디지털 사회 계층 간의 정보 불균형을 말한다.

⑤ 디지털 네이티브(Digital Native) : 미국교육학자 마크 프렌스키가 처음 사용하였으며, 태어나서부터 디지털 기 기에 둘러싸여서 성장한 세대를 말한다.

58. ②

② 전자문서관리(EDMS : Electronic Document Management System)

① 교육기록관리(LMS : Learning Management System)

③ 품질이벤트관리(eQMS)

④ 전사적자원관리(ERP : Enterprise Resource Planning)

⑤ 전자문서교환(EDI : Electronic Data Interchange)

59. ④

④ **정밀농업**(Precision Agriculture) : 4차 산업의 핵심 기술을 통해 전통적인 투입자원인 노동력 및 투입재를 최 소화하면서 생산량을 최대화하는 농업 방식. 즉, ICT 기술을 통해 정보화 · 기계화된 농업 분야를 의미한다. 정밀농업을 통해 적절한 수확량과 품질을 유지하면서도 환경적으로 안전한 생산체계를 만들 수 있으며 정보 화, 기계화가 가능할 것으로 전망된다.

① **계약재배**(Contract Cultivation) : 생산물을 일정한 조건으로 인수하는 계약을 맺고 행하는 재배방식이다. 주 로 담배 재배, 식품회사나 소비자 단체 등과 제휴하여 행해지고 있다.

② **겸업농가**(Part Time Farm Household) : 농업에 종사하면서 농업 외의 다른 직업을 겸하는 것으로 농업을 주업으로 하는 경우에는 제1종 겸업농가라고 하며 농업 외의 다른 직업이 주업이 되면 제2종 겸업농가로 구 별한다.

③ **녹색혁명**(Green Revolution) : 20세기 후반 개발도상국의 식량증산을 이루어낸 농업정책으로 품종개량, 화학 비료, 수자원 공급시설 개발 등의 새로운 기술을 적용하여 농업생산량일 일궈낸 과정 및 결과를 의미한다.

⑤ **생력농업**(Labor Saving Technique of Agriculture) : 작업 공동화 혹은 기계화를 추진하여 투입 노동력 및 투입 시간을 줄이고자 하는 경영방법이다.

60. ③

스마트 팜(Smart Farm) ⋯ ICT를 접목하여 생육환경을 관리할 수 있는 농장이다. 작물 생육정보와 환경정보 에 대한 데이터를 기반으로 하여 최적의 생육환경을 조성하고, 노동력과 에너지, 양분 등은 보다 덜 투입하면서 품질제고와 농산물 생산성을 향상시키기 위해 도입되었다.

직무상식평가   일반분야

61. ④

① 로젠탈 효과(Rosenthal Effect)는 칭찬의 긍정적인 효과를 말한다.

② 헤징(Hedging)은 환율이나 금리, 주가지수 등의 급격한 변동에 따른 손실을 막기 위한 거래이다.

③ 크레스피 효과(Crespi Effect)는 당근과 채찍을 뜻하며 보상과 처벌의 강도가 점점 강해져야 능률이 계속해 서 오른다는 것이다.

⑤ 리카도 효과(Ricardo Effect)는 실질 임금이 하락할 경우에 기업은 기계 대신 노동력을 사용하려는 경향을 보이는 것을 말한다.

62. ③

금리가 상승하게 되면 대체로 해당 국가의 통화가치가 상승하게 되는 즉, 환율이 하락하게 되는 경향이 있다. 또한 국제시장에서는 높은 금리를 찾아 달러 등의 해외자금이 유입되는데, 이 때 유입되는 달러가 많아지게 되면 해당 국가의 통화가치는 상승(환율 하락)하게 된다. 그러므로 환율이 하락하게 되면 수출에는 불리하며 수입에는 유리하게 된다.

63. ④

④ M Curve 현상 : 경제활동에서 떨어졌던 여성들은 자녀 양육이 어느 정도 완성되는 시기 이후에 다시 노동시장에 입성하게 되는데 이 같은 여성 취업률의 변화 추이가 영문 M자를 닮았다.

① U Curve 현상 : 여성 인력 사용에 있어 선진국으로 평가받는 캐나다와 스웨덴 같은 경우에는 M자가 아닌 U자를 뒤집어 놓은 형태를 보인다.

② J Curve 현상 : J커브 곡선은 환율 변동과 무역수지의 관계를 나타낸 곡선이다.

64. ⑤

① 개인종합자산관리계좌(ISA) : 투자자가 투자종목·수량을 지정하여 상품을 운용하는 계좌로 예금자보험법에 의해 보호받는다.

② 표지어음 : 몇 가지 어음으로 대표적인 표지를 만드는 것으로 예금자보험법에 의해 보호받는다.

③ 외화통지예금 : 자금인출 시기가 불확실할 때 이용할 수 있는 예금으로 예금자보호법에 의해 보호받는다.

④ 개인형 퇴직연금(IRP) : 노후를 준비하기 위해 여유자금을 적립하여 퇴직·이직 시 수령 받을 수 있는 퇴직연금제도로 예금자보호법에 의해 보호받는다.

65. ①

피구 효과(Pigou Effect) … 금융자산의 실질가치증가가 실질 부의 증가로 연결되어 그 결과 소비지출이 증가하는 효과를 말한다. 따라서 물가가 완전신축적인 경우에는 물가하락이 소비자들의 실질부를 증가시켜 완전고용국민소득을 달성할 수 있게 되는데, 이를 피구 효과(실질잔고 효과)라고 한다. 이 피구 효과는 유동성 함정구간에서는 반드시 확대재정정책을 실시해야 한다는 케인즈의 주장에 대한 고전학파의 반론이다.

66. ①

② **엄브렐러 펀드(Umbrella Fund)** : 전환형 펀드의 일종으로 펀드 아래에 여러 유형의 하위 펀드가 우산살처럼 있다는 뜻에서 지어졌다.

③ **멀티클래스 펀드(Multiple Class Fund)** : 하나의 펀드에 투자기간 및 투자액이 다른 투자자들로 구성되어 있는 펀드이다.

④ **모자 펀드(Master Feeder Fund)** : 다수의 개별 펀드인 자펀드를 통하여 투자자금을 모아 모펀드에 투자하는 방식의 펀드이다.

⑤ **뮤추얼 펀드(Mutual Fund)** : 증권투자자들이 펀드의 주식을 매입해 주주로서 참여하며 원할 때 언제든지 주식의 추가발행환매가 가능한 투자신탁이다.

67. ①

M&A 동기
㉠ **경영전략적 동기** : 기업 지속성장 추구, 국제화 추구, 효율성 극대화, 기술발달
㉡ **영업적 동기** : 시장지배력 확대, 시장참여의 시간단축
㉢ **재무적 동기** : 위험분산, 자금 조달 능력 확대, 세금 절감

68. ⑤

ETF(Exchange Traded Fund)
㉠ 주식처럼 거래가 가능한 펀드이다.
㉠ 특정 주가지수의 수익률을 따라가는 지수연동형 펀드를 구성한 뒤 이를 거래소에 상장하여 개별 주식처럼 매매가 편리하고 인덱스 펀드처럼 거래비용이 낮고 소액으로도 분산투자가 가능하다는 장점을 가지고 있다.
㉡ 거래는 주식처럼 하지만 성과는 펀드와 같은 효과를 얻는다.

69. ①

① **지니계수** : 소득 분배의 불평등을 나타내는 수치로, 분포의 불균형을 의미하며 소득이 어느 정도 균등하게 분배되어 있는가를 나타낸다.
② **엥겔지수(Engel Coefficient)** : 일정 기간 가계 소비지출 총액에서 식료품비가 차지하는 비율
③ **위대한 개츠비 곡선** : 소설 「위대한 개츠비」의 주인공 개츠비의 이름을 인용한 것으로, 경제적 불평등이 커질수록 사회적 계층이동성이 낮음을 보여주는 곡선
④ **로렌츠곡선** : 국민의 소득 분배 상태를 알아보기 위한 곡선
⑤ **10분위 분배율** : 국가 전체 가구를 소득 크기에 따라 저소득에서 고소득 순으로 10등분한 지표

70. ②

① 극장 관람과 비디오 시청은 서로 '대체재'의 성격을 갖고 있다.

③⑤ 조조할인 제도는 극장이 동일한 영화에 대한 관람객의 특성(수요의 가격탄력성)에 따라 다른 가격을 매겨 이윤을 높이는 가격차별 전략이다.

④ 외부 음식물 반입을 금지하면서 시중보다 높은 가격을 받고 있는 극장 내의 매점은 '진입장벽'을 통해 독점의 이익을 누리고 있다.

직무상식평가　　　　IT분야

71. ④

컴퓨터 시스템은 크게 하드웨어와 소프트웨어로 구성된다. 컴퓨터 정보시스템은 하드웨어, 소프트웨어와 사람, 데이터의 4가지를 구성 요소로 한다.

72. ③

디코더(Decoder) … 코드화된 2진 정보를 다른 코드형식으로 변환하는 해독회로이다.

73. ④

프로그래밍 언어의 설계원칙

㉠ 프로그래밍 언어의 개념이 분명하고 단순해야 한다.

㉡ 신택스가 분명해야 한다.

㉢ 자연스럽게 응용할 수 있어야 한다.

㉣ 프로그램 검증이 용이하다.

㉤ 적절한 프로그램 작성환경이 갖추어져 있어야 한다.

㉥ 프로그램이 호환성이 있어야 한다.

㉦ 효율적이어야 한다.

74. ②

데이터 중복의 문제점 … 일관성 문제, 보안성 문제, 경제성 문제, 무결성 문제

75. ①

② 큐(Queue) : 한쪽 끝에서 삭제가 일어나고 한쪽 끝에서 삽입이 되는 선입선출 알고리즘을 가지는 선형 리스트를 말한다.

③ 데크(Deck, Double Ended Queue) : 리스트의 양쪽 끝에서 삽입과 삭제가 이루어진다.

④ 트리(Tree) : 비선형 구조로서 기억장소 할당, 정렬, 검색에 응용된다.

⑤ 카운터(Counter) : 입력펄스에 따라 레지스터의 상태가 미리 정해진 순서대로 변화하는 레지스터이다.

76. ①

② 프로토콜(Protocol) : 네트워크상에서 어떠한 형식으로 데이터를 주고받을 것인가에 대해서 약속된 규약이다.

③ 라우터(Router) : 대규모 네트워크에 사용되는 초지능형 브리지이다.

④ 플러그 인(Plug In) : 웹 브라우저 도움 프로그램으로 넷스케이프 네비게이터 Helper Application은 또 다른 응용 프로그램을 새로 실행 시켜야 한다는 단점을 가지고 있어 이를 보완하기 위해 만든 것이다.

⑤ 파이프라인(Pipe Line) : 하나의 프로세서를 서로 다른 기능을 가진 여러 개의 서브 프로세서로 나누어 각 프로세서가 동시에 서로 다른 데이터를 처리하도록 하는 기법이다.

77. ①

HTML 용어

㉠ UL : 순서가 없는 목록의 시작과 종료를 알려주는 태그이다.

㉡ OL : 순서가 있는 목록의 시작과 종료를 알려주는 태그이다.

78. ②

• **쉬프트 연산자** : 비트를 몇 칸씩 옆으로 이동하는 연산

• <<: 이진법의 왼쪽 시프트 연산자로 왼쪽 피연산자를 오른쪽 피연산자의 비트 숫자만큼 왼쪽으로 이동

• >>: 이진법의 오른쪽 시프트 연산자로 왼쪽 피연산자를 오른쪽 피연산자의 비트 숫자만큼 오른쪽으로 이동

[계산]

㉠ (a>>2) 오른쪽으로 2비트 쉬프트

㉡ int a = 101 : $101 \times \frac{1}{2^2} = 101 \times \frac{1}{4} = 25$

㉢ ((a>>2)<<3) → (a>>2)의 결과를 <<3 왼쪽으로 3비트씩 쉬프트 $25 \times 2^3 = 25 \times 8 = 200$

㉣ System.out.println((a>>2)<<3): → 200 출력

79. ①

공개키 암호 방식 ··· 암호키와 암호를 해독하는 복호키 중 암호화 키를 외부에 공개하여, 상대방은 공개된 암호화 키를 이용하여 정보를 보내고, 자신은 자신만이 가진 복호화 키를 이용하여 수신된 정보를 해독할 수 있도록 한 정보 암호화 방식이다. 대표적인 공개키 암호 방식에는 RSA 알고리즘이 있다. 위 문제에서는 공개키 암호 방식을 전자서명에 적용한다고 하였는데 일반적으로 전자 서명의 인증 과정은 RSA 알고리즘과는 반대 원리이며 비공개키 알고리즘과 공개키 알고리즘의 조합을 사용한다. 전자서명은 자신을 다수의 타인에게 증명하는 기능이므로, 암호화 과정에서 자신만 아는 비밀키(전자 서명)를 사용한다. 암호화한 전자 서명은 다수의 타인이 확인하므로 해독 과정에서는 공개키를 사용한다. 전자 서명 과정에서 복잡하게 두 단계로 암호화하는 이유는 다음과 같다. 먼저 RSA 알고리즘을 사용해 암호화하는 과정은 전송 과정에서의 보안 문제를 해결하기 위함이다. 그런데 이렇게 전송 보안 문제를 해결하면 전자 서명의 기본 목적인 인증 문제를 해결해야 하므로 비공개키인 전자 서명을 사용해 암호화하는 과정도 필요하다.

80. ③

병렬전송은 버스 내의 선의 개수와 레지스터를 구성하는 플립플롭의 개수가 일치한다. 플립플롭에는 RS, JK, D, T 플립플롭이 있다.

1	2	3	4	5	6	7	8	9	10	11	12	13	14	15	16	17	18	19	20
①	①	③	②	④	③	③	③	③	⑤	①	①	③	⑤	③	③	④	⑤	④	③
21	22	23	24	25	26	27	28	29	30	31	32	33	34	35	36	37	38	39	40
③	⑤	②	①	⑤	⑤	①	④	④	⑤	②	⑤	③	③	③	⑤	③	①	①	②
41	42	43	44	45	46	47	48	49	50	51	52	53	54	55	56	57	58	59	60
④	②	②	③	③	⑤	①	⑤	②	②	①	②	⑤	④	①	⑤	④	⑤	④	
61	62	63	64	65	66	67	68	69	70	71	72	73	74	75	76	77	78	79	80
①	②	③	③	③	①	①	⑤	⑤	④	①	①	②	②	③	①	②	④	③	①

직무능력평가

1. ①

개발자 채용을 위해 브레인스토밍 방식을 활용하고 있다. 丙은 乙이 제시하는 아이디어를 줄곧 비판하고 있다. 丁은 최대한 많은 아이디어, 그리고 丙의 아이디어와 자신의 아이디어를 결합하여 제시하고 있다.

2. ①

제시문은 편중된 수출 시장을 다변화하기 위한 노력과 수출 시장 마케팅 방식 전환으로 전년 대비 농식품 수출 증가를 이뤄냈다고 언급하고 있다.

3. ③

근로기준에 대한 원칙과 의무를 나열하고 있다.

4. ②

제시문은 과시소비의 경각심에 대해 이야기하고 있다. ⓛ은 디드로 효과, 즉 하나의 마케팅 사례를 이야기하고 있다.

5. ④

④ 제시문은 정보를 제공하기 위한 문서이다. 설명서나 안내서, 보도자료 등 정보 제공이 목적인 문서는 내용이 정확해야하며 신속해야 한다.

① 명령이나 지시를 내려야 하는 문서 작성 시 유의할 사항이다.

② 요청이나 확인이 필요한 문서 작성 시 유의할 사항이다.

③ 공무집행을 위한 정부기관 문서 작성 시 유의할 사항이다.

⑤ 아이디어를 바탕으로 기획하는 문서 작성 시 유의할 사항이다.

6. ③

일반적인 문제해결 절차는 문제인식 → 문제 도출 → 원인 분석 → 해결안 개발 → 실행 및 평가로 이루어진다. 거래처의 연락(문제인식) → 도착 예상 날짜 파악(문제도출) → 부분배송이유(원인분석) → 답변에 따라 배송 추적하여 예상 날짜 파악(해결안 개발) → 거래처 보고(실행 및 평가)

7. ③

③ 정부에서는 통일벼 재배를 적극 권장하며, 비싼 가격으로 농민들에게 쌀을 사들이고 저렴한 가격으로 이를 보급하는 이중곡가제를 실시하였다.

① 본격적으로 보급된 시기는 1972년이며, 재배면적이 확대된 시기는 1976년이다.

②④ 주어진 글에 언급되지 않은 내용이다.

⑤ 비탈립성은 낟알이 떨어지지 않는 특성을 말하며, 통일벼는 낟알이 쉽게 떨어져나가는 특성이 있어 개선이 요구되었다.

8. ③

㈎에서 과학자가 설계의 문제점을 인식하고도 노력하지 않았기 때문에 결국 우주왕복선이 폭발하고 마는 결과를 가져왔다고 말하고 있다. ㈏에서는 자신이 개발한 물질의 위험성을 알리고 사회적 합의를 도출하는 데 협조해야 한다고 말하고 있다. 두 글을 종합해 보았을 때 공통적으로 말하고자 하는 바는 '과학자로서의 윤리적 책무를 다해야 한다'라는 것을 알 수 있다.

9. ③

받을 연금과 내는 보험료의 비율이 누구나 일정하여 보험료 부담이 공평한 것은 적립방식이다. 부과방식은 현재 일하고 있는 사람들에게서 거둔 보험료를 은퇴자에게 사전에 정해진 금액만큼 연금을 지급하는 것으로, 노인 인구가 늘어날 경우 젊은 세대의 부담이 증가할 수 있다고 언급하고 있다.

10. ⑤

확정급여방식의 경우 나중에 얼마의 연금을 받을 지 미리 정해놓고 보험료를 납부하는 것으로 기금 운용 과정에서 발생하는 투자의 실패를 연금 관리자가 부담하게 된다. 따라서 투자 수익이 부실한 경우에도 가입자가 보험료를 추가로 납부해야 하는 문제는 발생하지 않는다.

11. ①

I에서는 방화벽 시스템의 개념에 대한 설명이 다루어져야 하므로 가현의 의견과 어울리지 않는다. 보유 정보가 해커들로부터 보호할 가치가 있다는 주장을 하고자 한다면, II에서 제시하여 방화벽 시스템의 필요성을 강조할 수 있다.

12. ①

① 산업 형태의 변화, 그리고 농촌의 인구 감소와 고령화, 수입 농산물 개방으로 인한 국내 농산물 경쟁력 약화 등의 문제로 새롭게 등장하였다.
② 알 수 없는 내용이다.
③ 6차 산업은 1 ~ 3차를 융합한 산업이다.
④⑤ 6차 산업 사업자를 대상으로 하는 인증제도의 특징이다.

13. ③

네 개의 문장에서 공통적으로 언급하고 있는 것은 환경문제임을 알 수 있다. 따라서 ㈏ 문장이 '문제 제기'를 한 것으로 볼 수 있다. ㈎는 ㈏에서 언급한 바를 더욱 발전시키며 논점을 전개해 나가고 있으며, ㈑에서는 논점을 '잘못된 환경문제의 해결 주체'라는 쪽으로 전환하여 결론을 위한 토대를 구성하며, ㈐에서 필자의 주장을 간결하게 매듭짓고 있다.

14. ⑤

명제 2와 명제 1을 이용해 결론을 얻기 위해서는, '밤이 오면 해가 들어간다 → (해가 들어가면 밝지 않다.) → 밝지 않으면 별이 뜬다'로 연결해야 한다. 따라서 필요한 명제 3은 '해가 들어가면 밝지 않다' 또는 그 대우인 '밝으면 해가 들어가지 않는다'가 된다.

15. ③

방송광고와 방송연설로 구분하여 계산해 볼 수 있다.

구분		최대 시간
방송 광고		15회 × 1분 × 2매체 = 30분
방송 연설	비례대표	대표 2인 × 10분 × 2매체 = 40분
	지역구	후보자 100명 × 10분 × 2매체 × 2회 = 4,000분

따라서 甲정당과 그 소속 후보자들이 최대로 실시할 수 있는 선거방송 시간의 총합은 4,070분이다.

16. ③

첫 번째와 두 번째 규칙에 따라 두 사람 점수의 총합은 $4 \times 20 + 2 \times 20 = 120$점이 된다. 이 때 두 사람 중 점수가 더 낮은 사람의 점수를 x점이라고 하면, 높은 사람의 점수는 $120 - x$점이 되므로 $120 - x = x + 12$가 성립한다.
따라서 $x = 54$이다.

17. ④

'유학생 또는 해외체재비 송금'을 목적으로 할 경우 건당 한도는 '5만 불'이다.

18. ⑤

경진은 비영업일(토요일)에 송금을 했으므로 송금액은 익영업일인 4월 11일 월요일 10시에 출금된다.

19. ④

도시락의 개수를 x라고 할 때, A 상점과 B 상점에서 도시락 구입 가격은 다음과 같다.

• A 상점 : $5,000x$

• B 상점 : $4,850x+2,000$

이때, A 상점보다 B 상점에서 구입할 때 드는 비용이 더 적어야 하므로 $5,000x < 4,850x+2,000$이 성립하고 $150x < 2,000$, $x < 13.333\cdots$이므로 적어도 14개 이상의 도시락을 구입해야 한다.

20. ③

두 번째 정보에서 테이블 1개와 의자 1개는 서류장 2개의 가격과 같음을 알 수 있다.

세 번째 정보에서 두 번째 정보를 대입하면 테이블 2개와 의자 1개는 의자 5개와 서류장 15개의 가격과 같아지게 된다. 따라서 테이블 1개는 의자 1개와 서류장 1개의 가격과 같아진다는 것을 알 수 있다. 그러므로 서류장 2개와 의자 2개는 테이블 2개와 같은 가격이 된다. 결국 서류장 10개와 의자 10개의 가격은 테이블 10개의 가격과 같다.

21. ③

	연필	지우개	샤프심	매직
갑	○	×	○	×
을	○	×	○	×
병	×	○	×	○
정	×	×	○	×

22. ⑤

첫 번째는 직계존속으로부터 증여받은 경우로, 10년 이내의 증여재산가액을 합한 금액에서 5,000만 원만 공제하게 된다.

두 번째 역시 직계존속으로부터 증여받은 경우로, 아버지로부터 증여받은 재산가액과 어머니로부터 증여받은 재산가액의 합계액에서 5,000만 원을 공제하게 된다.

세 번째는 직계존속과 기타친족으로부터 증여받은 경우로, 아버지로부터 증여받은 재산가액에서 5,000만 원을, 삼촌으로부터 증여받은 재산가액에서 1,000만 원을 공제하게 된다.

따라서 세 가지 경우의 증여재산 공제액의 합은 5,000 + 5,000 + 6,000 = 1억 6천만 원이 된다.

23. ②

주어진 자료를 근거로, 다음과 같은 계산 과정을 거쳐 증여세액이 산출될 수 있다.

- **증여재산 공제** : 5천만 원
- **과세표준** : 1억 7천만 원 − 5천만 원 = 1억 2천만 원
- **산출세액** : 1억 2천만 원 × 20% − 1천만 원 = 1,400만 원
- **납부액** : 1,400만 원 × 93% = 1,302만 원

24. ①

② 1시간 더 일할 때마다 추가로 발생하는 비용은 일정하지 않다.
③ 로봇으로 대체함으로써 하루에 최대로 얻을 수 있는 순편익은 21,000원이다.
④ 1시간 더 작업할 때마다 추가로 발생하는 편익은 6,000원으로 항상 일정하다.
⑤ 4시간 작업했을 때의 순편익은 12,000원, 7시간 작업했을 때의 순편익은 20,000원이다.

25. ⑤

戊가 영어를 선택할 경우와 중국어를 선택할 경우에 따라 받을 수 있는 자기개발 지원금을 정리하면 다음과 같다.

- **영어 선택** : (1안) 6만 원 < (3안) 10만 원
- **중국어 선택** : (1안) 6만 원 > (3안) 5만 원

따라서 戊가 3안 채택 시 받을 수 있는 자기개발 지원금이 1안 채택 시 받을 수 있는 자기개발 지원금보다 커지기 위해서는 반드시 영어를 선택해야 한다.

26. ⑤

주어진 조건에 따라 범인을 가정하여 진술을 판단하면 다음과 같다.

〈사건 1〉

진술 \ 범인	가인	나은	다영
가인	거짓	참	참
나은	참	참	거짓
다영	거짓	거짓	참

〈사건 2〉

진술＼범인	라희	마준	바은
라희	거짓	참	참
마준	거짓	참	참
바은	거짓	거짓	참

따라서 〈사건 1〉의 범인은 가인, 〈사건 2〉의 범인은 라희이다.

27. ①

미지항은 좌변으로 상수항은 우변으로 이동시켜 정리하면 $3x - 2x = -3 + 5$이므로($\because$ 이동 시 부호가 반대) $x = 2$이다.

28. ④

처음 숫자를 시작으로 3, 4, 5, 6, …9까지 오름차순으로 더해나간다.

29. ④

홀수 항은 +6, 짝수 항은 -6의 규칙을 가진다.

30. ⑤

위행기구 설치기준에 따라 〈보기〉의 조건을 아래와 같이 정리할 수 있다.

㉠ 남자 30명과 여자 30명이 근무하므로 'A 기준'에서는 4개, 'B 기준'에서는 4개의 위생기구가 필요하다. 그러므로 'A 기준'과 'B 기준'에 따라 설치할 위생기구 수는 같다.

㉡ 남자 50명과 여자 40명이 근무하므로 'B 기준'에 따르면 남자 화장실에는 3개의 위생기구를 설치해야 한다. 여자 화장실에는 2개의 위생기구를 설치해야 한다. 이때 "남자 화장실에서 위생기구 수가 짝수인 경우 대변기와 소변기를 절반씩 나누어 설치하고, 홀수인 경우 대변기를 한 개 더 많이 설치한다."는 조건에 따라 남자 화장실에는 3개의 위생기구 중 대변기 2개를 설치하여야 한다. 조건에 따라 여성 화장실에는 모두 대변기를 설치해야 하므로 결국 두 곳 모두 대변기를 2개 설치해야 한다.

㉣ 남자 150명과 여자 100명이 근무하므로 'C 기준'에서 남자 화장실에는 4개, 여자 화장실에는 3개의 위생기구를 설치해야 한다. 이때 상기한 조건에 따라 남자 화장실에 대변기 2개를 설치하여야 하고 여자 화장실의 3개를 합하여 총 5개를 설치하여야 한다.

㉢ 남자 80명과 여자 80명이 근무하므로 'A 기준'에 남자 화장실과 여자 화장실에 각각 4개의 위생기구를 설치해야 한다. 이때 여자 화장실에는 모두 대변기를 설치하므로 설치할 소변기는 총 2개이다.

31. ②

② B는 "2021년 사용자별 지출액의 전년 대비 증가율은 '개인'이 가장 높다"고 했다. 2021년 사용자별 지출액의 전년(2020년) 대비 증가율을 보면 개인은 30% 대이다. 민간사업자의 경우 약 40% 이상 증가하였으므로 적절하게 평가하지 못했다.

① 공공사업자 지출액의 전년 대비 증가폭은 2019년에는 49억 증가하였고, 2020년에는 53억이 증가하였다. 2021년에는 47억이 증가하였으므로 2020년이 가장 크다.

③ 공공사업자 지출액의 전년 대비 증가폭은 매년 10% 미만인 반면 민간사업자나 개인의 경우 전년 대비 증가율은 매년 10% 이상이다.

④ 공공사업자와 민간사업자의 지출액 합은 2018년 800억대, 2019년 900억대, 2020년 1,100억대, 2021년 1,300억대이다. 개인의 경우 2018년 532억, 2019년 725억, 2020년 985억, 2021년 1,294억으로 D는 옳게 평가하였다.

⑤ 2018년 모든 사용자의 지출액 합은 1,378(634 + 212 + 532)억이다. 2021년 지출액 합은 2,639(783 + 562 + 1,294)억이다. 2018년 대비 2021년 지출액의 합은 1,261억이 증가하였다. 이는 약 91%로 80% 이상 증가한 것이다.

32. ⑤

⑤ 설문조사 결과에 대해 무는 "2020년 '있음'으로 응답한 비율의 전년대비 감소율이 가장 큰 침해유형은 '주민등록번호 도용'이다."고 반응했다. 주민등록번호 도용을 기준으로 전년인 2019년에 '있음' 비율이 2020년보다 큰 항목이면서도 감소폭이 작은 항목은 개인정보 무단수집과 과도한 개인정보 수집, 주민등록 도용이다. 감소율을 살펴보면, 개인정보 무단수집은 약 26%, 과도한 개인정보 수집은 약 30%, 목적 외 이용은 약 23%, 주민등록번호 도용은 약 40%다. 주민등록번호 도용의 감소율이 가장 높으므로 무는 옳은 반응을 보였다.

① '있음'으로 응답한 비율이 큰 침해유형부터 순서대로 나열하면 2019년의 경우 개인정보 무단 수집 → 개인정보 유출 → 제3자에게 제공 → 과도한 개인정보 수집 → 개인정보 미파기 → 주민등록번호 도용 → 목적 외 이용 순이다. 2020년의 경우는 개인정보 유출 → 개인정보 무단수집 → 제3자에게 제공 → 과도한 개인정보 수집 → 개인정보 미파기 → 목적 외 이용 → 주민등록번호 도용 순이다. 2019년의 가장 비율이 큰 침해유형은 개인정보 무단수집이고, 2020년은 개인정보 유출로 동일하지 않으므로 갑의 반응은 옳지 않다.

② 을은 "2020년 개인정보 무단수집을 '있음'으로 응답한 비율은 개인정보 미파기를 '있음'으로 응답한 비율의 2배 이상"이라고 했다. 2020년 개인정보 무단수집을 '있음'으로 응답한 비율은 44.4%이다. 개인정보 미파기를 '있음'으로 응답한 비율은 22.7%이다. 2배인 45.4%에 미치지 못하므로 을은 반응은 옳지 않다.

③ 병은 "2020년 '있음'으로 응답한 비율의 전년대비 감소폭이 가장 큰 침해유형은 '과도한 개인정보 수집'이다."라고 했다. 2020년 '있음'으로 응답한 비율의 전년대비 감소폭이 가장 큰 침해유형은 13.3%인 과도한 개인정보 수집이 아니고 15.3%인 개인정보 무단수집이다.

④ 정은 "2020년 모름으로 응답한 비율은 모든 침해유형에서 전년대비 증가하였다."고 했다. 2020년 '모름'으로 응답한 비율은 개인정보 유출의 경우 2019년 29.0%에서 2020년에는 27.7%로 감소하였으므로 정의 해석은 옳지 않다.

33. ③

2배가 되는 시점을 x주라고 하면

$(640 + 240x) + (760 + 300x) = 2(1,100 + 220x)$

$540x - 440x = 2,200 - 1,400$

$100x = 800$

$\therefore x = 8$

34. ③

$6,312 \div 3,524 \fallingdotseq 1.79$로 2배가 안 된다.

35. ③

③ 병은 "2006년 이후 매년 18세 미만 자녀에 대한 보육·교육비는 식료품비를 초과한다."고 했다. 각주에서 엥겔계수와 엔젤계수의 대소 관계는 식료품비와 18세 미만 자녀에 대한 보육·교육비의 대소 관계와 같음을 알 수 있다. 2006년 이후 엔젤계수가 엥겔계수보다 크므로, 18세 미만 자녀에 대한 보육·교육비가 식료품비를 초과함을 알 수 있다.

① 2008 ~ 2013년 동안 엔젤계수의 연간 상승폭이 매년 증가할 경우 그래프의 모양은 우상향하는 형태가 되어야 하나 2013년을 기점으로 우하향하는 형태로 나타나므로 틀린 의견이다.

② 2004년 대비 2014년 엥겔계수 하락폭은 16.6 - 12.2 = 4.4%p로, 엔젤계수의 상승폭인 20.1 - 14.4 = 5.7%p보다 작다.

④ 매년 18세 미만 자녀에 대한 보육·교육비는 증가하지만 식료품비는 2012년을 제외하고는 감소하고 있음을 알 수 있다. 이는 곧 2008 ~ 2012년 동안 엥겔계수와 엔젤계수의 차이는 점점 커지고 있음을 의미한다.

⑤ 엔젤계수가 가장 높은 해는 2013년 20.5%로 가장 낮은 해인 2004년 14.4%보다 20.5 - 14.4 = 6.1%p 크다. 따라서 양자의 차이는 7.0%p 미만이다.

36. ⑤

⑤ 패스워드는 권장규칙에 어긋나는 패턴이 없으므로 가장 적절하다고 볼 수 있다.

① CVBN은 키보드 상에서 연속한 위치에 존재하는 문자들의 집합이다.

② 숫자가 제일 앞이나 제일 뒤에 오며 연속되어 나타나는 패스워드이다.

③ 영단어 'school'과 숫자 567890이 교차되어 나타나는 패턴의 패스워드이다.

④ 'BOOK'라는 흔한 영단어의 'O'를 숫자 '0'으로 바꾼 경우에 해당된다.

37. ③

FREQUENCY(배열1, 배열2) : 배열2의 범위에 대한 배열1 요소들의 빈도수를 계산

PERCENTILE(범위, 인수) : 범위에서 인수 번째 백분위수 값

함수 형태 = FREQUENCY(Data_array, Bins_array)

• Data_array : 빈도수를 계산하려는 값이 있는 셀 주소 또는 배열

• Bins_array : Data_array를 분류하는데 필요한 구간 값들이 있는 셀 주소 또는 배열

• 수식 : {=FREQUENCY(B3:B9, E3:E6)}

38. ①

RANK(number,ref,[order]) … number는 순위를 지정하는 수이므로 B2, ref는 범위를 지정하는 것이므로 $B$2:$B$8이다. order는 0이나 생략하면 내림차순으로 순위가 매겨지고 0이 아닌 값을 지정하면 오름차순으로 순위가 매겨진다.

39. ①

엑셀 통합 문서 내에서 다음 워크시트로 이동하려면 〈Ctrl〉+〈Page Down〉을 눌러야 하며, 이전 워크시트로 이동하려면 〈Ctrl〉+〈Page Up〉을 눌러야 한다.

40. ②

a, S의 값의 변화과정을 표로 나타내면

a	S
2012	0
2012	0 + 2012
201	0 + 2012 + 201
20	0 + 2012 + 201 + 20
2	0 + 2012 + 201 + 20 + 2
0	0 + 2012 + 201 + 20 + 2 + 0

따라서 인쇄되는 S의 값은 $0 + 2012 + 201 + 20 + 2 + 0 = 2235$이다.

41. ④

① 노트북 83번 모델은 한국 창원공장과 구미공장 두 곳에서 생산되었다.

② 15년에 생산된 제품이 17개로 14년에 생산된 제품보다 4개 더 많다.

③ TV 36번 모델은 한국 청주공장에서 생산되었다.

⑤ 한국에서 생산된 제품은 11개이고, 중국에서 생산된 제품은 19개이다.

42. ②

중국 옌타이 제1공장의 C라인은 제품 코드의 "CNB – 1C"으로 알 수 있다. 에어컨 58번 모델 두 개를 반품해야 한다.

43. ②

숫자는 1, 4, 7, 10, 13, 16으로 채워지고 요일은 월, 수, 금, 일, 화, 목으로 채워진다. 따라서 A6값은 16이고 B6값은 목요일이다.

44. ③

COUNTIFS 함수는 복수의 조건을 만족하는 셀의 개수를 구하는 함수이다. COUNTIFS(조건범위1, 조건1, 조건범위2, 조건2)로 입력한다. 따라서 설문에서는 편집팀 소속이면서 대리의 직급을 가지는 사람의 수를 구하는 것이므로 3이 답이 된다.

45. ③

새로운 정책에 대하여 시민의 의견을 알아보고자 하는 것은 정책 시행 전 관련된 정보를 수집하는 단계로, 설문 조사의 결과에 따라 다른 정보의 분석 내용과 함께 원하는 결론을 얻을 수 있다.

직무상식평가 　　　　 공통

46. ⑤

6차 산업 ⋯ 6차 산업은 농촌의 인구 감소와 고령화, 수입 농산물 개방으로 인한 국내 농산물 경쟁력 약화 등의 문제로 새롭게 등장하였으며 국내 공식 명칭은 농촌 융·복합 산업이다. 현재 농림축산식품부에서 6차 산업 사업자를 대상으로 성장 가능성을 고려하여 심사를 거친 뒤 사업자 인증서를 수여하고 있다.

47. ①

② 농어촌 빈집정비 사업 : 인구감소로 인해 방치되어 있는 빈집을 재사용할 수 있도록 정비하는 사업을 말한다.
③ 스마트 팜 혁신밸리 조성사업 : 청년농을 육성하고 기술혁신을 추구하는 목적의 혁신밸리 조성사업이다.
④ 농지집단화 : 각 농가가 소유하고 있는 분산 농지를 한 곳으로 모아 농지를 집단·규모화 하는 것을 말한다.
⑤ 수리시설개보수 : 농업용 수리시설로서 노후되거나 기능이 약화된 시설을 개량 또는 보수하여 재해위험을 방지하고 기능을 회복시키거나 개선하는 사업으로 시설의 유지관리를 위한 사업이다.

48. ⑤

① 관정(管井) : 우물통이나 파이프를 지하에 연직방향으로 설치하여 지하수를 이용하기 위한 시설을 말한다.

② 양수장(揚水場) : 하천수나 호수 등 수면이 관개지역보다 낮아 자연 관개를 할 수 없는 경우에 양수기를 설치하여 물을 퍼올려 농업용수로 사용하기 위해 설치하는 용수공급 시설을 말한다.

③ 취입보(取入洑) : 하천에서 필요한 농촌용수를 용수로로 도입할 목적으로 설치하는 시설을 말한다.

④ 배수장(排水場) : 일정지역에 우천이나 홍수 시 고인 물을 지역 밖으로 배제하기 위한 시설을 말한다.

49. ②

아프리카돼지열병(ASF : African Swine Fever) … 이 질병이 발생하면 세계동물보건기구(OIE)에 발생 사실을 즉시 보고해야 하며 돼지와 관련된 국제교역도 즉시 중단되게 되어 있다. 우리나라에서는 이 질병을 「가축전염병예방법」상 제1종 법정전염병으로 지정하여 관리하고 있다.

50. ②

② 신토불이운동에 대한 설명이다. 식사랑 농사랑 운동은 급속히 확대되어가는 시장개방에 국민의 식생활을 통해 우리 농산물의 중요성을 인식하기 위해 전개되었다.

① 신토불이운동(1989), 농도불이운동(1994), 농촌사랑운동(2003) 순서로 전개되었다.

③ 신풍운동의 목표이다. 농협운영의 기본방침을 자력배영, 종합개발, 책임경영으로 설정하고 목표달성을 위해 임직원 실천강령을 제시했다.

④ 새마을운동이전에는 자조ㆍ자립ㆍ협동이었다가 새마을운동을 전개하면서 근면과 자조, 협동을 새마을운동을 지도이념으로 정했다.

⑤ 농업과 농촌을 활성화하고 도시민과 농업인이 함께 실익을 창출하기 위해 전개되었다.

51. ①

① **농산물이력추적제** : 먹을거리 안전에 대한 국민들의 관심이 높아짐에 따라 각종 농산물로부터 국민의 안전을 보호 할 목적으로 도입하였다. 농산물을 생산하는 데 사용한 종자와 재배방법, 원산지, 농약 사용량, 유통 과정 등이 제품의 바코드에 기록되기 때문에 소비자들도 농산물의 생산에서 유통에 이르기까지 모든 이력을 쉽게 알 수 있다. 농산물 이력에 관한 정보는 별도의 정보 시스템을 통해 인터넷으로 소비자에게 무료로 제공된다.

② **양곡관리제도** : 양곡 관리를 통해 수급조정 및 적정가격을 유지하기 위한 제도이다.

③ **우수농산물관리제도** : 우수 농산물에 대해 체계적으로 관리하고 안정성을 인증하는 제도이다.

④ **위해요소중점관리제도** : 식품의 원료나 제조, 가공 및 유통 과정에서 위해 물질이 혼입ㆍ오염되는 것을 사전에 방지하기 위한 식품관리 제도이다.

⑤ **축산물 등급제도** : 축산물의 품질을 기준에 따라 구분하고 차별화하는 제도이다.

52. ②

푸드체인(Food Chain) … 농산물이 생산되고 유통·판매·소비되는 과정의 이력 정보를 표준화해서 통합 관리하는 시스템이다. 누구나 원산지 추적이나 위치 및 상태, 유통기한 등의 정보를 몇 초 이내로 확인할 수 있다. 이는 블록체인 기술을 유통 시스템에 적용한 것으로 적은 비용으로 시스템을 관리 할 수 있다. 또한 거래에 참여하는 모든 사람이 같은 내용의 데이터를 보관하고 있으며 변동 상황이 발생할 경우 동시에 업데이트되기 때문에 조작이 불가능하다는 것이 특징이다.

53. ⑤

⑤ 반농반X : 일본인 소설가 시오미 나오키의 「반농반X의 삶」에서 다룬 라이프스타일로, 농사를 짓지만 농사에만 전념하지 않고 다른 직업을 병행하며 사는 것을 일컫는다.
① 소확행 : 작지만 확실한 행복의 줄임말이다.
② 노멀크러시(Normal Crush) : Normal(보통의) + Crush(반하다.)의 합성어로, 화려하고 자극적인 것에 질린 20대가 보통의 존재에 눈을 돌리게 된 현상을 설명하는 신조어이다.
③ 킨포크 라이프(KinFolk Life) : 미국 포틀랜드의 라이프스타일 잡지 「킨포크(KINFOLK)」의 영향을 받아 자연 친화적이고 건강한 삶을 추구하는 현상을 말한다.
④ 엘리트 귀농 : 고학력자나 전문직 종사자, 대기업 출신 귀농자들이 귀농 준비 단계부터 정보를 공유하고, 지자체의 지원을 받아 시골살이에 성공적으로 적응하는 것을 말한다. 전북 장수의 '하늘소마을'과 경북 봉화의 '비나리마을', 전북 진안의 '새울터마을'은 고학력 귀농자들이 많이 모여 사는 대표적인 귀농 공동체다.

54. ④

① 육지행선(陸地行船) : 육지에서 배를 타고 간다는 의미로 불가능한 일을 하려는 것을 의미한다.
② 계무소출(計無所出) : 계획이 통하지 않는 상황을 의미한다.
③ 신토불이(身土不二) : 사람의 몸과 땅은 나눌 수 없다는 것을 의미한다.
⑤ 양금택목(良禽擇木) : 어진 새는 나무를 가려서 둥지를 만든다는 것을 의미한다.

55. ①

② 지능형(AI) 정부 : 국민에게 맞는 맞춤형 공공서비스를 구현하는 것으로 모바일 신분증 등을 기반으로 한 올 디지털(All Digital) 민원처리, 국민체감도가 높은 분야 블록체인 기술 적용, 전(全)정부청사(39개 중앙부처) 5세대 이동통신(5G) 국가망 구축 등이 있다.
③ 그린 스마트 스쿨(Green Smart School) : 안전·쾌적한 녹색환경과 온·오프 융합 학습공간 구현을 위해 전국 초등·중등·고등학교 에너지 절감시설 설치 및 디지털 교육환경 조성하는 것이다.

④ 국민안전 사회간접자본 디지털화 : 핵심기반 시설을 디지털화하고 효율적 재난 예방 및 대응시스템 마련하는 것으로 차세대지능형교통시스템(C ITS) 및 전(全)철로 사물인터넷(IoT) 센서 설치, 전국 15개 공항 비대면 생체인식시스템 구축, 지능형CCTV · 사물인터넷(IoT) 활용, 수자원 스마트화 등이 있다.
⑤ 친환경 미래 모빌리티 : 온실가스 미세먼지 감축 및 글로벌 미래 자동차 시장 선점을 위해 전기 수소차 보급 및 노후경유차 · 선박의 친환경 전환 가속화 정책이다.

56. ①

① M 커머스(M Commerce) : 전자상거래의 일종이다. 가정이나 사무실에서 유선으로 인터넷에 연결하고 상품이나 서비스를 사고파는 것과 달리 이동 중에 거래할 수 있는 것을 말한다.
② C 커머스(C Commerce) : 온라인 공간에서 다른 기업과 기술이나 정보를 공유하여 수익을 창출하는 전자상거래 방식을 말한다.
③ U 커머스(U Commerce) : 모든 기기로 빠르게 비즈니스를 수행할 수 있는 전자상거래를 말한다.
④ E 커머스(E Commerce) : 온라인 네트워크를 통해 상품이나 서비스를 사고파는 것을 말한다.
⑤ 라이브커머스(Live Commerce) : 생방송에서 구매자와 판매자가 실시간 소통하면서 쇼핑하는 스트리밍 방송을 말한다.

57. ⑤

① 아이폰 법칙(iPhone's Law) : 아이폰 신제품의 첫 주 판매량이 이전에 출시한 제품보다 2배 이상 많은 현상을 말한다.
② 한계효용체감의 법칙(Law of Diminishing Marginal Utility) : 소비량은 증가해도 만족감은 점차 줄어드는 것을 의미한다.
③ 황의 법칙(Hwang's Law) : 삼성전자 황창규 사장이 발표한 것으로 반도체 메모리 용량이 1년에 2배 증가한다는 이론을 말한다.
④ 멧칼프의 법칙(Metcalfe's Law) : 네트워크 망의 가치는 사용자 수의 제곱에 비례한다는 것을 말한다.

58. ④

① 인슈어테크(InsureTech) : 보험(Insurance)과 기술(Technology)의 합성어로, 데이터 분석을 통해 다양한 보험서비스를 제공하는 것이다.
② 핀테크(FinTech) : 금융(Financial)과 기술(Technology)의 합성어로, 금융 서비스와 관련된 소프트웨어 서비스를 제공 것이다.
③ 섭테크(Suptech) : 감독(Supervision)과 기술(Technology)의 합성어로, 최신 기술로 금융감독 업무를 수행하기 위한 것이다. 금융감독이나 검사 등의 금융상담 서비스이다.
⑤ 블랙테크(Black Tech) : 잘 알려지지 않은 첨단 기술을 의미한다.

59. ⑤

① IPO(Initial Public Offering) : 기업이 주식을 최초로 외부 투자자에게 공개 매도하는 것을 의미한다.

② FDS(Fraud Detection System) : 이상 금융거래를 탐지하는 시스템으로 수집된 패턴을 통해 이상 결제를 잡아내는 시스템이다.

③ 레그테크(Regtech) : 규제를 의미하는 Regulation과 Technology의 합성어로 기술을 활용하여 금융회사에 통제와 규제를 이해하고 유지하도록 만드는 기술이다.

④ 증권형토큰공개(Security Token Offering) : 회사 자산을 주식처럼 가상화폐로 발행하여 소유자가 배당, 이자, 지분 등을 주식처럼 취득이 가능하도록 설계한 것이다.

60. ④

빅데이터(Big Data) ⋯ 디지털 환경에서 생성되는 데이터로 그 규모가 방대하고, 생성 주기도 짧고, 형태도 수치 데이터뿐 아니라 문자와 영상 데이터를 포함하는 대규모 데이터를 말한다. 빅데이터를 설명하는 4V는 데이터의 양(Volume), 데이터 생성 속도(Velocity), 형태의 다양성(Variety), 가치(Value)이다.

※ 5V ⋯ Volume(데이터의 양), Variety(다양성), Velocity(속도), Veracity(정확성), Value(가치)

직무상식평가　　　일반분야

---

61. ①

① 디폴트(Default) : 채무자가 민간 기업인 경우에는 경영 부진이나 도산이 원인이 될 수 있으며, 채무자가 국가인 경우에는 전쟁, 내란, 외화 준비의 고갈에 의한 지급 불능 등이 원인이 된다.

② 환형유치(換刑留置) : 벌금이나 과료를 내지 못하는 범죄자에게 교도소에서 노역으로 대신하도록 하는 제도이다.

③ 엠바고(Embargo) : 일정 시점까지 한시적으로 보도를 중지하는 것을 말한다.

④ 워크아웃(Workout) : 기업의 재무구조 개선 작업을 말한다.

⑤ 법정관리(法定管理) : 파산위기의 기업이 회생가능성이 보이면 기업의 활동과 관련된 전반적인 것을 대신 관리해주는 제도를 말한다.

62. ②

② 리카도 효과(Ricardo Effect) : 호경기에 소비재 수요 증가와 더불어 상품의 가격 상승이 노동자의 화폐임금보다 급격히 상승하게 되면서 노동자의 임금이 상대적으로 저렴해지는데, 이런 경우 기업은 기계 대신 노동력을 사용하려는 경향이 발생한다.

① 전시 효과(Demonstration Effect) : 미디어 등 사회의 소비 영향을 받아 타인의 소비를 모방하려는 성향을 말한다.

③ 톱니 효과(Ratchet Effect) : 생산 또는 수준이 일정 수준에 도달하면 이전의 소비 성향으로 돌아가기 힘든 현상을 말한다.

④ 베블런 효과(Veblen Effect) : 가격 상승에도 과시욕이나 허영심 등으로 수요가 줄지 않는 현상을 말한다.

⑤ 피구 효과(Pigou Effect) : 물가하락에 따른 자산의 실질가치 상승이 소비를 증가시키는 현상을 말한다.

63. ③

사채는 일정 기간 내에 일정 금액으로 상환된다.

※ **주식** … 주식회사가 발행한 출자증권이다. 사채(社債)는 주식회사가 일반 대중에게 자금을 모집하기 위해 발행하는 채권을 말한다.

64. ③

③ SRI지수(Socially Responsible Investment Index) : 사회책임투자 또는 지속가능책임투자의 준말로 사회적이 거나 환경적인 책임을 다하고 있는 기업들을 묶어서 만든 주가지수이다.

① 엥겔지수(Engel Coefficient) : 경제학에서 총지출에서 식료품비 지출이 차지하는 비율을 계산한 값을 엥겔지수(엥겔계수)라고 한다. 엥겔지수가 저소득 가계에서 높고 고소득 가계에서 낮다는 통계적 법칙을 엥겔의 법칙이라고 한다.

② 거래량지수(去來量指數) : 재화(財貨)의 거래량을 일정한 단계에서 종합적으로 파악하여 경제활동 규모의 변동을 측정하기 위한 종합지수를 말한다.

④ 가격지수(價格指數) : 어느 일정한 시기를 기준으로 하여 개별상품의 시기에 따른 가격변동을 지수로 나타낸 수치이다.

⑤ 슈바베지수(Schwabe Index) : 가계 소득 대비 주거비용이 차지하는 비율을 나타낸다. 고소득층일수록 슈바베 지수는 낮다.

65. ③

③ Lf(금융기관유동성) : 전체 금융기관의 자금상황을 나타내는 지표로, 과거 M3라 하였으나 Lf로 변경하였다.

① M1 : 민간부문이 보유하는 현금과 예금은행 요구불예금의 합계를 일컫는다.

② M2 : M1보다 넓은 의미의 통화지표로 현금, 요구불예금뿐만 아니라 저축성예금과 거주자 외화예금까지 포함한다.

④ 현금통화(Cash Currency) : 지급수단으로 사용되는 기본적인 통화를 일컫는다.

⑤ 결제성 예금 : 예금 취급 기관의 요구불 예금, 저축 예금, 단기 금융 펀드 등의 예금을 총칭하여 일컫는다.

66. ①

① **프로젝트 파이낸싱(Project Financing)** : 은행은 부동산 담보나 지급보증이 있어야 대출이 가능하지만 프로젝트 파이낸싱은 담보 없이 미래의 대규모 투자사업의 수익성을 보고 거액을 대출해준다.
② **액면병합(Consolidation of Stocks)** : 액면분할의 상대적 개념으로 액면가가 적은 주식을 합쳐 액면가를 높이는 것을 말한다.
③ **파생금융상품(Financial Derivatives)** : 외환·예금·채권·주식 등과 같은 기초자산으로부터 파생된 금융상품이다.
④ **온디맨드(On Demand)** : 모바일 기술 및 IT 인프라를 통해 소비자의 수요에 즉각적으로 서비스나 제품을 제공하는 것을 말한다.
⑤ **선도거래(Forward Contract)** : 매매 당사자 간 합의에 따라 이루어지는 거래를 말한다.

67. ①

② **보완재(Complement Goods)** : 한 재화씩 따로 소비하는 것보다 두 재화를 함께 소비하는 것이 더 큰 만족을 주는 재화의 관계를 말한다.
③ **독립재(Independent Goods)** : 한 재화의 가격이 다른 재화의 수요에 아무런 영향을 주지 않는 재화의 관계를 말한다.
④ **정상재(Normal Goods)** : 우등재 또는 상급재라고도 하며 소득이 증가(감소)하면 수요가 증가(감소)하여 수요곡선 자체가 우상향(좌상향)으로 이동한다.
⑤ **열등재(Inferior Goods)** : 소득이 증가(감소)하면 수요가 감소(증가)하며, 수요곡선 자체가 좌하향(우상향)으로 이동한다.

68. ⑤

가계가 소비하는 서비스의 가격수준 및 변동 파악은 소비자 물가지수의 목적이다.
※ **생산자 물가지수(PPI : Producer Price Index)** … 국내시장의 제1차 거래단계에서 기업 상호 간에 거래되는 상품과 서비스의 평균적인 가격변동을 측정하기 위하여 작성되는 물가지수이다.

69. ⑤

일반 은행업무
㉠ **고유업무** : 자금을 중개하는 금융기관의 본질적인 3대 업무(수신업무, 여신업무, 환업무) 등이 있다.
㉡ **부수업무** : 고유업무를 영위함에 있어 필요한 업무로 팩토링, 보호예수 등이 있다.
㉢ **겸영업무** : 은행업이 아닌 업무로, 파생상품 업무, 보험대리점 업무, 신용카드 업무 등이 있다.

70. ④

④ **저축의 역설**(Paradox of Thrift) : 개인이 소비를 줄이고 저축을 늘리면 그 개인은 부유해질 수 있지만 모든 사람이 저축을 하게 되면 총수요가 감소해 사회 전체의 부는 감소하는 것을 말한다. 사회 전체의 수요 · 기업 의 생산 활동을 위축시키며 국민 소득은 줄어들게 된다. 이때 저축은 악덕이고 소비는 미덕이라는 역설이 성 립하게 된다.

① **승자의 저주**(Winner's Curse) : 치열한 경쟁 끝에 승리를 얻었지만 승리를 얻기 위해 과도한 비용과 희생으로 오히려 커다란 후유증을 겪는 상황이다.

② **구축효과**(Crowd Out Effect) : 정부의 재정지출 확대가 기업의 투자 위축을 발생시키는 현상이다.

③ **절대우위론**(Theory of Absolute Advantage) : 다른 생산자에 비해 적은 비용으로 생산할 수 있을 때 절대우 위에 있다고 한다.

⑤ **유동성 함정**(Liquidity Trap) : 시중에 화폐의 공급을 크게 늘려도 기업의 생산이나 투자, 가계 소비가 늘지 않아 경기가 나아지지 않는 현상이다.

직무상식평가   IT분야

---

71. ①

② **인터프리터**(Interpreter) : 대화형 프로그램에 많이 사용하며 프로그램의 실행 속도가 느리다.

③ **코볼**(COBOL : Common Business Oriented Language) : 상업자료를 처리하는 문제를 풀기 위한 도구로 설 계 되었다.

④ **LISP**(List Processing) : 함수 및 함수 적용이라는 수학적 개념을 기본으로 한다.

⑤ **트랜잭션**(Transaction) : 정보교환이나 데이터베이스 갱신 등 일련의 작업 연속처리단위이다.

---

72. ①

② **펌웨어**(Firmware) : 하드웨어와 소프트웨어의 중간에 해당하는 장치이다.

③ **제어장치**(Control Unit) : 인출, 간접, 실행, 인터럽트 단계를 반복한다.

④ **기억장치**(Storage Device) : 컴퓨터의 정보를 보관하기 위한 아주 중요한 장치이다.

⑤ **연상장치**(Associative Processor) : 주기억장치에 기억된 데이터를 제어장치에서 지시하는 명령에 따라 연산하 는 장치이다.

73. ②

① 버스(Bus)

- 번지버스(Address Bus) : 중앙처리장치와 기억장치 사이에서 기억장치의 번지를 공급하는 신호선이다.
- 데이터버스(Data Bus) : 데이터를 전송하는 신호선이다.

③ 스풀링(Spooling)

- 입출력 효율을 높이기 위해 내용을 디스크 등에 모았다가 처리하는 방식이다.
- 디스크 일부를 매우 큰 버퍼처럼 사용하며 위치는 보조기억장치이다.

④ DMA(Direct Memory Access)

- 주변 장치가 직접 메모리 버스를 관리하여 CPU를 거치지 않고 메모리 간에 입·출력 데이터를 전송하여 전송 속도를 향상시킨 방식이다.
- DMA제어기가 CPU에 데이터 채널 요청을 하면 다음 사이클을 DMA인터페이스가 사용할 수 있게 하는 방식의 사이클 스틸(Cycle Steal)을 이용한 안정적이며 효율적인 기능이다.

⑤ 벡터 처리기(Vector Processor) : 다중 파이프라인 기능장치의 특성을 이용하여 벡터나 스칼라 등의 산술연산 및 논리연산을 고속으로 수행한다.

74. ②

파이썬(Python) … 1991년 프로그래머인 귀도 반 로섬이 발표한 고급 프로그래밍 언어로, 플랫폼이 독립적이며 인터프리터식, 객체지향적, 동적 타이핑(Dynamically Typed) 대화형 언어이다.

75. ③

프로그램 상태 워드(Program Status Word)

㉠ 프로그램 카운터, 플래그 및 주요한 레지스터의 내용과 그 밖의 프로그램 실행 상태를 나타내는 제어정보를 묶은 것이다.

㉡ PSW는 Program Counter에 의해 제어되지 않는다.

㉢ 인터럽트가 발생했을 때 CPU는 인터럽트 발생 유무를 확인하고 발생했으면 인터럽트 사이클로 들어가게 되는데, 이 사이클 동안 Program Counter와 Program Status Word가 스택에 저장되고, 분기해야 할 주소를 새롭게 결정하게 된다.

㉣ CPU의 현재 상태, 인터럽트 발생 상태, 수행 중인 프로그램의 현재 상태 등을 나타내며, 레지스터로 독립적으로 구성되어 있다.

㉤ PSW의 크기는 32 ~ 64bit이다.

76. ①

Internal Schema … ANSI X 3/SPARC의 3층 스키마의 최하위에 위치된 스키마로, 데이터베이스의 물리적 표현을 기술하는 것이다.

77. ②

데이터 수정 SQL … BETWEEN은 " ~ 부터 ~ 까지"라는 의미로 AND와 함께 사용한다.
UPDATE [table name]
SET [col1＝new_data1], [col2＝new_data2], …
WHERE[target_col]＝[value] : BETWEEN value1 AND value2:
※ 데이터 조작어(DML : Data Manipulation Language) … 응용프로그램과 데이터베이스 관리 시스템 간의 인터페이스를 위한 언어로 검색, 수정, 삽입, 삭제한다.

78. ④

① DMA(Direct Memory Access) : 입 · 출력에 관한 모든 동작을 자율적으로 수행하는 방식이다.
② DNS(Domain Name System) : 인터넷에 연결된 특정컴퓨터의 도메인 네임을 IP Address로 바꾸어 주거나 또는 그 반대의 작업을 처리해주는 시스템이다.
③ UDP(Moblog) : 휴대전화를 이용하여 컴퓨터상의 블로그에 글 · 사진 등의 콘텐츠를 올릴 수 있는 서비스이다.
⑤ HDLC(High Level Data Link Control) : 반이중과 전이중의 두 통신형태기능을 가진 프로토콜이다.
    ㉠ 데이터 검색 : SELECT[col1], [col2], … FROM [table name] [option1] [option2], …:
    ㉡ 데이터 수정 : UPDATE[table name] SET [col1 = new_data1], [col2＝new_data2], …
        WHERE [target_col]＝[value]:
    ㉢ 데이터 삭제(Tele Service) : DELETE FROM[table name] WHERE [target_col]＝[value]:
    ㉣ 데이터 삽입 : INSERT INTO [table name] ([col1], [col2], …) VALUES ([data1], [data2], …):

79. ③

코드는 사용자가 편리하게 다룰 수 있어야 하며 컴퓨터 처리가 용이하여야 한다. 또 코드가 단순명료해야 하고 일관성이 있어야 한다.

80. ①

메모리를 구할 경우 bit 전체 넓이를 구하는 것과 같으므로, 세로의 길이가 4,096워드로 2의 12제곱의 값을 가진다. 그러므로 MAR의 비티수는 12bit이다. MAR이 12bit라는 것은 각 비트당 0 또는 1, 총 2가지 선택이 있고 모든 경우의 수가 2의 12제곱만큼 된다는 것이다. 따라서 2의 12제곱인 4,096이다.

1	2	3	4	5	6	7	8	9	10	11	12	13	14	15	16	17	18	19	20
③	④	②	④	⑤	④	⑤	③	①	③	⑤	②	③	④	④	②	④	③	④	②
21	22	23	24	25	26	27	28	29	30	31	32	33	34	35	36	37	38	39	40
②	①	③	①	①	③	③	④	③	③	③	③	④	②	③	②	④	①	④	①
41	42	43	44	45	46	47	48	49	50	51	52	53	54	55	56	57	58	59	60
②	③	④	④	③	①	④	④	④	⑤	②	②	③	①	④	⑤	③	④	④	②
61	62	63	64	65	66	67	68	69	70	71	72	73	74	75	76	77	78	79	80
②	⑤	③	①	⑤	③	②	①	①	④	④	②	④	②	②	①	③	②	②	④

직무능력평가

1. ③

③ C 사원은 "채취된 시료 속의 총대장균군의 세균 수와 병원체 수는 비례하여 존재한다"고 본다. 세 번째 문단
에서는 온혈동물의 배설물을 통해서 다수의 세균이 방출되고, 총대장균군에 포함된 세균 수는 병원에의 수에
비례한다고 설명하고 있으므로 C 사원은 바르게 이해하였다.

① 두 번째 문단에서는 비병원성 세균을 지표생물로 이용하고 그 대표적 예로 대장균을 들고 있다. 그러나 '온혈
동물의 분변에서 기원된 모든 균이 지표생물이 될 수 있는지'는 확인할 수 없다.

② 두 번째 문단에서는 수질 정화과정에서 총대장균군이 병원체와 유사한 저항성을 보인다는 사실이 나타나 있다.
그러나 '총대장균군이 병원체보다 높은 생존율을 보이는지'는 확인할 수 없다.

④ 첫 번째 문단에서는 병원체를 직접 검출하는 것이 비싸고 시간이 많이 걸리며 숙달된 기술을 요구한다고 본다.
이어서 이를 해결하기 위해 지표생물을 검출하는 것임을 설명하고 있다. 따라서 '지표생물을 검출하는 것이 병
원체 검출보다 숙달된 기술을 필요로 하는지'는 확인할 수 없다.

⑤ 세 번째 문단에서는 분변성 연쇄상구균은 장 밖에서는 증식하지 않아 시료에서 그 수를 일정하게 유지한다는 것
을 확인할 수 있다.

2. ④

① 정약용은 청렴을 당위의 차원에서 주장하는 기존의 학자들과 달리 행위자 자신에게 실질적 이익이 된다는 점을 들어 설득하고자 하였다.

② 정약용은 "지자(知者)는 인(仁)을 이롭게 여긴다."라는 공자의 말을 빌려 "지혜로운 자는 청렴함을 이롭게 여긴다."라고 하였다.

③ 청렴은 큰 이득이 남는 장사라고 말하면서, 지혜롭고 욕심이 큰 사람은 청렴을 택하지만 지혜가 짧고 욕심이 작은 사람은 탐욕을 택한다고 설명한다.

⑤ 이황과 이이는 청렴을 사회 규율이자 개인 처세의 지침으로 강조하였다.

3. ②

아날로그 연산은 소자의 물리적 특성에 의해 진행된다.

4. ④

④ 제시된 연구의 핵심은 새끼 쥐의 스트레스에 반응하는 정도가 어미 쥐가 새끼를 핥아주는 성향에 따라 달라진다는 것이다. 즉, 어미 쥐가 새끼를 많이 핥아줄 경우 새끼의 뇌에서 GR의 수가 더 많았고, 그 수를 좌우하는 GR 유전자의 발현은 NGF 단백질에 의해 촉진된다는 것을 확인할 수 있다. 많이 핥아진 새끼가 그렇지 못한 새끼에 비해 NGF 수치가 더 높다는 결과 또한 알 수 있다. 이 실험은 유전자의 발현에 영향을 미치는 요인으로 '핥기'라는 후천 요소를 지목하고 있음을 알 수 있다. 그러므로 밑줄 친 ㉠의 물음은 '후천 요소가 유전자 발현에 영향을 미칠 수 있는가?'가 적절하다.

① 코르티솔 유전자는 스트레스 반응 정도를 결정하는 요인이지만 전체 실험의 결과를 결정하는 것은 아니다.

② 단백질에 의해 유전자가 발현하는 경우는 있지만 유전자가 단백질을 결정하는 내용은 확인할 수 없다.

③ 핥아주는 성향의 유전자가 어떻게 발현되는지는 제시문에 나타나 있지 않다.

⑤ 핥아주는 성향을 가진 어미 쥐와 안 핥아주는 성향을 가진 어미 쥐를 비교하여 실험한 결과 이러한 성향 차이가 유전자의 영향임이 드러났다. 두 번째 문단에서 유전자 발현에 영향을 미치는 한 요인으로 NGF 단백질이 제시된다. 그러나 유전자의 발현에 관한 지문의 물음과는 무관하다.

5. ⑤

⑤ 네 번째 문단에는 인위적 배출원 중에서 점 오염원은 높은 굴뚝에서 오염물질을 배출함이 나타난다. 이는 배출구가 높은 편에 속하며 그 영향 범위가 넓은 것을 알 수 있다. 이와 비교하여 면 오염원과 선 오염원은 배출구가 낮기 때문에 오염원 근처의 지표면에 영향을 끼친다. 종합적으로 고려할 때 배출구가 높을수록 더 멀리까지 영향을 미친다고 볼 수 있다.

① 두 번째 문단과 세 번째 문단에 따르면 비생물 배출원에서 질소산화물이 발생하는 경우는 번개가 칠 때이다. 연료의 연소 생성물은 인위적 배출원에 속한다.

② 자연적 배출원에 속하는 생물 배출원에서 산성비의 원인이 되는 오염 물질들을 배출한다는 것은 두 번째 문단에서 확인할 수 있다. 하지만 자연적 배출원이 인위적 배출원보다 산성비의 원인이 되는 오염 물질을 더 많이 생성하는지는 알 수 없다.

③ 첫 번째 문단에 따르면 도시 규모의 오염 지역을 대상으로 할 경우 자연적 배출원이 인위적 배출원에 비해 영향력이 크지 않다. 하지만 지구 규모 또는 대륙 규모의 오염 지역을 대상으로 하면 자연적 배출원이 인위적 배출원에 비해 영향력이 크다.

④ 두 번째 문단에 따르면 미생물이나 식생은 휘발성 유기물질이나 질소산화물을 배출하므로 반응성이 큰 오염 물질들을 증가시킨다. 이들이 오염 물질들을 감소시키기도 하는지는 알 수 없다.

6. ④

위세품은 정치, 사회적 관계를 표현하기 위해 사용된 물품이다. 당사자 사이에만 거래되어 일반인이 입수하기 어려운 물건으로 피장자가 착장(着裝)하여 위세를 드러내던 것을 착장형 위세품이라고 한다. 생산도구나 무기 및 마구 등은 일상품이기도 하지만 물자의 장악이나 군사력을 상징하는 부장품이기도 하다. 이것들은 피장자의 신분이나 지위를 상징하는 물건으로 일상품적 위세품이라고 한다.

7. ⑤

⑤ 헨리 포드는 자신의 자동차 회사를 설립하여 노동 시스템을 바꿔 놓았다. E는 "자동차를 판매한 이윤으로 더 많은 생산 시설을 늘렸을 것이다."라고 했는데 이는 제시문과 맞지 않는다. 세 번째 문단에 따르면 이윤을 통해 생산 시설을 늘리기보다는 종업원들에게 더 높은 임금을 지급했음이 나타난다.

① 두 번째 문단의 컨베이어 벨트 생산 방식을 통해 노동력을 절감했을 것이다.

② 두 번째 문단에 따르면 기계를 잘 다룰 줄 아는 숙련공의 존재가 중요해졌음이 나타난다.

③ 네 번째 문단에 따르면 포드는 주 5일제 40시간 근무를 최초로 실시했음이 나타난다.

④ 세 번째 문단에 따르면 포드 종업원들의 주택 가격 총액은 345만 달러에서 2,000만 달러로 늘었고 평균 예금 액수도 4배 가까이 늘어났다.

8. ③

빈칸 앞의 문장과 '그래서'로 연결되고 있으며, 뒤로 이어지는 내용으로 볼 때, 사람이나 가축이 호랑이에게 해를 당하는 이야기가 많이 있다는 내용이 들어가는 것이 적절하다.

9. ①

경쟁은 둘 이상의 사람이 하나의 목표를 향해서 다른 사람보다 노력하는 것이며, 이때 경쟁의 전제가 되는 것은 합의에 의한 경쟁 규칙을 반드시 지켜야 한다는 점이므로 빈칸에는 '경쟁은 정해진 규칙을 꼭 지키는 가운데서 이루어져야 한다'는 내용이 올 수 있을 것이다. 농구나 축구, 그리고 마라톤 등의 운동 경기는 자신의 소속 팀을 위해서 또는 자기 자신을 위해서 다른 팀이나 타인과 경쟁하는 것이며, 스포츠맨십은 규칙의 준수와 관련이 있으므로 글에서 말하는 경쟁의 한 예로 적합하다.

10. ③

③ 기존주택 전세임대 입주자 모집의 주요 문의사항 답변 자료에 따르면 대학생 자녀 C를 둔 D는 대학생 C가 전세임대주택 지원을 받은 지역에서 전세 임대 주택 신청이 불가능하다. 'Q9.'의 답변으로 "대학생 전세임대 계약자인 자녀는 반드시 대학생 전세임대 지원받은 주택으로 전입신고 되어야 하며, 대학생 자녀가 대학생 전세임대주택 지원을 받고 있는 지역에서는 지원이 불가합니다."라고 명시되어 있다.

① 'Q1.'과 'Q7.'에 따라 "입주신청은 입주자모집 공고일 현재 신청자의 주민등록이 등재되어 있는 주소지 관할 주민센터에서만 신청 가능"하다.

② 'Q4.'에 따라 "전세임대 입주대상자는 입주자모집 공고일 현재 관할 사업대상지역에 거주하는 무주택세대구성원을 대상으로 선정하나, 한부모가족의 경우에는 세대구성원 요건과 무관하게 신청 가능"하다.

④ 'Q5.'와 'Q6.'에 따라 신용불량자도 전세임대주택 신청이 가능하며 신청 시 청약통장은 필수가 아니다.

⑤ 'Q17.'에 따라 "소득산정 시 기준 가구원수 및 자녀의 수 산정 시 태아도 포함(태아 수 감안)하며, 병원 직인이 날인된 임신진단서 또는 임신확인서를 제출"해야 한다.

11. ⑤

⑤ 민원의 핵심은 기초생활수급자로 기존주택 전세임대주택을 신청하였는데, 계약일 전에 기초생활수급자에서 탈락이 되었다는 것과 계약이 가능할 경우 거주가 보장되는 기간이다. 이는 'Q19.', 'Q20.'에 설명되어 있다. 'Q19.'에는 "계약 전에 기초생활수급자에서 탈락하더라도 기존주택 전세임대 입주자격(보호대상 한부모가족, 주거지원 시급가구, 월평균 소득 70% 이하 장애인) 중 하나를 만족한다면 계약체결이 가능하다"고 되어 있다. 'Q 20.'에는 "기존주택 전세임대는 최초 임대기간이 2년으로 재계약은 9회까지 가능합니다. 따라서 전세기간 2년을 전부 채운 경우 최장 20년까지 거주가 가능하지만 반드시 거주기간 20년을 보장하는 것은 아닙니다."라고 명시되어 있다.

① 'Q21.'에는 친척 소유의 주택을 전세임대주택으로 지원받을 수 없다고 설명되어 있다.

② 'Q22.', 'Q23.'에는 도배 · 장판 등의 설명이 있으나 민원과는 무관하다.

③ 기초생활수급자에서 탈락되었더라도 'Q19.'에 따라 계약체결이 가능할 수 있다.

④ 'Q20.'에는 전세 기간 2년을 전부 채운 경우 최장 20년까지 거주할 수 있지만 20년을 보장하는 것은 아니라고 명시하고 있다.

12. ②

㉠ 사물은 이쪽에서 보면 모두가 저것, 저쪽에서 보면 모두가 이것이다 → ㉡ 그러므로 저것은 이것에서 생겨나고, 이것 또한 저것에서 비롯되는데 이것과 저것은 혜시가 말하는 방생의 설이다 → ㉣ 그러나 혜시도 말하듯이 '삶과 죽음', '된다와 안 된다', '옳다와 옳지 않다'처럼 상대적이다 → ㉢ 그래서 성인은 상대적인 방법이 아닌 절대적인 자연의 조명에 비추어 커다란 긍정에 의존한다.

13. ③

주어진 조건이 모두 참이라고 했으므로 사무실은 조용하지 않고, 두 번째 조건에 의해 복도가 깨끗하다. 따라서 '복도가 깨끗하지 않다'는 것이 거짓이다.

14. ④

이 사원과 김 사원의 진술 중 乙과 丙의 지역에 대한 진술이 동일하고 甲에 대한 진술이 다르므로 乙과 丙에 대한 진술 중 하나가 참이다. 乙이 일하는 지역이 울산이면, 甲의 지역은 대구, 울산이 아니므로 부산이 된다. 甲의 지역이 부산이므로 정 사원은 甲의 지역을 알고 있고 乙과 丙이 일하는 지역에 대한 정보는 틀린 것이므로 丙이 일하는 지역은 부산, 울산이 아닌 대구이다. 이 사원과 김 사원의 진술에서 丙의 지역이 부산이라고 가정하면 甲의 지역은 세 지역 모두 불가능하게 되어 다른 진술들과 충돌하게 된다.

15. ④

④ 국가가 직접 사무용 · 사업용으로 사용하는 것은 공용재산에 해당한다.

① 첫 문단에 따라서 국유재산은 부동산, 특허권을 의미한다.

② 두 번째 문단에서 확인할 수 있다.

③ 정부기업이 직접 사무용 · 사업용 또는 그 기업에 종사하는 직원의 주거용으로 사용하는 것은 행정재산에 해당한다.

16. ②

남자사원의 경우 ㉡, ㉤, ㉥에 의해 다음과 같은 두 가지 경우가 가능하다.

	월요일	화요일	수요일	목요일
경우 1	치호	영호	철호	길호
경우 2	치호	철호	길호	영호

[경우 1]

옥숙은 수요일에 보낼 수 없고, 철호와 영숙은 같이 보낼 수 없으므로 옥숙과 영숙은 수요일에 보낼 수 없다. 또한 영숙은 지숙과 미숙 이후에 보내야 하고, 옥숙은 지숙 이후에 보내야 하므로 조건에 따르면 다음과 같다.

	월요일	화요일	수요일	목요일
남	치호	영호	철호	길호
여	지숙	옥숙	미숙	영숙

[경우 2]

		월요일	화요일	수요일	목요일
	남	치호	철호	길호	영호
경우 2 - 1	여	미숙	지숙	영숙	옥숙
경우 2 - 2	여	지숙	미숙	영숙	옥숙
경우 2 - 3	여	지숙	옥숙	미숙	영숙

문제에서 영호와 옥숙을 같이 보낼 수 없다고 했으므로, [경우 1], [경우 2 - 1], [경우 2 - 2]는 해당하지 않는다. 따라서 [경우 2 - 3]에 의해 목요일에 보내야 하는 남녀사원은 영호와 영숙이다.

17. ④

이런 유형은 문제에서 제시한 상황, 즉 1명이 당직을 서는 상황을 각각 설정하여 1명만 진실이 되고 3명은 거짓말이 되는 경우를 확인하는 방식의 풀이가 유용하다. 각각의 경우, 다음과 같은 논리가 성립한다.
고 대리가 당직을 선다면, 진실을 말한 사람은 윤 대리와 염 사원이 된다.
윤 대리가 당직을 선다면, 진실을 말한 사람은 고 대리, 염 사원, 서 사원이 된다.
염 사원이 당직을 선다면, 진실을 말한 사람은 윤 대리가 된다.

18. ③

D는 주스를 주문한다고 했으므로 ㉠의 대우, 'C 또는 D가 주스를 주문하면 A와 B도 주스를 주문한다'에 따라 A와 B도 주스를 주문한다. ㉣의 대우 명제 'B와 D가 주스를 주문하면 E 또는 F가 주스를 주문한다'에 따라 E나 F가 주스를 주문한다. E가 주스를 주문할 경우, ㉡의 대우 명제에 따라 C도 주스를 주문한다. F가 주스를 주문할 경우, ㉢의 대우 명제에 따라 G는 커피를 주문할 것이다. 최소 인원을 구하라고 했으므로 A, B, D, F 총 4명이 된다.

19. ④

손해평가인으로 위촉된 기간이 3년 이상이면서 손해평가 업무를 수행한 경력이 있어야 1차 시험 면제 대상자가 되므로 손해평가 업무 경험이 없는 D 씨는 시험의 일부 면제를 받을 수 없다.

20. ②

대우 명제를 이용하여 해결하는 문제이다. 대우 명제를 생각하기 전에 주어진 명제들의 삼단논법에 의한 연결 형태를 먼저 찾아보아야 한다. 주어진 다섯 개의 명제들 중 첫 번째, 두 번째, 세 번째 명제는 단순 삼단논법으로 연결되어 우주특급 → 공주의 모험 → 자이로스핀 → ~ 번지번지의 관계가 성립됨을 쉽게 알 수 있다. 따라서 이것의 대우 명제인 번지번지 → ~ 우주특급(번지번지를 타 본 사람은 우주특급을 타 보지 않았다.)도 옳은 명제가 된다.

21. ②

- A와 B 모두 문을 열지는 않았다. → A 또는 B가 문을 열었다.
- A가 문을 열었다면, C도 문을 열었다. → A가 문을 열지 않으면 C도 문을 열지 않는다.
- A가 문을 열지 않았다면, B가 문을 열었거나 C가 문을 열었다. → B가 문을 열었다.
- C는 문을 열지 않았다. → C가 열지 않았으므로 A도 열지 않았다.
- D가 문을 열었다면, B가 문을 열지 않았다. → B가 문을 열었으므로 D는 열지 않았다.
- D가 문을 열지 않았다면, E도 문을 열지 않았다.

A, C, D, E는 문을 열지 않았다.

22. ①

매출이 상승하면 신메뉴 개발에 성공한 것이고 신메뉴 개발에 성공할 시, 가게에 손님이 늘거나 함께 먹을 수 있는 메뉴들의 판매량이 늘어난다. 가게에 손님이 늘진 않았다고 했으므로 함께 먹을 수 있는 다른 메뉴들의 판매량이 늘어난 것이라고 볼 수 있다.

23. ③

각 기준에 따라 결정되는 메뉴는 다음과 같다.
- **기준1**: 바닷가재(1순위 3개)
- **기준2**: 탕수육(5순위 0개)
- **기준3**: 양고기(양고기 : 18 > 바닷가재 : 17 > 탕수육 = 삼겹살 : 15 > 방어회 : 10)
- **기준4**: 바닷가재(상위 2순위 양고기와 바닷가재 중 바닷가재가 1순위 3번으로 더 많음)
- **기준5**: 양고기(바닷가재 제외 후, 1순위가 2번으로 가장 많음)

24. ①

첫 번째 회식메뉴는 바닷가재이며 총 8인분을 주문했고, 두 번째 회식메뉴는 양고기이며 총 7인분을 주문하였다. 따라서 $(56,000 \times 8) + (17,000 \times 7) = 567,000(원)$이 된다.

25. ①

국제 유가가 상승하면 대체 에너지인 바이오 에탄올의 수요가 늘면서 이것의 원료인 옥수수의 수요가 늘어 옥수수 가격은 상승한다. 옥수수 가격의 상승에 대응하여 농부들은 다른 작물의 경작지를 옥수수 경작지로 바꿀 것이다. 결국 밀을 포함한 다른 농작물은 공급이 줄어 가격이 상승하게 된다(이와 같은 이유로 유가가 상승할 때 국제 농산물 가격도 상승하였다). 밀 가격의 상승은 이를 주원료로 하는 라면의 생산비용을 높여 라면 가격이 상승한다.

26. ③

팀에 들어갈 수 있는 남자 직원 수는 1 ~ 4명(첫 번째 조건), 여자 직원 수는 0 ~ 2명(두 번째 조건)이 되는데, 4명으로 구성되어야 하는 팀이므로 가능한 조합은 '남자 2명 – 여자 2명', '남자 3명 – 여자 1명', '남자 4명 – 여자 0명'이다. 세 번째 조건과 다섯 번째 조건에 의해 '세현 or 승훈 → 준원 & 진아 → 보라'가 되어, '세현'이나 '승훈'이 팀에 들어가게 되면, '준원 – 진아 – 보라'도 함께 들어간다. 따라서 남자 직원 수를 3명 이상 선발하면 세현 혹은 승훈이 포함되게 되어 여자 직원 수가 1명 혹은 0명이 될 수 없으므로 가능한 조합은 '남자 2명 – 여자 2명'이고, 모든 조건에 적합한 조합은 '세현 – 준원 – 진아 – 보라' 혹은 '승훈 – 준원 – 진아 – 보라'이다.

27. ③

2021년의 고등어조림의 판매비율 6.5%p, 2024년 고등어조림의 판매비율 7.5%p이므로 1%p 증가하였다.

28. ④

2024년 떡볶이 판매비율은 11.0%이므로 판매개수는 $1,500 \times 0.11 = 165$개이다.

29. ③

A제품의 생산량을 x개라 하면, B제품의 생산량은 $(50 - x)$개이므로,
$50x + 20(50 - x) \leq 1,600$ …… ㉠
$3x + 5(50 - x) \leq 240$ …… ㉡
㉠을 정리하면 $x \leq 20$, ㉡을 정리하면 $x \geq 5$ 이므로 ㉠과 ㉡을 합치면 $5 \leq x \leq 20$이다.
이익이 더 큰 A제품을 x의 최댓값인 20개 생산할 때 이익이 최대가 된다.

30. ③

메뉴별 이익을 계산해보면 다음과 같으므로, 현재 총이익은 60,600원이다. 한 잔만 더 판매하고 영업을 종료했을 때 총이익이 64,000원이 되려면 한 잔의 이익이 3,400원이어야 하므로 바닐라라테를 판매해야 한다.

구분	메뉴별 이익	1잔당 이익
아메리카노	$(3,000 - 200) \times 5 = 14,000$원	2,800원
카페라테	$\{3,500 - (200 + 300)\} \times 3 = 9,000$원	3,000원
바닐라라테	$\{4,000 - (200 + 300 + 100)\} \times 3 = 10,200$원	3,400원
카페모카	$\{4,000 - (200 + 300 + 150)\} \times 2 = 6,700$원	3,350원
캐러멜라테	$\{4,300 - (200 + 300 + 100 + 250)\} \times 6 = 20,700$원	3,450원

31. ③

甲이 맞힌 문제 수를 x개, 틀린 문제 수를 y개라 하면

$\begin{cases} x + y = 20 \\ 3x - 2y = 40 \end{cases}$

$\therefore \ x = 16, \ y = 4$

따라서 甲이 틀린 문제 수는 4개다.

32. ③

ⓐ $73 + 118 = 191$, ⓑ $31 + 93 = 124$,

ⓒ $140 + 209 = 349$

ⓐ + ⓑ + ⓒ $= 664$

33. ④

기술개발단계에 있는 공모자수 비중의 연도별 차이는 $45.8 - 36.3 = 9.5$, 시장진입단계에 있는 공모자수 비중의 연도별 차이는 $36.4 - 29.1 = 7.3$으로 기술개발단계에 있는 공모자수 비중의 연도별 차이가 더 크다.

① 2021년 회사원 공모자의 전년대비 증가율은 $\frac{567 - 297}{297} \times 100 = 90.9\%$로 90% 이상이다.

② 창업아이디어 공모자의 직업 구성의 1위와 2위는 2020년에는 기타, 회사원이고 2021년에는 회사원, 기타로 동일하지 않다.

③ 2020년에 기술개발단계에 공모자수의 비중은 $291 \div 802 \times 100 = 36.3\%$로 40% 이하이다.

⑤ 2021년 시제품제작단계인 공모자수 비중은 14.3%, 시장진입단계의 공모자수 비중은 29.1%로 총 43.4%가 되어 50%를 넘지 못한다.

34. ②

㉠ 남성과 여성의 집단 인원을 알 수 없으므로 그 수가 같은지는 알 수 없다.

㉣ 모바일 앱 이용 선호도는 교육수준이 낮을수록 18.6 → 12.0 → 9.0과 같이 낮아진다.

35. ③

조사에 참여한 남성의 수가 18,000명이고 이메일을 선호하는 남성의 비중은 1.5%이므로

$18000 \times 1.5\% = 270$(명)이다.

36. ②

'COUNT' 함수는 인수 목록에서 숫자가 들어 있는 셀의 개수를 구할 때 사용되는 함수이며, 인수 목록에서 공백이 아닌 셀과 값의 개수를 구할 때 사용되는 함수는 'COUNTA' 함수이다.

37. ④

① 기본코드로 6비트를 사용하고 6비트로 26(64)가지의 문자 표현이 가능하다.

② BCD코드와 EBCDIC코드의 중간 형태로 미국표준협회(ISO)가 제안한 코드이다.

③ 비트의 위치에 따라 고유한 값을 갖는 코드이다.

⑤ 데이터의 오류발생 유무를 검사하기 위한 코드

38. ①

"Best Fit"은 가장 낭비가 적은 부분에 할당하기 때문에 영역1에 할당한다.

39. ④

VLOOKUP은 범위의 첫 열에서 찾을 값에 해당하는 데이터를 찾은 후 찾을 값이 있는 행에서 열 번호 위치에 해당하는 데이터를 구하는 함수이다. 단가를 찾아 연결하기 위해서는 열에 대하여 '항목'을 찾아 단가를 구하게 되므로 VLOOKUP 함수를 사용해야 한다.

찾을 방법은 TRUE(1) 또는 생략할 경우, 찾을 값의 아래로 근삿값, FALSE(0)이면 정확한 값을 표시한다. VLOOKUP (B2,$A$8:$B$10,2,0)은 'A8:B10' 영역의 첫 열에서 '식비'에 해당하는 데이터를 찾아 2열에 있는 단가 값인 6500을 선택하게 된다.

따라서 '=C2*VLOOKUP(B2,$A$8:$B$10,2,0)'은 10 × 6500이 되어 결과값은 65,000이 되며, 이를 드래그하면, 각각 129,000, 42,000, 52,000의 사용금액을 결과값으로 나타내게 된다.

40. ①

DMAX는 데이터 최대값을 구할 때 사용하는 함수이고, 주어진 조건에 해당하는 값을 선택하여 평균을 구할 때는 DAVERAGE를 사용한다. 따라서 DAVERAGE(범위, 열번호, 조건)을 입력해야 하는데 범위는 [A1]부터 [C9]까지이고 점수를 평균내야 하기 때문에 열 번호는 3이다. 조건은 2학년이기 때문에 'E4:E5'로 설정한다.

41. ②

• MOD(숫자, 나눌 값) : 숫자를 나눌 값으로 나누어 나머지가 표시된다. 따라서 7을 6으로 나누면 나머지가 1이 된다.
• MODE : 최빈값을 나타내는 함수이다. 제시된 시트에서 6이 최빈값이다.

42. ③

A = 1, S = 1
A = 2, S = 1 + 2
A = 3, S = 1 + 2 + 3
…
A = 10, S = 1 + 2 + 3 + … + 10
∴ 출력되는 S의 값은 55이다.

43. ④

코드 2305(2023년 5월), 1D(유럽 독일), 01001(가공식품류 소시지) 00064(64번째로 수입)가 들어가야 한다.

44. ④

④ 아프리카 이집트에서 생산된 장갑의 코드번호이다.
① 중동 이란에서 생산된 신발의 코드번호이다.
② 동남아시아 필리핀에서 생산된 바나나의 코드번호이다.
③ 일본에서 생산된 의류의 코드번호이다.
⑤ 중국에서 생산된 맥주의 코드번호이다.

45. ③

2403(2024년 3월), 4L(동남아시아 캄보디아), 03011(농수산식품류 후추), 00001(첫 번째로 수입)

46. ①

② **슬로푸드**(Slow Food) : 천천히 조리하여 먹는 식문화 중 하나이다.

③ **할랄푸드**(Halal Food) : 이슬람 율법에 따라 무슬림이 먹을 수 있는 음식을 말한다.

④ **메디푸드**(Medi Food) : 소비자 개인의 필요와 니즈를 충족할 수 있도록 개발된 맞춤형 특수 식품 중 하나로 건강관리 목적을 가진 식품이다.

⑤ **로커보어**(Locavore) : 지역을 의미하는 Local과 음식을 의미하는 Vore의 합성어로 로컬푸드를 즐기는 사람을 일컫는다.

47. ④

④ **농촌에서 살아보기** : 귀농·귀촌을 희망하는 도시민에게 체험 기회를 제공하여 성공적 정착을 유도하는 프로그램이다. 유형에 따라 다양한 프로그램이 운영된다.

구분	내용
귀농형	• 원하는 지역에서 원하는 품목을 재배하며 영농기술을 익히고, 지역민과 교류하고자 하는 귀농 중심 프로그램 운영 • 수당을 지급하는 농작업 또는 관련 일자리 기회제공
귀촌형	• 농촌이해, 지역교류·탐색, 영농 실습 등 다양한 프로그램 운영 • 수당을 지급하는 농작업 또는 관련 일자리 기회 제공
프로젝트 참여형	• 농촌지역연고·경험은 적으나 다양한 활동과 경험을 원하는 청년들의 특성에 맞춰 프로그램 운영 • 마을 주민과의 교류, 지역 내 인적 네트워크 구축을 위한 활동 지원 병행

① **귀농인의 집** : 귀농귀촌 희망자에게 제공하는 임시거처로, 거주지나 영농기반 등을 마련할 때까지 거주하거나 일정 기간 동안 영농기술을 배우고 농촌체험 후 귀농할 수 있게 머물 수 있도록 임시거처를 제공한다.

② **함께 쓰는 농업 일기** : 농업·농촌에 정착한 우수 결혼이민 여성의 이야기를 담은 사례집이다.

③ **마을 가꾸기** : 농협이 주관하는 농촌 환경 및 농촌 경관 조성 사업이다.

⑤ **귀농 닥터 프로그램** : 귀농 희망자와 귀농 닥터(전문가)를 연결해주는 서비스로 귀농 닥터들은 귀농과 귀촌 희망자들의 안정적인 농촌 정착을 위해 애로사항을 해결하는 멘토가 된다.

48. ④

「농수산물품질관리법」 제6조 제3항에 따르면 우수관리인증이 취소된 후 1년이 지나지 아니한 자, 벌금 이상의 형이 확정된 후 1년이 지나지 아니한 자는 우수관리인증을 신청할 수 없다.

49. ④

애그플레이션(Agflation) … 농산물 가격 급등으로 일반 물가가 상승하는 현상을 뜻한다. 원인으로는 '지구 온난화와 기상 악화로 인한 농산물의 작황 부진, 이에 따른 생산량 감소', '바이오 연료 등 대체 연료 활성화', '농산물 경작지 감소', '육식 증가로 인한 가축 사료 수요의 증가', '국제 유가 급등으로 인한 곡물 생산 및 유통 비용 증가' 등이 있다.

50. ⑤

① 강원도의 정선·평창·홍천·횡성군 등지에서 주로 이루어진다.

② 여름철 비교적 선선하고 강우량이 많으며 일조시간도 짧은 산간 기후를 이용한다.

③④ 표고 400m로부터 1,000m 정도의 높은 지대에서 채소·감자·화훼류 등을 재배하거나 가축을 사육한다.

51. ②

② **유기농업(Organic Farming)** : 화학비료나 유기합성 농약 등의 합성화학 물질을 일체 사용하지 않거나 아주 소량만을 사용하고 동물분뇨나 짚 등을 이용하여 만든 퇴비, 녹비, 천적곤충 등을 활용하는 농업이다.

① **유축농업** : 작물 재배와 가축 사육을 결합한 농업이다.

③ **관개농업** : 인공적으로 물을 공급하는 농업이다.

④ **도시농업** : 도시 소규모 농지에서 행하는 농업이다.

⑤ **근교농업** : 대도시 근교에서 행하는 농업이다.

52. ②

② 4차 산업혁명 시대에 부응하는 디지털 혁신으로 미래 성장동력을 창출한다.

※ **농협 5대 핵심가치**
  ㉠ 농업인과 소비자가 함께 웃는 유통 대변화
  ㉡ 미래 성장동력을 창출하는 디지털 혁신
  ㉢ 경쟁력 있는 농업, 잘사는 농업인
  ㉣ 지역과 함께 만드는 살고 싶은 농촌
  ㉤ 정체성이 살아있는 든든한 농협

53. ③

③ 데이터베이스에서 모방을 통해 자율적으로 생성할 수 있는 것은 적절하지 않다.

54. ①

① **클릭티비즘(Clicktivism)** : 클릭(Click)과 행동주의(Activism)의 합성어로 소극적으로 참여하는 행동이다. 정치·사회적으로 지지를 하기 위한 행동으로 청원이나 서명 등과 같이 적은 시간과 관여만을 요구하는 활동을 하는 것이다. 클릭 한 번의 행동으로 사회문제 해결에 참여했다는 변명만 늘어놓는다고 부정적으로 인식하기도 하나 정말 필요한 서비스를 일반인들의 참여로 개선할 수 있다는 장점도 있다.
② **슬랙티비즘(Slacktivism)** : 게으른 사람을 의미하는 슬래커(Slacker)와 행동주의(Activism)의 합성어로 소심하고 게으른 저항을 하는 사람을 말한다. 온라인에서는 치열하게 논의해도 정치·사회 운동에 참여하지 않는 누리꾼을 의미한다.
③ **할리우디즘(Hollywoodism)** : 할리우드 영화에 나타난 반이란적 특성이 나타나는 영화를 말한다.
④ **핵티비즘(Hacktivism)** : 해킹(Hacking)과 행동주의(Activism)가 합쳐진 용어로 디지털 시대의 온라인 행동주의이다. 정보 탈취, 웹사이트 무력화 등의 활동을 하고 어나니머스(Anonymous) 조직이 있다.
⑤ **프리즘(PRISM)** : 미국 국가안보국(NSA)의 정보수집도구로 구글, 페이스북, 애플, ADL 등에 미국 주요 IT 기업의 서버에서 사용자 정보를 수집·분석하는 시스템을 의미한다.

55. ④

① **빅데이터(Big Data)** : 디지털 환경에서 생성되는 데이터로 그 규모가 방대하고, 생성 주기도 짧고, 형태도 수치 데이터뿐 아니라 문자와 영상 데이터를 포함하는 대규모 데이터를 말한다. 과거에 비해 데이터의 양이 폭증했으며 데이터의 종류도 다양해져 사람들의 행동은 물론 위치정보와 SNS를 통한 생각과 의견까지 분석하고 예측할 수 있다.

② **딥러닝(Deep Learning)** : 다층구조 형태의 신경망을 기반으로 하는 머신 러닝의 한 분야로, 다량의 데이터로부터 높은 수준의 추상화 모델을 구축하고자 하는 기법이다.

③ **사물인터넷(Internet of Things)** : 인터넷을 기반으로 모든 사물을 연결하여 사람과 사물, 사물과 사물 간의 정보를 상호 소통하는 지능형 기술 및 서비스를 말한다. 영어 머리글자를 따서 '아이오티(IoT)'라 약칭하기도 한다. 사물인터넷은 기존의 유선통신을 기반으로 한 인터넷이나 모바일 인터넷보다 진화된 단계로 인터넷에 연결된 기기가 사람의 개입 없이 상호 간에 알아서 정보를 주고받아 처리한다. 사물이 인간에 의존하지 않고 통신을 주고받는다는 점에서 기존의 유비쿼터스나 M2M(Machine to Machine : 사물지능통신)과 비슷하기도 하지만, 통신장비와 사람과의 통신을 주목적으로 하는 M2M의 개념을 인터넷으로 확장하여 사물은 물론이고 현실과 가상세계의 모든 정보와 상호작용하는 개념으로 진화한 단계라고 할 수 있다.

⑤ **머신러닝(Machine Learning)** : 컴퓨터에서 인간의 학습능력을 구현하기 위한 기술로 딥러닝의 알고리즘을 이용하여 패턴을 찾아내는 기법이다.

※ **클라우드 컴퓨팅(Cloud Computing)**

　㉠ 클라우드(Cloud)로 표현되는 인터넷상의 서버에서 데이터 저장과 처리, 네트워크, 콘텐츠 사용 등 IT 관련 서비스를 한 번에 제공하는 혁신적인 컴퓨팅 기술이다.

　㉡ 클라우드 컴퓨팅의 예

　　• IaaS(Infrastructure as a Service) : 서비스로써의 인프라라는 뜻으로, AWS에서 제공하는 EC2가 대표적인 예이다. 이는 단순히 서버 등의 자원을 제공해 주면서 사용자가 디바이스 제약 없이 데이터에 접근할 수 있도록 해준다.

　　• PaaS(Platform as a Service) : 서비스로써의 플랫폼이라는 뜻으로, 사용자(개발자)가 소프트웨어 개발을 할 수 있는 환경을 제공해 준다. 구글의 APP엔진, Heroku 등이 대표적인 예다.

　　• SaaS(Software as a Service) : 서비스로써의 소프트웨어라는 뜻으로, 네이버에서 제공하는 N드라이브, Drop Box, Google Docs 등과 같은 것을 말한다.

56. ⑤

데이터사이언티스트(Data Scientist) ⋯ 데이터의 다각적 분석을 통해 조직의 전략 방향을 제시하는 기획자이자 전략가, 한 마디로 '데이터를 잘 다루는 사람'을 말한다. 데이터 사이언티스트는 데이터 엔지니어링과 수학, 통계학, 고급 컴퓨팅 등 다방면에 걸쳐 복합적이고 고도화된 지식과 능력을 갖춰야 한다. 빅데이터 활용이 늘어나며 이제 '빅'보다 '데이터'에 집중해야 한다는 주장이 설득력을 얻고 있다. 더는 데이터 규모에 매달리지 말고 데이터 자체의 가치와 활용을 생각하자는 것이다. 양보다 질에 초점이 맞춰지면서 데이터 정제 · 분석 기술과 이를 다루는 사람의 역할이 더욱 강조되고 있다.

57. ③

동영상 스트리밍은 4G의 특징이다. 5G 기술의 특징으로는 VR(가상 현실), AR(증강 현실), 자율주행, IoT(사물인터넷), 홀로그램 등이 있다.

58. ④

개인정보 보호에 관한 OECD 8원칙

㉠ **수집제한의 원칙**(Collection Limitation Principle) : 무차별적인 개인정보를 수집하지 않도록 제한, 정보 수집을 위해서는 정보 주체의 인지 또는 동의가 최소한의 요건(범죄 수사 활동 등은 예외)

㉡ **정보정확성의 원칙**(Data Quality Principle) : 개인정보가 사용될 목적에 부합하고, 이용목적에 필요한 범위 안에서 정확하고, 완전하며, 최신의 정보일 것

㉢ **정보의 안전한 보호 원칙**(Security Safeguards Principle) : 개인정보 유실, 불법접근, 이용, 수정, 공개 등 위험에 대한 적절한 보안유지 조치에 의해 보호

㉣ **공개의 원칙**(Openness Principle) : 개인정보 관련 제도 개선, 실무, 정책 등에 대해 일반적 정책 공개 개인 정보 존재, 성격, 주요이용목적, 정보처리자의 신원 등을 즉시 파악할 수 있는 장치 마련

㉤ **개인 참가의 원칙**(Individual Participation Principle) : 개인은 자신과 관련한 정보를 정보처리자가 보유하고 있는지 여부에 대해 정보처리자로부터 확인받을 권리, 요구 거부 이유를 요구하고, 거부에 대해 이의를 제기할 권리

㉥ **책임의 원칙**(Accountability Principle) : 정보처리자가 보호 원칙 시행조치를 이행하는 데 책임성을 가질 것

㉦ **목적 명확화의 원칙**(Purpose Specification Principle) : 수집 목적이 수집 시점까지는 명확할(알려질) 것, 목적 변경 시 명시될 것

㉧ **이용 제한의 원칙**(Use Limitation Principle) : 목적 명확화 원칙에 의거 명시된 목적 외 공개, 이용 등 제한

59. ④

① **LSTM**(Long short-term memory) : 순환신경망(RNN) 기법 중에 하나로 주로 자연어 처리와 같은 순차적 데이터 처리를 한다.

② **OpenCV**(Open Source Computer Vision Library) : 다수의 모듈 라이브러리로 구성된 것으로 개발된 오픈 소스를 제공하는 것이다.

③ **자율주행** : 인간의 개입 없이 수송체가 자율적으로 주행을 하는 기술을 의미한다.

⑤ **디지털 휴먼** : 사람의 신체, 행동, 목소리 등을 데이터화 하여 실제 사람과 같은 모습을 가상의 공간에 구현한 개체를 의미한다.

60. ②

① **통계적언어모델**(SLM) : 언어자료를 통계적으로 처리하는 것을 의미한다.

③ **생성적 적대 신경망**(GAN) : 기존의 데이터를 모방하여 새로운 데이터를 생성하는 것으로 딥페이크가 대표적인 기술사례 중에 하나이다.

④ **N-gram** : 데이터의 길이 N의 연속이 되는 부분의 시퀀스를 분절하는 방식에 해당한다.

⑤ **K-NN 분류 알고리즘** : 새로운 입력이 된 데이터를 가장 가까운 데이터 k를 활용하여 유추하는 모델에 해당한다. 이미지 인식, 문자인식, 패턴인식 등 알고리즘에 활용된다.

61. ②

화폐는 시대에 따라 여러 가지 재료와 모양으로 사용되어 왔으며, 시대의 흐름에 따라 '상품화폐 – 금속화폐 – 지폐 – 신용화폐 – 전자화폐'로 발전해 왔다.

※ **화폐의 종류**

　㉠ **상품화폐** : 실물화폐로도 불리며 원시사회에서 물물교환 시 발생하는 불편을 줄이기 위해 조개, 곡물, 무기, 소금 등 사람들이면 누구나 수용 가능한 물품을 이용하였다.

　㉡ **금속화폐** : 금 · 은으로 주조된 화폐로 상품화폐보다 휴대성과 보관이 용이하나 만들 수 있는 금과 은의 양이 부족하기 때문에 지폐가 출현하게 되었다.

　㉢ **지폐** : 금속화폐의 단점인 휴대성과 마모성을 보완한 화폐이다. 지폐는 국가가 신용을 보장한다.

　㉣ **신용화폐** : 은행에서 돈을 대신하여 쓸 수 있도록 발행한 수표, 어음, 예금화폐 등으로 은행화폐로도 불린다.

　㉤ **전자화폐** : 정보통신사업의 발달로 등장한 것으로 기존 현금의 성질을 전자적인 정보로 변형시킨 새로운 형태의 화폐이다.

62. ⑤

기업의 재무 건전성을 알 수 있는 대표적 지표는 이자보상비율로 기업의 지급 불능 상태를 파악하는 가장 중요한 지표이다. 이자보상비율은 영업이익을 이자비용으로 나눈 값으로 보통 2배 이상이면 양호한 것으로, 1배 미만이면 불량한 것으로 판단된다. E기업의 이자보상비율은 100/250 = 0.4배로 영업이익으로 이자비용의 40% 밖에 상환할 수 없는 상황임을 보여준다.

63. ③

고정환율제도(Fixed Exchange Rate System) ⋯ 외환의 시세 변동을 반영하지 않고 환율을 일정 수준으로 유지하는 환율 제도를 의미한다. 이 제도는 경제의 기초여건이 악화되거나 대외 불균형이 지속되면 환투기공격에 쉽게 노출되는 단점이 있다.

64. ①

선물은 현재 외환, 채권, 주식 등을 기초자산으로 하는 금융선물뿐만 아니라 곡물, 원유 등을 기초자산으로 하는 상품선물도 존재한다.

65. ⑤

① **시장실패(Market Failure)** : 시장이 효율적인 자원 분배를 제대로 하지 못하는 상태이다.
② **깨진 유리창의 법칙(Broken Window Theory)** : 프랑스 경제학자 프레데릭 바스티아의 에세이 「보이는 것과 보이지 않는 것」에서 기회비용을 우회적으로 다룬 법칙이다.
③ **죄수의 딜레마(Prisoner's Dilemma)** : 자신의 이익만을 고려하다가 결국 자신과 상대방까지 불리한 결과를 유발하는 상황이다.
④ **트롤리 딜레마(Trolley Dilemma)** : 다수를 위한 소수의 희생이 도덕적으로 허용되는 것인지에 관한 질문이다.

66. ③

금리의 기능
㉠ 자금배분기능
㉡ 경기조절기능
㉢ 물가조정기능

67. ②

엥겔의 법칙(Engel's Law) … 독일의 통계학자 엥겔이 1875년 근로자의 가계조사에서 발견한 법칙이다. 이 법칙은 저소득가정일수록 전체의 생계비에 대한 식료품비가 차지하는 비중이 높아지는 현상을 말한다. 그러므로 소득이 증가함에 따라 전체의 생계비 중에서 음식비가 차지하는 비중이 감소하는 현상으로 소득분배와는 무관하다.

68. ①

레온티에프의 역설(Leontief Paradox) … 헥셔 – 오린의 정리에 따르면 각국은 상대적으로 풍부한 요소를 집약적으로 사용하여 생산하는 재화를 수출하게 된다. 그러나 레온티에프가 미국의 수출입관련 자료를 이용하여 실증분석해본 결과 자본풍부국으로 여겨지는 미국이 오히려 자본집약재를 수입하고 노동집약재를 수출하는 현상을 발견하였는데, 이를 레온티에프의 역설이라고 한다.

69. ①

① **블랙 스완(Black Swan)** : 극단적 예외사항이라 발생 가능성이 없어 보이지만 발생하면 엄청난 충격과 파급효과를 가져오는 것을 말한다.
② **그레이 스완(Gray Swan)** : 이미 알고 있는 사항이지만 대처 방법이 모호하여 위험 요인이 계속 존재하는 상태를 말한다.
③ **어닝 쇼크(Earning Shock)** : 기업이 예상보다 저조한 실적을 발표하여 주가에 영향을 미치는 현상을 말한다.

④ 더블 딥(Double Dip) : 경기침체 후 잠시 회복기를 보이다가 다시 침체에 빠지는 이중침체 현상을 말한다.

⑤ 유동성 함정(Liquidity Trap) : 시장에 현금이 흘러 넘쳐 구하기 쉬우나 기업의 생산 및 투자와 가계의 소비가 늘지 않아 경기가 나아지지 않고 마치 함정에 빠진 것처럼 보이는 상태를 말한다.

70. ④

④ 크림 스키밍(Cream Skimming) : 원유에서 맛있는 크림만을 골라 먹는데서 유래한 단어로 기업이 이익을 창출할 것으로 보이는 시장에만 상품과 서비스를 제공하는 현상을 뜻한다. 1997년 세계무역기구(WTO) 통신협상 타결 뒤 1998년 한국 통신시장이 개방하면 자본과 기술력을 갖춘 다국적 통신사가 국내 통신사업을 장악한다는 우려와 함께 '크림 스키밍'이 사용되었다.

① OSJD(Organization for the Cooperation of Railways) : 1956년 사회주의 국가 및 동유럽 국가를 중심으로 구성된 국제철도협력기구로 철도 교통 신호, 표준 기술, 통행료, 운행 방식 등에서 통일된 규약을 마련한다.

② 스마일 커브(Smile Curve) : 제품의 연구개발 단계부터 생산 및 마케팅에 이르기까지의 부가가치를 곡선으로 나타낸 것이다.

③ 코드커팅(Cord Cutting) : 유료 방송 시청자가 가입을 해지하고 새로운 플랫폼으로 이동하는 것을 말한다.

⑤ 스놉 효과(Snob Effect) : 특정 상품에 대한 소비가 증가하면 오히려 수요가 줄어드는 현상을 말한다.

직무상식평가　　　　　IT분야

71. ④

DBMS를 구성할 시 일관성, 경제성, 보안성, 종속성, 중복성을 고려해야 한다.

72. ②

① 1초당 100만 개 단위의 명령어 연산이란 뜻으로 컴퓨터의 연산속도를 나타내는 단위이다.

③ 1초당 처리하는 문자의 수이다.

④ 1분당 처리하는 페이지 수이다.

⑤ 1초당 1백만 비트를 전송하는 속도이다.

73. ②

RARP는 호스트의 물리주소를 이용하여 논리 주소인 IP주소를 얻어 오기 위해 사용되는 프로토콜이다.

74. ②

암호방식(Asymmetric Cryptography)

㉠ **대칭형 암호방식(Symmetric Cryptography)**

• 대칭키 암호방식(Symmetric Key Cryptography) 또는 비밀키 암호방식(Secret Key Cryptography)

• 암호화 키(Encryption Key)와 복호화 키(Decryption Key)는 동일

㉡ **공개키 암호방식(Public Key Cryptography)**

• 암호화 키와 복호화 키는 동일하지 않다.

• 암호화 키와 복호화 키는 반드시 키짝(Key Pair)을 이룬다. 즉 공개키 암호방식에서 두 개의 키 즉 공개키(Public Key)와 개인키(Private Key)를 사용

 − 개인키는 외부로 유출되면 안 됨

 − 공개키는 누구나 보관하고 사용가능

• 공개키 암호방식에서 사용하는 두 개의 키 중 어느 하나의 키로 암호화하면, 반드시 나머지 다른 하나의 키만으로 복호화 가능

• 공개키 암호화 → 개인키 복호화

 개인키 암호화 → 공개키 복호화

75. ④

DMA(Direct Memory Access)는 입출력장치가 다이렉트로 직접 주기억장치에 접근하여 데이터블록을 입출력하는 방식으로 입출력을 전송한다. 장치들의 데이터가 CPU를 경유하지 않고 수행된다.

76. ①

정보통신망 형태의 종류 ⋯ 성형(스타형), 망형(메쉬형), 링형(루프형), 버스형, 트리형

77. ③

① EDSAC(Electronic Delay Storage Automatic Computer) : 프로그램을 내장한 최초의 컴퓨터이다.

② PCS(Personal Communication Services) : 디지털 휴대폰이다.

④ IBM 701 : IBM이 최초로 상업적 판매를 위해 개발한 컴퓨터이다.

⑤ UNIVAC − 1 : 유니시스사의 세계 최초의 상업용 컴퓨터이다.

78. ②

① WAN(Wide Area Network) : 이해관계가 깊은 연구소 간 및 다국적 기업 또는 상호 유대가 깊은 동호기관을 LAN으로 상호 연결시킨 망이다.

③ MAN(Metropolitan Area Network) : LAN의 서비스영역 협소와 WAN의 능률저하 및 일정 지역에 대한 비경제성을 극소화한 망이다.

④ VAN(Value Added Network) : 회선을 직접 보유하거나 통신사업자의 회선을 임차 또는 이용하여 단순한 전송기능 이상의 정보의 축적이나 가공, 변환 등의 부가가치를 부여한 음성, 데이터 정보를 제공해 주는 매우 광범위하고 복합적인 서비스의 집합이다.

⑤ ISDN(Integrated Services Digital Network) : 전화망에서 모뎀 없이 데이터 전송이 가능하게 변화시킨 것으로 하나의 전화회선을 통해 음성, 데이터, 화상 등의 정보를 동시에 주고받을 수 있는 미래의 종합 서비스 디지털망이다.

79. ②

⟨stdio.h⟩, main( ) 시작

int i, sum = 0 : 선언, 둘 다 정수형태이며 sum의 값은 초기치 0이 있다.

for I = 1: → for문(반복)

i⟨ = 10: → 조건

I+ = 2 → 증가치

continue: → 1이 떨어져 나가면 블록 끝으로 이동했다가 다시 For문으로 이동하는 것이다.

% → 나머지 연산자

&& → AND 연산자(양쪽 모두 참일 경우 결과값이 참)

㉠ 실행순서 초기치 → 조건판단하며 만족하면 → 실행 → 증가 순으로 끝나면 다시 처음인 초기치로 가서 판단하면서 반복

㉡ i=1, i%2 && i%3 → 값이 참이면 continue:를 실행 시켜서 빠져나가고 거짓이면 sum 값에 누적 시킨다.

㉢ sum + = i: → sum = sum+i

㉣ i=1, i%2 → 1 나누기 2를 하면 몫은 0이 되고 나머지는 1이 된다.

㉤ i%3 → 1 나누기 3을 하면 몫은 0이 되고 나머지는 1이 된다.

㉥ i%2 && i%3 → 1과 1의 AND는 결과가 참이기 때문에 그대로 빠져나간다.

㉦ 증가 → I+ = 2 → I = i+2며 i 값이 1이 들어가서 2를 더하니 값은 3이 된다.

㉧ i=3로 판단, i%2 && i%3 → 3%2 && 3%3 이 되어 3 나누기 2는 몫이 1이고 나머지는 1이 되며 3 나누기 3은 몫은 1이 되고 나머지는 0이 되므로 결과는 거짓이 되어 sum에 i를 누적시킨다. sum = 0, i=3으로 sum 값은 3이 된다.

㉨ 다시 반복하여 I+ = 2 → 3 + 2 = 5가 된다.

ⓩ i=5로 판단, i%2 && i%3 → 5%2 && 5%3이 되어 5 나누기 2를 하면 몫은 2, 나머지는 1이 되고 5 나누기 3을 하면 몫은 1, 나머지는 2가 된다. 0을 제외한 모든 숫자는 참으로 판단하기 때문에 그대로 빠져 나간다.

㉠ 다시 반복하여 2가 증가하여 i=7로 판단, i%2 && i%3 → 7%2 && 7%3이 되어 7 나누기 2를 하면 몫은 3, 나머지는 1, 7 나누기 3은 몫은 2, 나머지는 1이 되어 참이 되어 그대로 빠져 나간다.

㉣ 다시 반복하여 2가 증가하여 i=9로 판단, i%2 && i%3 → 9%2 && 9%3이 되어 9 나누기 2는 몫은 4, 나머지는 1이 되고 9 나누기 3은 몫은 3, 나머지는 0으로 거짓이 되어 sum에 i 값을 누적시킨다. 현재 sum 값은 3이며 i값 9가 들어와 12가 된다. sum = sum + i → 12 = 3 + 9

㉤ 다시 반복하여 2가 증가하여 i=11로 판단, 조건을 판단하니 만족하지 않아 그대로 빠져 나온다.

ⓗ printf("%d \ n", sum) : > 정수형태로 줄바꿈하여 sum을 출력하는데 현재 sum에 기억된 입력값은 12이므로 결과는 12가 된다.

80. ④

AC(누산기)와 메모리의 내용을 더하여 결과를 AC에 저장하는 연산명령을 ADD라고 한다.

※ ADD의 동작순서
 • MAR ← MBR(AD)
 • MBR ← M(MAR)
 • AC ← AC + MBR

1	2	3	4	5	6	7	8	9	10	11	12	13	14	15	16	17	18	19	20
①	③	⑤	①	④	①	③	③	①	③	③	③	⑤	③	①	④	⑤	②	⑤	②
21	22	23	24	25	26	27	28	29	30	31	32	33	34	35	36	37	38	39	40
④	④	④	③	④	⑤	①	③	①	③	③	①	①	③	②	①	④	⑤	①	②
41	42	43	44	45	46	47	48	49	50	51	52	53	54	55	56	57	58	59	60
②	③	③	⑤	⑤	⑤	②	⑤	①	②	③	⑤	③	②	④	④	①	①	⑤	⑤
61	62	63	64	65	66	67	68	69	70	71	72	73	74	75	76	77	78	79	80
①	②	④	②	①	①	①	①	②	④	①	④	②	④	⑤	③	②	⑤	④	②

직무능력평가

1. ①

문단	내용	키워드
1문단	• 물질대사율 = 소모하는 에너지 양/단위 시간 • 최소대사율 : 세포 유지, 호흡, 심장박동 같은 기본적인 기능들을 위한 최소한의 물질대사율	물질대사율
2문단	• 기초대사율 : 최소 수준 이상으로 열의 생성이나 방출이 요구되지 않는 환경에서 스트레스 없이 가만히 쉬고 있는 상태의 내온동물의 최소대사율 • 표준대사율 : 어떤 온도에서 스트레스 없이 쉬고 있는 상태의 외온동물의 최소대사율 • 기본적인 신체 기능을 유지하는 데 필요한 에너지 양 : 외온동물 < 내온동물	기초대사율, 표준대사율
3문단	• 내온동물의 물질대사율 : 몸집 大(몸무게 ↑) > 몸집 小(몸무게 ↓) • 포유동물에서 단위 몸무게당 기초대사율은 몸무게에 반비례 → 몸무게가 작을수록 안정적인 체온을 유지하는 에너지 비용이 증가	

정답 문항 수 :   /70개

⊙ [○]

3문단에서 포유동물의 단위 몸무게당 기초대사율은 몸무게에 반비례하는 경향을 나타낸다고 언급하였다. 그런데 몸무게가 많이 나가는 순록의 단위 몸무게당 기초대사율이 토끼의 그것보다 크다면, 단위 몸무게당 기초대사율은 몸무게에 비례한다고 볼 수 있다. 따라서 ⊙은 ⓐ에 대한 주장을 약화시킨다.

ⓛ [×]

양서류는 외온동물에 해당한다. 2문단에서 외온동물의 최소대사율은 내온동물과 달리 주변 온도에 따라 달라진다고 하였는데, 양서류에 속하는 어떤 동물의 최소대사율이 주변 온도에 따라 뚜렷이 달라졌다는 것은 이와 같은 맥락이다.

ⓒ [×]

몸 크기가 비슷한 외온동물인 악어와 내온동물인 성인 남성을 비교하였을 때, 악어의 표준대사율의 최댓값이 성인 남성의 기초대사율의 1/20 미만이었다는 것은, 2문단 끝에서 기본적인 신체 기능을 유지하는 데 필요한 에너지의 양은 외온동물보다 내온동물에서 더 크다고 한 것과 일치한다.

2. ③

문단	내용	키워드
1문단	총의 제도의 개념 – 의사결정 회의에 참석한 회원국 중 어느 회원국도 공식적으로 반대하지 않는 한, 검토를 위해 제출된 사항은 총의에 의해 결정 – 의사결정 회의에 불참은 찬성으로 간주	총의 제도
2문단	총의 제도의 대안으로 등장한 '부속서 4 복수국 간 무역협정 방식'과 '임계질량 복수국 간 무역협정 방식'	
3문단	• 부속서 4 복수국 간 무역협정 방식 : WTO 체제 밖에서 복수국 간 무역협정을 체결하고 이를 WTO 설립협정 부속서 4에 포함하여 WTO 체제로 편입하는 방식 • 단, 복수국 간 무역협정이 부속서 4에 포함되기 위해서는 모든 WTO 회원국 대표로 구성되는 각료회의의 승인이 필요	
4문단	• 임계질량 복수국 간 무역협정 방식 : WTO 체제 밖에서 일부 회원국 간 무역협정을 채택하되 해당 협정의 혜택을 보편적으로 적용하여 무역자유화를 촉진하는 방식이다. • 단, 협정이 발효되기 위해서는 협정 당사국들의 협정 적용대상 품목의 무역량이 해당 품목의 전세계 무역량의 90% 이상을 차지하여야 함	

③ 2문단에서 전자상거래협정은 '부속서 4 복수국 간 무역협정 방식'임을 알 수 있다. '부속서 4복수국 간 무역협정 방식'은 비당사국에 협정상 혜택을 허용하지 않는 것은 알 수 있지만, 법적 지위에 영향을 미칠 수 있는지 여부에 대해서는 알 수 없다.

① 4문단 최혜국대우원칙을 통해 알 수 있다.

② 1문단에 따르면 총의 제도에서 의사결정 회의에 불참은 찬성으로 간주한다.

④ 1 ~ 2문단을 바탕으로 볼 때, 총의 제도를 유지할 경우 의사결정 회의에 참석한 회원국 중 어느 한 회원국이라도 공식적으로 반대할 경우 결정될 수 없으므로 '부속서 4 복수국 간 무역협정 방식' 도입의 목적을 충분히 달성하기 어렵다.

⑤ 4문단에서 '임계질량 복수국 간 무역협정 방식'의 협정이 발효되기 위해서는 협정 당사국들의 협정 적용대상 품목의 무역량이 해당 품목의 전세계 무역량의 90% 이상을 차지하여야 한다고 하였으므로, 1997년 발효된 정보기술협정은 협정 당사국들의 정보통신기술제품의 무역량규모가 전 세계 무역량의 90% 이상일 것으로 추정할 수 있다.

3. ⑤

필자는 현재 우리나라의 역간거리가 타 비교대상에 비해 짧게 형성되어 있어 운행 속도 저하에 따른 속도경쟁력 약화를 문제점으로 지적하고 있다. 따라서 역간거리가 현행보다 길어야 한다는 주장을 뒷받침할 수 있는 ① ~ ④와 같은 내용을 언급할 것으로 예상할 수 있다. 다만, 역세권 문제나 부동산 시장과의 연계성 등은 주제와의 관련성이 있다고 볼 수 없다.

4. ①

전통은 과거로부터 이어온 것 중 현재의 문화 창조에 이바지할 수 있는 것만을 말한다. 인습이나 유물은 현재 문화 창조에 이바지할 수 없으므로 전통과는 구별되어야 한다는 것이 글의 중심 내용이다.

5. ④

④ 두 번째 문단에서는 벌금이 형사적 수단이라고 언급되어 있으므로 행정적 제재 수단으로 규정한 것은 적절하지 않다.

① ㉠의 의미는 '피해자에게 귀속되는 손해 배상금'에 해당한다. 여기서 손해배상금은 두 번째 문단에서 설명한 '손해 배상은 피해자의 구제를 목적으로 한다는 점'을 고려할 때 피해자가 금전적으로 구제받는 것을 의미한다.

② ㉡의 맥락은 일반적인 손해 배상 제도에서는 피해자가 손해액을 초과하여 배상받는 것이 불가능하지만 징벌적 손해 배상 제도에서는 피해자가 손해액을 초과하여 배상받는 것이 가능하다는 것을 나타낸다.

③ ㉢의 이 제도는 징벌적 손해 배상 제도를 설명하고 있다.

⑤ ㉤은 네 번째 문단 앞부분에 "이 제도는 불법 행위의 피해자가 손해액에 해당하는 배상금에다 가해자에 대한 징벌의 성격이 가미된 배상금을 더하여 배상받을 수 있도록 하는 것을 내용으로 한다"는 내용이 언급되어 있다. 따라서 '횡재'가 의미하는 것은 손해액보다 더 받는 돈에 해당하는 징벌적 성격이 가미된 배상을 의미한다.

6. ①

① 〈보기〉는 징벌적 손해 배상 제도를 설명하고 있는데, 네 번째 문단에서는 피해자에게 배상금을 지급한다고 설명되어 있으므로 박 사원의 '배상금을 국가에 귀속'한다는 것은 적절하지 않다.

② 세 번째 문단에서는 "적발 가능성이 매우 낮은 불법 행위에 대해 억제력을 높이면서도 손해 배상을 더욱 충실히 할 방안들이 요구되는데 그 방안 중 하나가 징벌적 손해 배상 제도다."라고 되어 있으므로 이 주임은 적절히 이해하였다.

③ 피해자가 받은 배상금은 손해액과 징벌적 성격이 가미된 배상금이므로 유 대리는 적절히 이해하였다.

④ 네 번째 문단에서는 "일반적인 손해 배상 제도에서는 피해자가 손해액을 초과하여 배상받는 것이 불가능하지만 징벌적 손해 배상 제도에서는 그것이 가능하다."라고 했으므로 고 과장은 적절히 이해하였다.

⑤ 세 번째 문단에서는 징벌적 손해 배상 제도가 나온 배경으로 "적발 가능성이 매우 낮은 불법 행위에 대해 억제력을 높이면서도 손해 배상을 더욱 충실히 할 방안들이 요구되는데"라고 제시하였으므로 김 팀장은 적절히 이해하였다.

7. ③

'이제 더 이상 대중문화를 무시하고 엘리트 문화지향성을 가진 교육을 하기는 힘든 시기에 접어들었다.'가 이 글의 핵심문장이라고 볼 수 있다. 따라서 대중문화의 중요성에 대해 말하고 있는 ③이 정답이다.

8. ③

[A]에서 채소 중개상은 배추 가격이 선물 가격 이상으로 크게 뛰어오르면 많은 이익을 챙길 수 있다는 기대에서 농민이 우려하는 가격 변동에 따른 위험 부담을 대신 떠맡는 데 동의한 것이다. 즉, 선물 거래 당사자인 채소 중개상에게 가격 변동에 따른 위험 부담이 전가된 것이라고 할 수 있다.

9. ①

㉠과 ㉡ 모두 가격 변동의 폭에 따라 손익의 규모가 달라진다.

10. ③

- (나) : 정보해석능력과 시민들의 정치참여 사이의 양의 상관관계
- (가) : (나)에 대한 반박
- (라) : (가) 마지막에서 언급한 내용에 대한 예시
- (다) : (라) 마지막에서 언급한 교육 수준이 높아지지만 정치참여는 증가하지 않는다는 것을 보여주는 경우

11. ③

지문의 도입부에서는 식량 확보 실패의 원인이 생산보다 분배임을 언급하고 있다. 생산보다 분배가 문제인 것은 지구의 모든 지역에서의 농작물 수확량 향상 속도가 동일하지 않기 때문이다. 따라서 분배의 불균형 문제에 대한 원인이 되는 것은 보기③의 내용 밖에 없다.

12. ③

'깨진 유리창의 법칙'은 깨진 유리창처럼 사소한 것들을 수리하지 않고 방치해두면 나중에는 큰 범죄로 이어진다는 범죄 심리학 이론으로, 작은 일을 소홀히 관리하면 나중에는 큰일로 이어질 수 있음을 의미한다.

13. ⑤

세무서장이 발급한 자금출처 확인서는 해외이주비 총액이 10만 불을 초과할 때 필요한 서류다.

14. ③

모든 A는 B이고, 모든 B는 C이므로 모든 A는 C이다. 또한 모든 B는 C라고 했으므로 어떤 C는 B이다. 따라서 모두 옳다.

15. ①

김대리 > 최부장 ≥ 박차장 > 이과장의 순이다.
박차장이 최부장보다 크지 않다고 했으므로, 박차장이 최부장보다 작거나 둘의 키가 같을 수 있다. 따라서 B는 옳지 않다.

16. ④

장소별로 계산해 보면 다음과 같다.
• 분수광장 후면 1곳(게시판) : 120,000원
• 주차 구역과 경비초소 주변 각 1곳(게시판) : 120,000원 × 2 = 240,000원
• 행사동 건물 입구 1곳(단독 입식) : 45,000원
• 분수광장 금연 표지판 옆 1개(벤치 2개 + 쓰레기통 1개) : 155,000원
• 주차 구역과 경비초소 주변 각 1곳(단독) : 25,000 × 2 = 50,000원
따라서 총 610,000원의 경비가 소요된다.

17. ⑤

참석인원이 800명이므로 800장을 준비해야 한다. 이 중 400장은 2도 단면, 400장은 5도 양면 인쇄로 진행해야 하므로 총 인쇄비용은 $(5,000 \times 4) + (25,000 \times 4) = 120,000$원이다.

18. ②

주어진 조건을 통해 위치가 가까운 순으로 나열하면 마트 – 쇼핑몰 – 은행이며, 세 사람이 간 곳은 마트(B, 자가용) – 쇼핑몰(A, 버스) – 은행(C, 지하철)이 된다.

19. ⑤

주어진 조건을 바탕으로 조건을 채워나가면 다음과 같다.

1라인(앞)	(1) H	(2) A	(3) F	(4) B	(5) 빈 칸
2라인(뒤)	(6) G	(7) C	(8) 빈 칸	(9) E	(10) D

20. ②

㉠ 딸기 → ~ 초코 = 초코 → ~ 딸기
㉢ ~ 딸기 → 수박 = ~ 수박 → 딸기
㉤ ~ 초코 → ~ 단것 = 단것 → 초코
따라서 ㉠, ㉢, ㉤을 조합하면 '단것 → 초코 → ~ 딸기 → 수박'이 되므로 '단것을 좋아하는 사람은 수박을 좋아한다.'가 참이 된다.

21. ④

대학로점 손님은 마카롱을 먹지 않은 경우에도 알레르기가 발생했고, 강남점 손님은 마카롱을 먹고도 알레르기가 발생하지 않았다. 따라서 대학로점, 홍대점, 강남점의 사례만을 고려하면 마카롱이 알레르기 원인이라고 볼 수 없다.

22. ④

총 네 가지의 경우가 발생할 수 있다.

- 2층 – 갑, 4층 – 병, 5층 – 을·정, 6층 – 무
- 2층 – 을, 3층 – 무, 5층 – 병·정, 6층 – 갑
- 3층 – 병, 4층 – 을, 5층 – 무·정, 6층 – 갑
- 3층 – 병, 4층 – 갑, 5층 – 을·정, 6층 – 무

따라서 항상 5층에 내리는 사람은 정이다.

23. ④

네 번째 조건에서 수요일에 9대가 생산되었으므로 목요일에 생산된 공작기계는 8대가 된다.

월요일	화요일	수요일	목요일	금요일	토요일
		9대	8대		

첫 번째 조건에 따라 금요일에 생산된 공작기계 수는 화요일에 생산된 공작기계 수의 2배가 되는데, 두 번째 조건에서 요일별로 생산한 공작기계의 대수가 모두 달랐다고 하였으므로 금요일에 생산된 공작기계의 수는 6대, 4대, 2대의 세 가지 중 하나가 될 수 있다.

그런데 금요일의 생산 대수가 6대일 경우, 세 번째 조건에 따라 목 ~ 토요일의 합계 수량이 15대가 되어야 하므로 토요일은 1대를 생산한 것이 된다. 그러나 토요일에 1대를 생산하였다면 다섯 번째 조건인 월요일과 토요일에 생산된 공작기계의 합이 10대를 넘지 않는다. (∵ 하루 최대 생산 대수는 9대이고 요일별로 생산한 공작기계의 대수가 모두 다른 상황에서 수요일에 이미 9대를 생산하였으므로)

금요일에 4대를 생산하였을 경우에도 토요일의 생산 대수가 3대가 되므로 다섯 번째 조건에 따라 월요일은 7대보다 많은 수량을 생산한 것이 되어야 하므로 이 역시 성립할 수 없다. 즉, 세 가지 경우 중 금요일에 2대를 생산한 경우만 성립하며 화요일에는 1대, 토요일에는 5대를 생산한 것이 된다.

월요일	화요일	수요일	목요일	금요일	토요일
	1대	9대	8대	2대	5대

따라서 월요일과 토요일에 생산된 공작기계의 합이 10대가 넘기 위해 가능한 수량은 6 + 7 = 13이다.

24. ③

A와 D의 진술이 엇갈리므로 두 사람 중 한 사람이 참일 경우를 생각하면 된다.

(1) **A가 참일 경우**

D는 무조건 거짓이 된다. B가 참이라면, E의 말도 참이므로 C의 말은 거짓이 된다. 만약 B가 거짓이라면 E 또한 거짓이므로 범인이 2명이라는 조건과 맞지 않기 때문에 A가 참일 경우 참 - A · B · E, 거짓(범인) - C · D가 된다.

(2) **D가 참일 경우**

A는 무조건 거짓이 된다. A가 참일 경우와 마찬가지로 B와 E의 말은 참, C의 말은 거짓이기 때문에 참 - D · B · E, 거짓(범인) - A · C가 된다.

따라서 어느 경우에도 참을 말하는 사람은 B · E이며 어느 경우에도 거짓(범인)을 말하는 사람은 C이다.

25. ④

④ 3개 회사는 각 종목 당 다른 회사와 5번씩 경기를 가졌으며 이에 따른 승수와 패수의 합은 항상 10이 된다. 갑사가 C 종목에서 거둔 5승과 5패는 어느 팀으로부터 거둔 것인지 알 수 있는 근거가 없어 을사, 병사와 상대 전적이 동일하다고 말할 수 없다. 또한, 특정 팀과 5회 경기를 하여 무승부인 결과는 없는 것이므로 상대 전적이 동일한 두 팀이 생길 수는 없다.

① 병사의 6패 중 나머지 5패를 을사로부터 당한 것이 된다. 따라서 을사와의 전적은 0승 5패의 압도적인 결과가 된다.

② 갑사와 병사의 승수 중 각각 4승씩을 제외한 나머지 승수가 상대방으로부터 거둔 승수가 된다. 따라서 갑사는 병사로부터 3승을, 병사는 갑사로부터 2승을 거둔 것이 되어 갑사의 상대 전적이 병사보다 더 우세하게 된다.

③ 을사의 A 종목 3패 중 적어도 2패 이상이 갑사에게 당한 것이 되고 나머지 패수가 병사에게 당한 것이 되므로 을사는 병사보다 A 종목의 상대 전적이 더 우세하다. 이와 같은 논리로 살펴보면 병사의 C 종목 3패 중 1패 또는 0패가 을사와의 경기 결과가 되어 병사는 을사보다 C 종목 상대 전적이 더 우세하게 된다.

⑤ 승과 패에 대하여 부여되는 승점이 세 종목 모두 동일하므로 승수와 패수의 합을 단순 비교하여 순위를 결정할 수 있다. 따라서 17승 13패를 거둔 병사가 가장 높은 성적을 거두었으며 2위는 16승 14패를 거둔 갑사, 가장 낮은 성적을 거둔 을사는 12승 18패가 된다.

26. ⑤

모든 사람이 한 지역 이상 파견을 가야 한다고 했으므로 갈 수 있는 인원과 가야하는 인원이 동일한 부산과 울산을 기준으로 남은 지역들에 갈 수 있는 사람을 구하면 다음과 같다. C는 부산과 울산에 가므로 대구를 가지 못하고, G는 부산과 울산을 가므로 대구와 강릉에 가지 못한다. 따라서 강릉은 D가 갈 수 있으며 대구는 남은 A, B, E가 갈 수 있다.

	A	B	C	D	E	F	G
부산(4)			○		○	○	○
대구(3)	○	○	×		○		×
강릉(1)				○			×
울산(4)		○	○	○			○

27. ①

주택담보대출의 경우이므로 3개월의 연체기간을 월별로 나누어 계산해 보면 다음 표와 같이 정리될 수 있다.

연체기간	계산 방법	연체이자
연체 발생 ~ 30일분	지체된 약정이자(50만 원) ×연 8%(5% + 3%) × 30/365	3,288원
연체 31일 ~ 60일분	지체된 약정이자(100만 원) ×연 8%(5% + 3%) × 30/365	6,575원
연체 61일 ~ 90일분	원금(1억 2천만 원) ×연 8%(5% + 3%) × 30/365	789,041원
합계		798,904원

따라서 798,904원이 된다.

28. ③

화살표로부터 시작해서 9를 빼고 5를 곱한 값이 짝수가 되어야 2로 나누었을 때 정수가 된다. 따라서 (?)의 수는 홀수가 되어야 한다. 그러므로 짝수는 일단 정답에서 제외해도 된다.

보기의 번호를 대입하여 계산해 보면 된다.

③ 13 − 9 = 4, 4 × 5 = 20, 20 ÷ 2 = 10, 10 − 4 = 6, 6 + 12 = 18, 18 ÷ 3 = 6, 6 + 7 = 13

① 11 − 9 = 2, 2 × 5 = 10, 10 ÷ 2 = 5, 5 − 4 = 1, 1 + 12 = 13, 13 ÷ 3 = 4.3333 (×)

② 12 − 9 = 3, 3 × 5 = 15, 15 ÷ 1 = 7.5 (×)

④ 14 − 9 = 5, 5 × 5 = 25, 25 ÷ 2 = 12.5 (×)

⑤ 15 − 9 = 6, 6 × 5 = 30, 30 ÷ 2 = 15, 15 − 4 = 11, 11 + 12 = 23, 23 ÷ 3 = 7.666 (×)

29. ①

농도 25%인 소금물 xg에서 소금의 양은 $\frac{1}{4}x$가 된다. 이 소금물에 소금의 양만큼 물을 더 넣고 소금을 25g 넣었을 때의 농도는 $\dfrac{\frac{1}{4}x+25}{x+\frac{1}{4}x+25}\times 100 = 25(\%)$가 된다.

따라서 다음 식을 정리하면

$\dfrac{\frac{1}{4}x+25}{\frac{5}{4}x+25} = \frac{1}{4} \rightarrow x+100 = \frac{5}{4}x+25 \rightarrow 75 = \frac{1}{4}x$ 이므로

$x = 300$이다.

따라서 최종 소금물의 양은 $300 + \frac{1}{4}\times 300 + 25 = 400(\text{g})$이 된다.

30. ③

구의 반지름을 r이라고 한다면 구의 부피는

$\frac{4}{3}\pi r^3 = \frac{4}{3}\times 3 \times r^3 = 32$이므로 $r = 2$가 된다.

따라서 원뿔의 반지름은 구의 지름과 동일한 $2 \times 2 = 4$가 된다. 반지름이 4인 원뿔의 부피는 $4 \times 4 \times 3 \times 6 \div 3 = 96$이므로 구의 부피의 3배이다.

31. ③

터널을 완전히 통과한다는 것은 터널의 길이에 열차의 길이를 더한 것을 의미한다. 따라서 열차의 길이를 x라 하면, '거리 = 시간 × 속력'을 이용하여 다음과 같은 공식이 성립한다.

$(840 + x) \div 50 = 25$, $x = 410$m가 된다. 이 열차가 1,400m의 터널을 통과하게 되면 $(1{,}400 + 410) \div 50 = 36.2$초가 걸리게 된다.

32. ①

한 달 동안의 통화 시간 t $(t = 0, 1, 2, \cdots)$에 따른 요금제 A의 요금

$y = 10{,}000 + 150t$ $(t = 0,\ 1,\ 2,\ \cdots)$

• 요금제 B의 요금

$\begin{cases} y = 20{,}200 & (t = 0,\ 1,\ 2,\ \cdots, 60) \\ y = 20{,}200 + 120(t-60) & (t = 61,\ 62,\ 63,\ \cdots) \end{cases}$

• 요금제 C의 요금

$$\begin{cases} y = 28{,}900 & (t = 0,\ 1,\ 2,\ \cdots,\ 120) \\ y = 28{,}900 + 90(t-120) & (t = 121,\ 122,\ 123,\ \cdots) \end{cases}$$

㉠ B의 요금이 A의 요금보다 저렴한 시간 t의 구간은

$20{,}200 + 120(t-60) < 10{,}000 + 150t$ 이므로

$t > 100$

㉡ B의 요금이 C의 요금보다 저렴한 시간 t의 구간은

$20{,}200 + 120(t-60) < 28{,}900 + 90(t-120)$ 이므로

$t < 170$

따라서 $100 < t < 170$ 이다.

∴ $b-a$ 값은 70

33. ①

2021년 전체 지원자 수를 x라 하면, $27 : 270 = 100 : x$

∴ $x = 1{,}000$

2020년의 전체 지원자 수도 1,000명이므로 건축공학과 지원자 수는 $1{,}000 \times \dfrac{242}{1{,}000} = 242$

$270 - 242 = 28$(명)

34. ③

• (가) : $\dfrac{15{,}463}{21{,}886} \times 100 = 70.65 \rightarrow 70.7$

• (나) : $\dfrac{11{,}660}{22{,}618} \times 100 = 51.55 \rightarrow 51.6$

• (다) : $\dfrac{15{,}372}{21{,}699} \times 100 = 70.84 \rightarrow 70.8$

• (라) : $\dfrac{11{,}450}{22{,}483} \times 100 = 50.92 \rightarrow 50.9$

35. ②

2022년의 남성의 비경제활동인구 수를 x라 하면, 2022년 남성의 고용률은

$\dfrac{15{,}463}{15{,}463 + 635 + x} \times 100 = 70.7(\%)$가 된다.

$(16{,}098 + x) = \dfrac{15{,}463 \times 100}{70.7} = 21{,}871.28$이므로

$x = 21{,}871.28 - 16{,}098 = 5{,}773.28 \rightarrow 5{,}773$이 된다.

36. ①

$$\frac{647,314-665,984}{665,984}\times 100 = -2.88 ≒ -2.9(\%)$$

37. ④

A ~ D의 효과성과 효율성을 구하면 다음과 같다.

구분	효과성		효율성	
	산출/목표	효과성 순위	산출/투입	효율성 순위
A	$\dfrac{500}{(가)}$	3	$\dfrac{500}{200+50}=2$	2
B	$\dfrac{1,500}{1,000}=1.5$	2	$\dfrac{1,500}{(나)+200}$	1
C	$\dfrac{3,000}{1,500}=2$	1	$\dfrac{3,000}{1,200+(다)}$	3
D	$\dfrac{(라)}{1,000}$	4	$\dfrac{(라)}{300+500}$	4

• A와 D의 효과성 순위가 B보다 낮으므로 $\dfrac{500}{(가)}$, $\dfrac{(라)}{1,000}$의 값은 1.5보다 작고 $\dfrac{500}{(가)} > \dfrac{(라)}{1,000}$가 성립한다.

• 효율성 순위가 1순위인 B는 2순위인 A의 값보다 커야 하므로 $\dfrac{1,500}{(나)+200} > 2$이다.

• C와 D의 효율성 순위가 A보다 낮으므로

$\dfrac{3,000}{1,200+(다)}$, $\dfrac{(라)}{300+500}$의 값은 2보다 작고

$\dfrac{3,000}{1,200+(다)} > \dfrac{(라)}{300+500}$가 성립한다.

따라서 이 조건을 모두 만족하는 값을 찾으면 (가), (나), (다), (라)에 들어갈 수 있는 수치는 ④이다.

38. ⑤

ISBN코드의 9자리 숫자는 893490490이다. 따라서 다음과 같은 단계를 거쳐 EAN코드의 체크기호를 산출할 수 있다.

㉠ 978 & 893490490 → 978893490490

㉡ (9 × 1) + (7 × 3) + (8 × 1) + (8 × 3) + (9 × 1) + (3 × 3) + (4 × 1) + (9 × 3) + (0 × 1) + (4 × 3) + (9 × 1) + (0 × 3) = 132

㉢ 132 ÷ 10 = 13 … 2

㉣ 나머지 2의 체크기호는 8

따라서 13자리의 EAN코드는 EAN 9788934904908이 된다.

39. ①

RANK 함수는 지정 범위에서 인수의 순위를 구할 때 사용하는 함수이다. 결정 방법은 수식의 맨 뒤에 0 또는 생략할 경우 내림차순, 0 이외의 값은 오름차순으로 표시하게 되면, 결괏값에 해당하는 필드의 범위를 지정할 때에는 셀 번호에 '$'를 앞뒤로 붙인다.

40. ②

LOOKUP 함수에 대한 설명이다. LOOKUP 함수는 찾을 값을 범위의 첫 행 또는 첫 열에서 찾은 후 범위의 마지막 행 또는 열의 같은 위치에 있는 값을 구하는 것으로, 수식은 '=LOOKUP(찾을 값, 범위, 결과 범위)'가 된다.

41. ②

A = 0, S = 0
A = 1, S = 1
A = 2, S = 3
A = 3, S = 5
…
A = 8, S = 15
∴ 출력되는 A의 값은 8이다.

42. ③

IF(조건, 인수1, 인수2) 함수는 해당 조건이 참이면 인수1을, 거짓이면 인수2를 실행하게 하는 함수이다. 따라서 A1 셀이 0 이상(크거나 같음)이면 "양"을, 그렇지 않으면 "음"을 표시하게 되는 것이다.

43. ③

D2셀에 기재되어야 할 수식은 =VLOOKUP(B2,$C$12:$D$15,2,0)이다. B2는 직책이 대리이므로 대리가 있는 셀을 입력하여야 하며, 데이터 범위인 C12:D15가 변하지 않도록 절대 주소로 지정을 해 주게 된다. 또한 대리 직책에 대한 수당이 있는 열의 위치인 2를 입력하며, 마지막에 직책이 정확히 일치하는 값을 찾아야 하므로 0을 기재한다.

44. ⑤

DAVERAGE 함수는 지정된 범위에서 조건에 맞는 자료를 대상으로 지정된 열의 평균을 계산하는 함수이다. =DAVERAGE(A4:E10,"체중",A1:C2)는 A4:E10 영역에서 직급이 대리이고 키가 170 초과 180 미만인 데이터의 체중 평균을 구하는 함수식으로, 직급이 대리이고 키가 170 초과 180 미만인 체중은 D5, D6셀이므로 이에 해당하는 72와 64의 평균인 68이 결과값이 된다.

45. ⑤

① 'ㅎ'을 누르면 2명이 뜬다(민하린, 김혜서)
② '03'을 누르면 2명이 뜬다(<u>03</u>24457846, <u>03</u>19485575)
③ '55'를 누르면 3명이 뜬다(0254685<u>55</u>4, 0514954<u>55</u>4, 0319485<u>55</u>75)
④ 'ㅂ'을 누르면 1명이 뜬다(심빈우)

직무상식평가   공통

---

46. ⑤

① **고정직불금** : 생산량과 가격의 변동과 관계없이 논농업 종사자에게 지급하는 보조금이다.
② **이중곡가제** : 정부가 주곡을 고가에 사들여 저가로 파는 제도로 1960년대에 시행되었다가 1980년대에 폐지하였다.
③ **농민공익수당** : 농업인을 위한 정책이라는 점에서 공익직불금과 동일하지만 농민공익수당은 지자체에서 지급하는 지원금이다.
④ **추곡수매제도** : 곡가 안정과 수급조절을 위해 일정량의 쌀을 정부가 사들이는 제도로 2005년에 폐지되었다.

47. ②

② **팜 스테이(Farm Stay)** : 농장을 의미하는 Farm과 머문다는 의미의 Stay의 합성어로 농가를 찾아 숙식하며 농사나 생활, 문화체험 및 관광, 마을 축제 등을 즐길 수 있는 농촌체험 관광 상품이다.
① **플랜테이션(Plantation)** : 열대 · 아열대기후지역에서 대규모로 단일 경작하는 농업방식을 말한다.
③ **팜 파티플래너(Farm Party Planner)** : 농산물을 활용하는 행사를 기획하고 연출하는 직업을 말한다.
④ **애그플레이션(Agflation)** : 곡물 가격이 상승하면서 물가가 덩달아 상승하는 현상을 말한다.
⑤ **에어로 팜(Aero Farm)** : 스마트 팜에서 진화된 시스템을 말한다.

48. ⑤

⑤ 1963년 1월20일 ICA 집행위원회에 준회원 자격으로 가입이 결정되었다.

※ 농협의 ICA 연혁 … 1963년 1월20일 ICA 집행위원회에 준회원 자격으로 가입이 결정되었다. 1972년 12월 15일 ICA 제25차 바르샤바 회의에서 정회원으로 승격되었다.

49. ①

① 팥은 습기가 약하기 때문에 평이랑으로 재배하면 습해를 받을 수 있기 때문에 높은 이랑을 조성하여 습해를 줄이도록 해야 한다.

50. ②

MA저장(Modified Atmosphere Storage) … 별도의 시설 없이 가스투과성을 지닌 폴리에틸렌이나 폴리프로필렌 필름 등 적절한 포장재를 이용하여 CA저장의 효과를 얻는 방법으로 단감 저장 시 실용화되어 있다.

51. ③

바이러스는 열에 약해 75℃ 이상에서 5분간 가열하면 사멸한다.

52. ⑤

㉠은 사물인터넷(IoT), ㉡은 인공지능(AI), ㉢은 빅데이터(Big Data)에 대한 설명이다. 과학기술정보통신부에 따르면 2세대 스마트 팜은 축산과 시설원예 중심으로 확산되고 있다.

53. ③

① V2V(Vehicle to Vehicle) : 차량과 차량 간의 통신
② V2I(Vehicle to Infrastructure) : 차량과 인프라 간의 통신
⑤ V2N(Vehicle to Nomadic Device) : 차량과 모바일 기기 간의 통신
④ V2P(Vehicle to Pedestrian) : 차량과 보행자 간의 통신

54. ⑤

제로 UI(Zero UI) ··· 기존의 그래픽 유저 인터페이스(GUI)로 인식되던 개념에서 벗어난 것으로, 햅틱 피드백, 상황 인식, 제스처, 음성 인식 등 자연스러운 상호작용을 사용하는 새로운 디바이스 사용 방식을 말한다.

55. ④

ㄹ 관리체계 수립 및 운영 영역은 관리체계 기반 마련, 관리체계 운영, 관리체계 점검 시 개선의 4개 분야 16개 인증 기준으로 구성되어 있으며 관리체계 수립 및 운영은 정보보호 및 개인정보보호 관리체계를 운영하는 동안 Plan, Do, Check, Act의 사이클에 따라 지속적이고 반복적으로 실행되어야 한다.

※ **정보보호 및 개인정보보호 관리체계인증(ISMS − P)** ··· 정보통신망의 안정성 확보 및 개인정보 보호를 위해 조직이 수립한 일련의 조치와 활동이 인증기준에 적합함을 인증기관이 평가하여 인증을 부여하는 제도이다.

구분	인증범위
정보보호 및 개인정보보호 관리체계 인증	• 정보서비스의 운영 및 보호에 필요한 조직, 물리적 위치, 정보자산 • 개인정보 처리를 위한 수집, 보유, 이용, 제공, 파기에 관여하는 개인정보처리 시스템, 취급자를 포함
정보보호 관리체계 인증	정보서비스의 운영 및 보호에 필요한 조직, 물리적 위치, 정보자산을 포함

56. ④

① **유비노마드(Ubi Nomad)** : 시간과 장소에 간섭받지 않고 전자기기를 통해 업무를 하는 새로운 사람을 말한다.

② **리뷰슈머(Reviewsumer)** : 인터넷에 전문적으로 상품의 평가 글을 올리는 사람을 말한다.

③ **트라이슈머(Trysumer)** : 광고를 믿지 않고 사전에 확인한 상품의 정보로 구매하는 소비자를 말한다.

⑤ **트랜슈머(Transumer)** : 이동하는 소비자를 의미하는 합성어로 자유롭게 전 세계를 여행하며 쇼핑하는 소비지를 말한다.

57. ①

① **튜링시험** : 컴퓨터의 지능을 판별하는 시험에 해당한다. 스마트계약에서는 주되게 사용되는 기술이 아니다.

② **분산원장기술(DLT)** : 노드(node)의 암호화기술을 통해서 계약자 간에 정보를 검증하고 합의하는 것을 공동으로 분산 · 관리하는 기술이다.

③ **블록체인** : 거래내역을 기록하고 컴퓨터에 이를 복제해서 저장하는 분산형 데이터 저장기술이다.

④ **분산응용(DApp)** : 분산원장 시스템에서 수행되는 프로그램으로 사용자와 제공자 사이에 상호작용을 할 수 있도록 하는 서비스에 해당한다.

⑤ **솔리디티(solidity)** : 스마트 계약 코딩을 위해 사용되는 프로그램 언어이다.

58. ①

리치 커뮤니케이션 스위트(Rich Communication Suite) ··· 세계이동통신사업자연합회(GSMA)가 정의한 국제표준 메시지 규격으로 별도의 애플리케이션을 설치하지 않고 문자메시지 소프트웨어에서 사용이 가능하다. 모바일 메신저인 카카오톡과 달리 안정적인 서비스를 제공하고 데이터 차감 없이 사용된다.

59. ⑤

⑤ 4G에서는 음성서비스에만 별도의 QoS를 제공하였지만 5G에서는 네트워크 슬라이싱을 통해 다수의 가상 네트워크로 분리하여 맞춤형 서비스를 제공한다.

① Massive MIMO는 다수의 사람들이 안테나 배열을 활용한 무선 자원을 동시에 사용하는 기술이다.

② 주파수 대역폭이 크고 더 많은 데이터를 사용하여 빠른 전송속도를 제공한다.

③ 초고주파의 물리적 특성의 한계를 극복하기 위해 5G표준기술로 사용한다. 빔포밍 기술은 다량의 안테나의 신호를 특정방향으로 집중·조절이 가능한 기술이다.

④ 3GPP(3rd Generation Partnership Project)는 이동통신 표준화 기술협력 기구로 2018년 6월 5G망 통신 표준규격 SA를 발표했다.

60. ⑤

⑤ **메타버스**(Metaverse) : 가상현실보다 진보된 개념으로 3차원 가상공간에서 사회적 교류를 하며 사용하는 세계로 SNS, 트위터 등의 서비스가 이에 해당한다. 인프라, 하드웨어, 플랫폼이 메타버스에 포함된다. 대표적으로 네이버에서 운영하는 제페토가 메타버스 플랫폼이다.

① **가상현실**(VR : Virtual Reality) : 가상세계를 영상을 바탕으로 경험하게 한다.

② **증강현실**(AR : Augmented Reality) : 실제 사물에 CG가 합해져서 디지털 콘텐츠를 표현한다.

③ **혼합현실**(MR : Mixed Reality) : 별도의 장치 없이 실감나는 CG를 볼 수 있는 것이다.

④ **확장현실**(XR : eXtended Reality) : VR, AR, MR, HR 등의 다양한 기술이 합해진 실감기술로 가상공간에서 제약 없이 활동할 수 있다.

61. ①

② **채찍 효과**(Bullwhip Effect) : 수요정보가 전달될 때마다 왜곡되는 현상이다.
③ **캘린더 효과**(Calendar Effect) : 일정 시기에 증시가 등락하는 현상이다.
④ **쿠퍼 효과**(Cooper Effect) : 금융정책 효과의 시기가 다르게 나타나는 현상이다.
⑤ **톱니 효과**(Ratchet Effect) : 생산이나 소비가 일정 수준에 도달하면 이전의 수준으로 감소하지 않는 현상이다.

62. ②

ⓁⒸ 경기불황을 극복하는 정책이 될 수 있다.
㉠ 기업의 투자를 감소시킨다.
㉣ 통화량 감소로 경기가 위축된다.

63. ④

① **공개매수** : 주식을 특별관계자가 공개적으로 대량 매수하는 것을 의미한다.
② **랩어카운트** : 종합자산관리 중에 하나로 고객의 투자 성향에 맞춰서 종목을 추천하는 서비스를 제공하고 수수료를 받는 상품을 의미한다.
③ **공매도** : 주가 하락이 예상되는 기업의 주식을 대량으로 빌려서 매도하고 주가가 떨어지면 싼값에 갚아서 차익을 보는 것이다.
⑤ **매수옵션** : 매수 위협을 받는 경우 회사의 가치 있는 자산을 우선적으로 매수하도록 하는 선택권을 의미한다.

64. ②

최고가격제(Maximum Price System) … 물가안정과 소비자보호를 위하여 정부가 최고가격을 설정하고, 설정된 최고가격 이상을 받지 못하도록 하는 제도이다. 최고가격제의 사례로는 이자율 규제, 아파트 분양가 규제, 임대료 규제 등을 들 수 있다. 최고가격제를 실시하게 되면 가격이 낮아지므로 공급량은 감소하고 수요량은 증가하여 초과수요가 발생하게 된다. 그리고 초과수요가 발생하게 되면 암시장이 출현할 가능성이 있으며, 생산자들은 제품의 질을 떨어뜨릴 가능성이 높다.

65. ①

인플레이션의 발생 원인

㉠ 통화량의 과다증가로 화폐가치가 하락한다.

㉡ 과소비 등으로 생산물 수요가 늘어나서 수요 초과가 발생한다.

㉢ 임금, 이자율 등 요소가격과 에너지 비용 등의 상승으로 생산비용이 오른다.

66. ①

제3보험 … 보험업법상 생명보험이나 손해보험이 아니라 독립적인 보험으로 분류되고 있으며 독립된 제3보험회사를 설립하여 운영하거나, 생명보험회사나 손해보험회사가 해당 보험업의 모든 보험종목에 대하여 허가를 받으면 제3보험업을 할 수 있다.

67. ①

환율이 상승하면 수출이 증가하고, 수입은 줄어들게 된다. 환율이 하락할 시 물가 안정 및 외채 부담 감소 등의 긍정적인 효과가 있는 반면에 수출과 해외 투자가 줄어들고 핫머니 유입 등 부정적인 효과를 가져 올 수 있다.

68. ①

②③④⑤ 소득을 평등하게 만드는 요인이다.

※ **지니계수(Gini's Coefficient)** … 계층 간 소득분포의 불균형과 빈부격차를 보여주는 수치이다. 0에서 1까지의 값을 가지는 것으로 이 값이 클수록 소득분배가 불균등하다.

69. ②

국내에서 이뤄지는 활동을 통한 비용만 GDP에 영향을 준다. 우리나라에 위치하는 농림어업, 제조업, 광공업, 전기가스 수도업, 건설업, 서비스업, 세금 등은 GDP에 영향을 준다.

70. ④

④ **관성 효과(Ratchet Effect)** : 소득이 높았을 때 굳어진 소비 성향은 소득이 낮아져도 변하지 않는 현상으로 톱니 효과라고도 한다. 관성 효과가 작용하면 소득이 감소하여 경기가 후퇴할 때 소비 성향이 일시에 상승한다.

① **가격 효과(Price Effect)** : 재화의 가격변화가 수요(소비)량에 미치는 현상을 말한다.

② **잠재가격(Shadow Price)** : 상품의 기회비용을 반영한 가격을 말한다.

③ **의존 효과(Dependence Effect)** : 소비자의 수요가 소비자 자신의 욕망에 의존하는 것이 아니라 광고 등에 의존하여 이루어지는 현상을 말한다.

⑤ **구축 효과(Crowdout Effect)** : 정부가 경기부양을 위하여 재정지출을 늘려도 그만큼 민간소비가 줄어들어 경기에는 아무런 효과를 불러오지 못 하는 현상을 말한다.

직무상식평가   IT분야

71. ①

Cohesion은 응집도를 나타내는 말로 모듈의 내부 요소들이 서로 연관되어 있는 정도를 의미한다. Coupling은 결합도로 모듈 간의 상호 의존하는 정도를 의미한다.

72. ④

그룹에 대한 조건은 HAVING을 써야 하므로 WHERE 대신 HAVING이 들어가야 한다.

73. ②

UNIX는 미국의 벨 연구소에서 개발한 미니 컴퓨터용 운영체제로서 C언어로 작성되어 다양한 컴퓨터에서 사용되는 운영체제이다.

74. ④

버스형은 전송회선이 단절되면 전체 네트워크가 중단되는 네트워크 토폴로지이다.

75. ⑤

E-R 다이어그램 표기법

기호	의미
▭	개체(Entity) 타입
▭	약한 개체 타입
◇	관계(Relationship) 타입
◇	식별 관계 타입
◯	속성
◯	기본 키 속성
◯	부분키 속성
◯	다중값 속성
⬡	복합 속성
◯	유도 속성
◇▭	전체 참여 개체 타입
──	개체에 속하는 속성을 연결할 때, 개체와 관계를 연결할 때 사용

76. ③

OR 회로는 두 개의 입력 값 중 하나 이상이 1이면 출력 값이 1이 되는 기본논리회로이다.

77. ②

다중 프로그래밍 시스템은 하나의 CPU를 이용하여 여러 개의 프로그램을 실행시킴으로써 짧은 시간에 많은 작업을 수행할 수 있게 하여 시스템의 효율을 높여 주는 방식을 말한다.

78. ⑤

코드분할다중화에 대한 설명이다.

79. ④

백도어는 프로그램 작성자가 일반적으로 보호되고 있는 시스템에 들어가기 위한 통로를 의미하는 말로 원래는 관리자가 외부에서도 시스템을 점검할 수 있도록 만들어 두었으나 해킹에 취약한 부분이 될 수도 있다.

80. ②

SSO … 각 시스템마다 매번 인증 절차를 밟지 않고 한 번의 로그인 과정으로 기업 내의 각종 업무 시스템이나 인터넷 서비스에 접속할 수 있게 해 주는 보안 응용 솔루션이다.

1	2	3	4	5	6	7	8	9	10	11	12	13	14	15	16	17	18	19	20
③	④	④	④	④	⑤	④	④	⑤	④	⑤	④	⑤	②	③	③	③	④	④	④
21	22	23	24	25	26	27	28	29	30	31	32	33	34	35	36	37	38	39	40
②	①	②	④	②	①	④	④	③	①	④	②	②	③	②	③	④	③	③	①
41	42	43	44	45	46	47	48	49	50	51	52	53	54	55	56	57	58	59	60
③	②	④	⑤	②	④	②	①	①	③	①	②	①	④	④	④	⑤	②	①	③
61	62	63	64	65	66	67	68	69	70	71	72	73	74	75	76	77	78	79	80
②	①	⑤	②	④	①	④	④	⑤	④	②	⑤	③	⑤	④	②	①	③	②	⑤

직무능력평가

1. ③

구분	㉠ 광학식 지문 입력 장치	㉡ 정전형 센서식 지문 입력 장치	㉢ 초전형 센서식 지문 입력 장치
구성	조명 장치, 프리즘, 이미지 센서	미세하고 많은 정전형 센서	손가락 폭의 길이로, 일렬로 배치된 초전형 센서
물리량	빛의 세기	전하량	온도
물리량 변화	융선	약함	줄어듦	높음
변화	골	그대로(상대적으로 강함)	그대로(상대적으로 많음)	그대로(상대적으로 낮음)

③ 네 번째 문단에서는 판에 손가락이 닿으면 전하가 방전되어서 센서의 전하량이 줄어듦을 말하고 있다. 여기서 닿는 부분은 '융선' 부분이고 '골' 부분은 닿지 않으니까, '골' 부분의 전하량은 그대로(상대적으로 많음)다. 따라서 전하량은 융선 부분이 골 부분보다 적은 것으로 이과장이 가장 적절하게 설명하였다.

① 세 번째 문단에 따르면 융선의 위치에서 반사된 빛은 굴절되거나 산란되면서 약해진 상태로 이미지 센서에 도달한다. 이는 골의 위치에서 반사되어 센서에 도달한 빛의 세기보다 약하다는 것을 나타낸다.

② 네 번째 문단을 보면 판에 손가락이 닿으면 전하가 방전되어 센서의 전하량이 줄어든다고 제시되어 있다. 여기서 닿는 부분은 융선 부분이고, 골 부분은 닿지 않으므로 각각에 대응하는 센서의 전하량과 같지 않다.

④ 다섯 번째 문단을 보면 융선이 센서 위에서 이동할 때 접촉면과 지문의 융선 사이에 마찰열이 발생한다고 제시되어 있다. 융선에 대응하는 센서의 온도가 골에 대응하는 센서의 온도보다 높은 것이다.

⑤ 다섯 번째 문단을 보면 융선이 센서 위에서 이동할 때 접촉면과 지문의 융선 사이에 마찰열이 발생하는 것을 알 수 있다. 융선에 대응하는 센서의 온도가 골에 대응하는 센서의 온도보다 높은 것이다.

2. ④

④ ⓐ는 여섯 번째 문단 전체 내용을 나타내는 것으로 생체 정보 수집 단계, 전 처리 단계, 특징 데이터 추출 단계, 정합 단계를 설명하고 있다. 〈보기〉는 홍채의 불규칙한 무늬가 고유한 특성을 지니고 있음을 말하고 있다.

④ 홍채에서 동공이 차지하는 비율을 특징 데이터로 추출한다고 했는데, 〈보기〉를 보면 홍채 근육이 동공의 크기를 조절한다고 설명하고 있다. 이는 홍채의 기능에 해당할 뿐이므로 개인의 고유한 특징 데이터를 추출하는 특징 데이터 추출 단계와는 거리가 멀다.

① 만일 홍채에 직접 닿는다면 각막이 손상되거나 각막을 제거해야만 할 것이므로 적절한 설명이다.

② 여섯 번째 문단에서 지문의 경우 전 처리 단계에서 지문 형태와 무관한 영상 정보를 제거했듯이, 〈보기〉의 홍채도 마찬가지로 홍채 입력 장치에서 얻은 영상에서 특징 데이터인 홍채의 불규칙한 무늬 이외의 다른 불필요한 부분은 제거하고 불규칙한 무늬만 추출하는 과정이 이루어져야 한다.

③ 여섯 번째 문단에서 전 처리 단계에서 지문의 형태의 특징이 부각되도록 지문 영상을 보정했듯이, 〈보기〉의 홍채 영상 역시 홍채의 불규칙한 무늬가 선명하게 드러나게 보정을 해야 한다.

⑤ 여섯 번째 문단에 따르면 지문의 경우 정합 단계에서 등록된 데이터와 추출된 특징 데이터를 비교하여 유사도를 계산하고, 그 값의 기준치에 따라 동일한 사람인지 여부를 결정하므로 적절한 설명이다.

3. ④

④ 먹는 손과 배변을 처리하는 손이 다르게 된 것을 한쪽 손을 주로 쓰는 경향은 뇌의 좌우반구의 기능 분화와 관련이 있다고 언급하였으나 이것이 행위에 요구되는 뇌 기능의 차이 때문이라고 말할 수는 없다. 좌우반구 기능 분화는 논리적 사고와 직관적 사고와 관련된 것이지 먹는 행위와 배변 처리 행위의 차이라고 할 수는 없다.

① 위생에 대한 관습으로 왼손은 배변 처리에 이용하고 오른손을 먹고 인사하는 일에 이용했다는 예를 들고 있다. 이는 관습이 규범이 아니라 주로 사용하는 한쪽 손의 경향에 따른 것이다.

② 왼쪽 손을 주로 사용하는 경향은 뇌의 좌우반구의 기능 분화와 관련이 있고, 논리적 사고는 좌반구 기능과 관련이 있다. 또한 직관적 사고는 우반구와 관련이 있다. 오른손잡이는 좌반구 기능이 우반구 기능보다 상대적으로 기민한 경우가 많다. 현대인의 약 80%가 오른손잡이이므로 직관적 사고보다는 논리적 사고가 더 지배적이라 볼 수 있다.

③ 인류를 제외한 포유류는 대게 왼발을 사용하므로 뇌의 좌반구보다는 우반구의 기능이 더 기민하다고 볼 수 있다.

⑤ 관습은 오른손잡이가 많은 것에 대한 근본적인 설명은 아니다.

4. ④

마지막 문단에서 '메타버스, 인공지능(AI) 등의 디지털 환경이 구축될 것이고 다양한 매체가 생겨날 텐데' 라고 언급하고 있다.

5. ④

제시문은 비유에 대해 이야기하고 있다. ⓒ은 화제를 제시하고 ㉠에서는 이에 대한 예시, ㉢㉣ⓛ은 구체적인 예시를 언급한 순서대로(신체 → 동물) 언급하고 있다. 따라서 ⓒ → ㉠ → ㉢ → ㉣ → ⓛ이 가장 자연스럽다.

6. ⑤

⑤ 다섯 번째 문단의 "이 시각은 경제 주체의 행동이 항상 합리적으로 이루어지는 것은 아니라는 관찰에 기초하고 있다. 예컨대 많은 사람이 자산 가격이 일정 기간 상승하면 앞으로도 계속 상승할 것이라 예상하고"를 통해 볼 때, ㉣은 자산 가격이 상승하면 계속 상승할 것이라고 예상하는 사람들의 행동을 비합리적르로 본다. 따라서 ㉣의 시각에서 본다면 〈보기〉의 각 경제 주체들이 낙관적인 투자 상황이 지속될 것이라고 예상한 것, 즉 가격이 계속 상승할 것이라고 예상하는 비합리적 행동을 했다는 점을 근거로 들어 그 경제 주체 모두를 비판하게 될 것이다. 이 과장이 가장 적절히 평가하였다.

① 최 팀장은 ⊙이 위험을 감수하고 고위험채권에 투자한 정도와 고위 경영자들에게 성과급 형태로 보상을 지급한 정도가 비례했다는 점을 들어 은행의 고위 경영자들을 비판할 것이라고 본다. 이는 ©의 내용에 해당하므로 적절하지 않은 평가다.

② 박 과장은 ©이 부동산 가격 상승에 대한 기대 때문에 예금주들이 책임질 수 없을 정도로 빚을 늘려 은행이 위기에 빠진 점을 들어 예금주의 과도한 위험 추구 행태를 비판할 것이라고 본다. 이는 @의 시각이므로 적절하지 않은 평가다.

③ 김 대리는 ©이 저축대부조합들이 주식회사로 전환한 점을 들어 고위험채권 투자를 감행한 결정이 궁극적으로 예금주의 이익을 더욱 증가시켰다고 은행을 옹호할 것이라고 본다. 이는 ©의 시각에 가까우므로 적절하지 않은 평가다.

④ 홍 부장은 ©이 저축대부조합이 정부의 규제 완화를 틈타 고위험채권에 투자하는 공격적인 경영을 한 점을 들어 저축대부조합들의 행태를 용인한 예금주들을 비판할 것이고 본다. 이는 ©의 시각에 가까우므로 적절하지 않은 평가다.

7. ④

이 글에서는 사진의 주관성에 대해 설명하면서 주관적으로 사진을 찍어야 함을 강조하고 있을 뿐, 사진을 객관적으로 찍으려면 어떻게 작업해야 한다는 구체적인 정보는 나와있지 않다.

8. ④

④ @이 속한 단락의 앞 단락에서는 지역 특성을 고려하여 지자체가 분산형 에너지 정책의 주도권을 쥐어야 한다는 주장을 펴고 있으며, 이를 '이뿐만 아니라' 라는 어구로 연결하여 앞의 내용을 더욱 강화하게 되는 '각 지역의 네트워크에너지 중심'에 관한 언급을 하였다. 따라서 네트워크에너지 체제 하에서 드러나는 특징은, 지자체가 지역 특성과 현실에 맞는 에너지 정책의 주도권을 행사하기 위해서는 지역별로 공급비용이 동일하지 않은 특성에 기인한 에너지 요금을 차별화해야 한다는 목소리가 커지고 있다고 판단하는 것이 적절하다.

① 중앙 정부 중심의 에너지 정책에 대한 기본적인 특징으로, 대표적인 장점이 된다고 볼 수 있다.

② 분산형 에너지 정책과는 상반되는 중앙집중형 에너지 정책의 효율적인 특성이며, 뒤에서 언급된 NIMBY 현상을 최소화할 수 있는 특성이기도 하다.

③ 지자체별로 지역 특성을 고려한 미시적 정책이 분산형 에너지 정책의 관건이라는 주장으로 글의 내용과 논리적으로 부합한다.

⑤ 바로 앞 문장에서 소규모 분산전원이 확대되면 공급비용과 비효율성이 높아질 수 있기 때문에 중앙정부의 역할도 중요하다고 했다. 그러므로 ⑩의 문장도 논리적으로 부합한다.

9. ⑤

수입 원자재에 대한 과세를 강화할 경우 원자재 가격이 더욱 상승하여 상품의 가격이 상승하게 되고 수출이 점점 둔화되는 악순환을 가져올 수 있다.

10. ④

기회비용과 매몰비용이라는 경제용어와 에피소드를 통해 경제적인 삶의 방식에 대해서 말하고 있다.

11. ⑤

"소득이 늘면서 유행에 목을 매다보니 남보다 한 발짝이라도 빨리 가고 싶은 욕망이 생기고 그것이 유행의 주기를 앞당기는 것이다."에서 보듯이 유행과 소비자들의 복잡한 욕구가 서로 얽혀 유행 풍조를 앞당기고 있다고 할 수 있다.

12. ④

④ 두 번째 문단에 따르면 "어떤 논리 상태를 '저장'한다는 것은 2진수 정보의 시간적 유지를 의미하는데, 외부에서 입력이 유지되지 않더라도 입력된 정보를 논리 회로 속에 시간적으로 가둘 수 있어야 한다."는 설명을 통해 순차 논리 회로에서의 저장의 의미를 알 수 있다. 세 번째 문단은 1비트 저장 회로를 설명하는데, 그중에서 "따라서 이 회로는 0과 1 중 1개의 논리 상태, 즉 1비트의 정보를 저장할 수 있다."를 확인할 수 있다. 이 두 내용을 종합해보면 박 대리의 이해가 적절하다.

① 세 번째 문단의 "이 회로에서 스위치 S_1은 연결하고 스위치 S_2는 끊은 채로 A에 정보를 입력한다."를 보아 A를 통해 외부 정보를 입력한다는 것을 알 수 있다. 네 번째 문단의 "이 회로에서 조합 회로는 외부 입력 C"를 통해, C를 통해서도 외부 정보를 입력한다는 것을 알 수 있다. 따라서 오 팀장의 이해는 적절하지 않다.

② 다섯 번째 문단에 따라 "만일 이 회로에 2개의 1비트 저장 회로를 병렬로 두어 출력을 2비트로 확장하면"을 통해 1비트 저장 회로가 더 늘어난 경우를 생각해 볼 수 있다. 이때, 순차 논리 회로가 변경할 수 있는 논리 상태의 수는 감소하는 것이 아니라 오히려 증가하게 되므로 차 대리의 이해는 적절하지 않다.

③ 네 번째 문단의 "내장된 논리 함수를 통해 논리 상태를 변환하고"를 통해 볼 때, 조합 회로가 반드시 A의 입력 값과 출력 값이 같아지게 만드는 것은 아님을 알 수 있다. 따라서 이 주임의 이해는 적절하지 않다.

⑤ 세 번째 문단의 "인버터는 입력이 0일 때 1을, 1일 때 0을 출력하는 논리 소자이다."를 통해서, 인버터는 논리 소자라고 하는 것임을 알 수 있다. 그런데 논리 함수를 통해 논리 연산을 하는 것은 1비트 저장 회로가 아니라 조합 회로이다. 두 번째 문단의 "논리 상태는 2진수로 표현되는데 논리 함수를 통해 다른 상태로 변환된다. 논리 소자가 연결된 조합 회로는 논리 함수의 기능을 가지는데, 조합 회로는 논리 연산은 가능하지만"을 통해 확인한 수 있다. 따라서 김 과장의 이해는 적절하지 못하다.

13. ⑤

⑤ 다섯 번째 문단의 "만일 이 회로에 2개의 1비트 저장 회로를 병렬로 두어 출력을 2비트로 확장하면 00 ~ 11의 4가지 논리 상태 중 1개를 출력할 수 있다."를 통해 볼 때, 〈보기〉의 순차 논리 회로는 00, 01, 10, 11의 4가지 중 하나의 논리 상태를 출력할 수 있다는 것을 알 수 있다. 그런데 김 과장은 동시에 4개의 논리 상태를 출력한다고 서술하였으므로 적절하지 않다.

① 〈보기〉의 조합 회로 오른쪽 입력 부분에서는 B에서 출력된 값이 이진수의 자릿수에 따라 입력되는데, 이때 2^1 자릿수의 정보 1비트와 2^0 자릿수의 정보 1비트 이렇게 총 2비트가 입력이 된다. 외부의 C에서 입력되는 값 역시 이진수의 자릿수에 따라 2비트의 정보가 입력된다. 결과적으로 조합 회로에 입력되는 정보는 총 4비트이므로, 오 팀장의 이해는 적절하다.

② 다섯 번째 문단에서 "이를 내장된 논리 함수에 의해 다시 2비트 출력을 만들어 저장 회로의 입력과 연결한다''에서 조합 회로의 출력과 저장 회로의 출력이 모두 2비트임을 확인할 수 있다.

③ 〈보기〉에서 제시한 현재 B의 출력 값인 〈01〉과 선택지의 C의 입력값 〈11〉이 조합 회로에 입력되면, 〈보기〉의 논리 함수대로 이진수의 자릿수에 따라 각각 따로 비교하여 결과 값을 출력하게 된다. 즉, 2^1자리끼리 비교하여 보면 B : 0, C : 1이므로, 2^1자리 출력 값은 0이 될 것이다. 마찬가지로 2^0자리끼리 비교하여 보면 B : 1, C : 1이므로, 2^0자리 출력 값은 1이 될 것이다. 결국, 조합 회로는 내장된 논리 함수에 따라 〈01〉을 출력하게 된다.

④ 현재 B는 〈01〉을 출력하고 있고 C에 〈10〉을 입력했다. 조합 회로의 논리 함수에 따라 조합 회로는 〈00〉을 출력하게 될 것이다. 그다음 이 조합 회로가 출력한 값이 2비트 저장 회로에 입력되면, 역시 이진수의 자릿수에 따라 ㉮와 ㉯에서 따로 처리되는데, 입력한 값의 반대되는 값이 출력되므로 결과적으로 B로 출력되는 값은 〈11〉이 된다.

14. ②

C의 진술이 참이면 C는 출장을 간다. 그러나 C의 진술이 참이면 A는 출장을 가지 않고 A의 진술은 거짓이 된다. A의 진술이 거짓이 되면 그 부정은 참이 된다. 그러므로 D, E 두 사람은 모두 출장을 가지 않는다. 또한 D, E의 진술은 거짓이 된다.

D의 진술이 거짓이 되면 실제 출장을 가는 사람은 2명 미만이 된다. 그럼 출장을 가는 사람은 한 사람 또는 한 사람도 없는 것이 된다.

E의 진술이 거짓이 되면 C가 출장을 가고 A는 안 간다. 그러므로 E의 진술도 거짓이 된다.

그러면 B의 진술도 거짓이 된다. D, A는 모두 출장을 가지 않는다. 그러면 C만 출장을 가게 되고 출장을 가는 사람은 한 사람이다.

만약 C의 진술이 거짓이라면 출장을 가는 사람은 2명 미만이어야 한다. 그런데 이미 A가 출장을 간다고 했으므로 B, E의 진술은 모두 거짓이 된다. B 진술의 부정은 D가 출장을 가지 않고 A도 출장을 가지 않는 것이므로 거짓이 된다. 그러면 B의 진술도 참이 되어 B가 출장을 가야 한다. 그러면 D의 진술이 거짓인 경가 존재하지 않게 되므로 모순이 된다. 그럼 D의 진술이 참인 경우를 생각하면 출장을 가는 사람은 A, D이므로 이미 출장 가는 사람은 2명 이상이 된다. 그러면 B, D의 진술의 진위여부를 가리기 어려워진다.

15. ③

명제 2와 3을 삼단논법으로 연결하면, '윤 사원이 외출 중이 아니면 강 사원도 외출 중이 아니다.'가 성립되므로 A는 옳다. 또한, 명제 2가 참일 경우 대우명제도 참이어야 하므로 '박 과장이 외출 중이면 윤 사원도 외출 중이다.'도 참이어야 한다. 따라서 B도 옳다.

16. ③

③ 제01조 ②항에 따르면 소유자는 ①항의 개를 기르는 곳에서 벗어나게 하는 경우에는 소유자의 성명, 소유자의 전화번호, 등록번호를 표시한 인식표를 그 개에게 부착하여야 한다. 이때 ①항의 개는 주택 등에서 월령 2개월 이상인 개로, 甲의 소유인 A는 여기에 해당하지 않는다.(∵ 월령 1개월이므로) 따라서, 甲이 A와 함께 타 지역으로 여행을 가는 경우, A에게 甲의 성명과 전화번호를 표시한 인식표를 부착하지 않아도 된다.

① 제02조 ①항 2호에 따르면 월령이 3개월 이상인 맹견을 동반하고 외출할 때에는 목줄과 입마개를 하거나 맹견의 탈출을 방지할 수 있는 적정한 이동장치를 해야 한다. 甲의 소유인 A는 월령이 1개월이므로, 이 조항에 해당하지 않는다.

② 제02조 ③항에 따르면 맹견의 소유자는 맹견의 안전한 사육 및 관리에 관하여 정기적으로 교육을 받아야 한다. 월령 등에 대한 단서가 없으므로, 맹견을 기르고 있는 甲은 맹견의 안전한 사육 및 관리에 관하여 정기적으로 교육을 받아야 한다.

④ 제02조 ②항에 따르면 시장·군수·구청장은 맹견이 사람에게 신체적 피해를 주는 경우, 소유자의 동의 없이 맹견에 대하여 격리조치 등 필요한 조치를 취할 수 있다. 따라서 B가 제3자에게 신체적 피해를 주는 경우, 구청장은 소유자인 乙의 동이 없이 B를 격리조치할 수 있다.

⑤ 제03조 ②항에 따르면 제□□조 제1항을 위반하여 사람의 신체를 상해에 이르게 한 자는 2년 이하의 징역 또는 2천만 원 이하의 벌금에 처한다.

17. ③

남성이 3명, 여성이 2명이라고 했고, B와 D가 방송업계 남녀로 나뉘고, 의사와 간호사가 성별이 같다고 했으므로 의사와 간호사는 남성이다. 또 요리사는 여성(26세)임을 알 수 있다. 요리사와 매칭 되는 라디오작가가 남성이므로 TV드라마감독은 여성이다. 남성과 여성의 평균 나이가 같다고 했으므로 남성 A(32), B, C(28)와 여성 D, E(26)에서 B는 30세, D는 34세임을 알 수 있다.

- A : 32세, 남성, 의사 또는 간호사
- B : 30세, 남성, 라디오 작가
- C : 28세, 남성, 의사 또는 간호사
- D : 34세, 여성, TV드라마감독
- E : 26세, 여성, 요리사

18. ④

3월 11일에 하루 종일 비가 온다고 했으므로 복귀하기까지 총 소요 시간은 9시간이므로 복귀 시간은 부상자 없을 경우 17시가 된다. 부상이 있는 A가 출장을 갈 경우, 17시 15분에 사내 업무가 있는 B, 17시 10분부터 당직 근무를 서야 하는 D는 A와 함께 출장을 갈 수 없다. ③의 경우 1종 보통 운전면허 소지자가 없다.

19. ④

A사를 먼저 방문하고 중간에 회사로 한 번 돌아와야 하며, 거래처에서 바로 퇴근하는 경우의 수와 그에 따른 이동 거리는 다음과 같다.

• 회사 − A − 회사 − C − B : 20 + 20 + 14 + 16 = 70km
• 회사 − A − 회사 − B − C : 20 + 20 + 26 + 16 = 82km
• 회사 − A − C − 회사 − B : 20 + 8 + 14 + 26 = 68km
• 회사 − A − B − 회사 − C : 20 + 12 + 26 + 14 = 72km

따라서 68km가 최단 거리 이동 경로가 된다.

20. ④

최장 거리 이동 경로는 회사 − A − 회사 − B − C이며, 최단 거리 이동 경로는 회사 − A − C − 회사 − B이므로 각각의 연료비를 계산하면 다음과 같다.

• 최장 거리 : 3,000 + 3,000 + 3,900 + 3,000 = 12,900원
• 최단 거리 : 3,000 + 600 + 2,100 + 3,900 = 9,600원

따라서 두 연료비의 차이는 12,900 − 9,600 = 3,300원이 된다.

21. ②

확률적 모형의 하나인 MCI 모형에서는 상품구색에 대한 효용치와 판매원서비스에 대한 효용치, 거리에 대한 효용치를 곱한 값으로 확률을 계산한다. A할인점의 효용은 150, B마트의 효용은 100, C상점가의 효용은 100, D백화점의 효용은 150이다. 따라서 B마트를 찾을 확률은 100/(150 + 100 + 100 + 150) = 20%이다.

22. ①

[A 제품]
- 개수 : $500 \times 200 \times 400 \div (700 \times 30 \times 10) = 190$
- 무게 : $190 \times 5 = 950$
- 가격 : $950 \div 10 \times 6,000 + 2,500 \times 15 = 570,000 + 37,500$
  $= 607,500$원

[B 제품]
- 개수 : $500 \times 200 \times 400 \div (80 \times 60 \times 30) = 277$
- 무게 : $277 \times 3 = 831$
- 가격 : $831 \div 10 \times 5,000 + 4,000 \times 15$
  $= 415,500 + 60,000 = 475,500$원

[C 제품]
- 개수 : $500 \times 200 \times 400 \div (50 \times 50 \times 50) = 320$
- 무게 : $320 \times 3 = 960$
- 가격 : $960 \div 10 \times 5,500 + 3,000 \times 15$
  $= 528,000 + 45,000 = 573,000$원

[D 제품]
- 개수 : $500 \times 200 \times 400 \div (40 \times 20 \times 120) = 416$
- 무게 : $416 \times 2.5 = 1,040$
- 가격 : $1,040 \div 10 \times 4,000 + 8,000 \times 15$
  $= 416,000 + 120,000 = 536,000$원

23. ②

일	월	화	수	목	금	토
		1	2	3	4	5
6	7	8	9	10	11	12
13	14	15	16	17	18	19
20	21	22	23	24	25	26
27	28	29	30			

해외에서 제품 판매는 국내 판매 이후이므로 15일부터 가능하지만 16일에 전체 회의가 있으므로 17일부터 출장을 갈 수 있다. 또한 경영팀에게 보고를 해야 하는데 25일부터 경영팀이 채용준비로 보고를 받지 못하므로 24일까지 보고를 해야 한다. 이때, 보고서를 작성하는 데 하루가 소요되므로 23일까지는 도착을 해야 한다. 따라서 출장을 다녀올 수 있는 날은 17일 ~ 23일이며 주말에 출발·도착하지 않는다고 했으므로 이 대리는 18일에 출발을 했다.

24. ④

이 대리는 18일에 출발을 하여 21일에 도착을 하고 22·23일에 보고서를 작성하였다. 따라서 개발팀이 보고서를 받은 날은 24일이며 24일은 목요일이다.

25. ②

[A 제품]   공장이 1회에 6개의 정상제품을 만든다. → 따라서 16회 찍어야 한다.

이때 필요한 고무와 플라스틱의 양은 $5 \times 16 = 80(kg)$, $3 \times 16 = 48(kg)$이다.

- 고무 : $2,500 \times (60 \div 5) + 3,000 \times (20 \div 5) = 30,000 + 12,000 = 42,000(원)$
- 플라스틱 : $1,000 \times (20 \div 2) + 1,000 \times 2 \times 12 = 10,000 + 24,000 = 34,000(원)$

[B 제품]   공장이 1회에 8개의 정상제품을 만든다. → 따라서 19회 찍어야 한다.

이때 필요한 고무와 플라스틱의 양은 $4 \times 19 = 76(kg)$, $4 \times 19 = 76(kg)$

- 고무 : $2,500 \times (60 \div 5) + 3,000 \times (20 \div 5) = 30,000 + 12,000 = 42,000(원)$
- 플라스틱 : $1,000 \times (20 \div 2) + 1,000 \times 2 \times 28 = 10,000 + 56,000 = 66,000(원)$

따라서 A와 B제품을 100개, 150개 만드는데 필요한 금액은 $42,000 + 34,000 + 42,000 + 66,000 = 184,000$(원)이다.

26. ①

하루 대여 비용을 계산해보면 다음과 같다. 따라서 가장 경제적인 차량 임대 방법은 승합차 1대를 대여하는 것이다.

① $132,000$원

② $60,000 \times 3 = 180,000(원)$

③ $84,000 \times 2 = 168,000(원)$

④ $60,000 + 122,000 = 182,000(원)$

⑤ $84,000 + 146,000 = 230,000(원)$

27. ④

제시된 진술을 다음과 같이 정리할 수 있다.

㉮ : 내근 vs 외근(배타적 선언문)

㉯ : 내근 + 미혼 → not 과장 이상

㉰ : 외근 + not 미혼 → 과장 이상

㉱ : 외근 + 미혼 → 연금 저축 가입

㉲ : not 미혼 → 남성

① '㉰'에 의해 과장 이상이 아닌 경우 외근을 하지 않거나 미혼이다. 김 대리가 내근을 한다면 그가 미혼이든 미혼이 아니든 지문의 내용은 참이 된다. 따라서 반드시 참은 아니다.

② '㉱'에 의해 박 대리가 연금 저축에 가입해 있지 않다면 그는 외근을 하지 않거나 미혼이 아니다. 박 대리는 미혼이므로 외근을 하지 않는다. 따라서 반드시 거짓이다.

③ 이 과장이 미혼이 아니라면 '㉯'에 의해 그가 내근을 하지 않는 경우도 성립한다. 따라서 반드시 참은 아니다.

⑤ 정 부장이 외근을 한다면 '㉯'에 의해 그는 미혼이거나 그렇지 않은 경우가 성립하며, 외근을 하면서 미혼이 아닌 경우라면 '㉱'에 의해 그가 연금 저축에 가입해 있는지는 파악할 수 없다.

28. ④

지문에 제시된 진술을 다음과 같이 정리할 수 있다.

- 대리 1 : A or/and B
- 주임 1 : C + (D, E, F 중 1명)
- 주임 2 : not (B + D)
- 팀장 2 : A → C
- 대리 2 : E → F

A or/and B이고, 반드시 C를 위촉하므로 다음과 같은 경우의 수가 나온다.

A	B	C	D	E	F
○	○	○			
○	×	○			
×	○	○			

B를 위촉할 경우 D는 위촉할 수 없다.

A	B	C	D	E	F
○	○	○	×		
○	×	○			
×	○	○	×		

E를 위촉할 때 반드시 F를 위촉하면 어떤 경우이든 가능하다. 이를 통해 도출할 수 있는 경우는 다음과 같다.

경우	A	B	C	D	E	F
1	○	○	○	×	○	○
2	○	○	○	×	×	○
3	○	×	○	○	○	○
4	○	×	○	×	○	○
5	○	×	○	×	×	○
6	○	×	○	○	×	×
7	×	○	○	×	○	○
8	×	○	○	×	×	○

정은 "D와 E 중 적어도 한 사람은 위촉해야 한다"고 진술했는데 '경우 2, 5, 8'과 같이 D나 E를 위촉하지 않고 F만 위촉할 수도 있다.

① 갑은 "총 3명만 위촉하는 방법은 모두 3가지"라고 했는데 참이다. (경우 5, 6, 8)

② 을은 "A는 위촉되지 않을 수 있다"고 했는데 참이다. (경우 7, 8)

③ 병은 "B를 위촉하기 위해서는 F도 위촉해야 한다"고 했는데 참이다. (경우 1, 2, 7, 8)

⑤ 무는 "D를 포함하여 최소인원을 위촉하려면 총 3명을 위촉해야 한다"고 했는데 참이다. (경우 6)

29. ③

㉠ 14.75　　㉡ 20.2　　㉢ 7.5　　㉣ 13.33…

30. ①

750만 원의 수익과 250만 원의 손해

7,500,000 − 3,500,000 = 4,000,000원

200만 원 초과분 9.9% 분리과세(지방소득세 포함)라고 했으므로 기초 공제금 200만 원을 제하면 2,000,000원의 순수 이익이 남는다.

따라서, 2,000,000 × 0.099 = 198,000원

31. ④

④ $\frac{259}{688} \times 100 = $ 약 37%로 35%를 넘는다.

① 2022년에 55개소의 농협은행을 운영했다.

② $\frac{(244+140+102+54+110)}{5} = 130$개소이다.

③ 부산 : 감소 → 유지 → 유지 → 감소

　　대구 : 감소 → 감소 → 유지 → 감소

⑤ 조사기간 동안 2020년에만 700개소 이상 운영되었다.

32. ②

조건 ㈎에서 R석의 티켓의 수를 a, S석의 티켓의 수를 b, A석의 티켓의 수를 c라 놓으면

$a+b+c=1,500$ ······ ㉠

조건 ㈏에서 R석, S석, A석 티켓의 가격은 각각 10만 원, 5만 원, 2만 원이므로

$10a+5b+2c=6,000$ ······ ㉡

A석의 티켓의 수는 R석과 S석 티켓의 수의 합과 같으므로

$a+b=c$ ······ ㉢

세 방정식 ㉠, ㉡, ㉢을 연립하여 풀면 ㉠, ㉢에서 $2c=1,500$이므로 $c=750$

㉠, ㉡에서 연립방정식

$\begin{cases} a+b=750 \\ 2a+b=900 \end{cases}$

을 풀면 $a=150$, $b=600$이다.

따라서 구하는 S석의 티켓의 수는 600장이다.

33. ②

1회→$20(1+0.06)^{10}$

2회→$20(1+0.06)^9$

$\vdots$

10회→$20(1+0.06)$

따라서 10년 후 그 해 말에 계산한 금액은

$$\frac{20(1+0.06)\{(1+0.06)^{10}-1\}}{0.06}$$

$$=\frac{21.2\times(1.791-1)}{0.06}=279.486\cdots$$

34. ③

$\frac{1,869+544}{19,134+2,339}\times 100 \fallingdotseq 11.23$이므로 12%를 넘지 않는다.

35. ②

㉠ 인사이동에 따라 A지점에서 근무지를 다른 곳으로 이동한 직원 수는 모두 32 + 44 + 28 = 104명이다. 또한 A지점으로 근무지를 이동해 온 직원 수는 모두 16 + 22 + 31 = 69명이 된다. 따라서 69 − 104 = −35명이 이동한 것이므로 인사이동 후 A지점의 근무 직원 수는 425 − 35 = 390명이 된다.

㉡ 위와 같은 방식으로 D지점의 직원 이동에 따른 증감 수는 83 − 70 = 13명이 된다. 따라서 인사이동 후 D지점의 근무 직원 수는 375 + 13 = 388명이 된다.

36. ③

오대리가 수집하고자 하는 고객정보에는 고객의 연령과 현재 사용하고 있는 스마트폰의 모델, 좋아하는 디자인, 사용하면서 불편해 하는 사항, 지불 가능한 액수 등에 대한 정보가 반드시 필요하다.

37. ④

정보활용의 전략적 기획(5W2H)

㉠ WHAT(무엇을) : 50 ~ 60대 고객들이 현재 사용하고 있는 스마트폰의 모델과 좋아하는 디자인, 사용하면서 불편해 하는 사항, 지불 가능한 액수 등에 대한 정보

㉡ WHERE(어디에서) : 사내에 저장된 고객정보

㉢ WHEN(언제) : 이번 주

ⓔ WHY(왜) : 스마트폰 신상품에 대한 기획안을 작성하기 위해
ⓜ WHO(누가) : 오대리
ⓗ HOW(어떻게) : 고객센터에 근무하는 조대리에게 관련 자료를 요청
ⓢ HOW MUCH(얼마나) : 따로 정보수집으로 인한 비용이 들지 않는다.

38. ③

2023년 10월 생산품이므로 1110의 코드가 부여되며, 일본 '왈러스' 사는 5K, 여성용 02와 블라우스 해당 코드 006, 10,215번째 입고품의 시리얼 넘버 10215가 제품 코드로 사용되므로 2310 – 5K – 02006 – 10215가 된다.

39. ③

2023년 03월에 생산되었으며, 멕시코 Fama의 생산품이다. 또한, 아웃도어용 신발을 의미하며 910번째로 입고된 제품임을 알 수 있다.

40. ①

'EOMONTH(start_date, months)' 함수는 시작일에서 개월수만큼 경과한 이전/이후 월의 마지막 날짜를 반환한다. 따라서 [C3] 셀에 있는 날짜 2022년 3월 22일의 1개월이 지난 4월의 마지막 날은 30일이다.

41. ③

MID(text, start_num, num_chars)는 텍스트에서 원하는 문자를 추출하는 함수이다. 주민등록번호가 입력된 [B1] 셀에서 8번째부터 1개의 문자를 추출하여 1이면 남자, 2면 여자라고 하였으므로 답이 ③이 된다.

42. ②

DSUM(데이터베이스, 필드, 조건 범위) 함수는 조건에 부합하는 데이터를 합하는 수식이다. 데이터베이스는 전체 범위를 설정하며, 필드는 보험실적 합계를 구하는 것이므로 "보험실적"으로 입력하거나 열 번호 4를 써야 한다. 조건 범위는 영업2부에 한정하므로 F1:F2를 써준다.

43. ④

$n = 1, \ A = 3$

$n = 1, \ A = 2 \cdot 3$

$n = 2, \ A = 2^2 \cdot 3$

$n = 3, \ A = 2^3 \cdot 3$

…

$n = 11, \ A = 2^{11} \cdot 3$

∴ 출력되는 A의 값은 $2^{11} \cdot 3$이다.

44. ⑤

Index 뒤에 나타나는 문자가 오류 문자이므로 이 상황에서 오류 문자는 'GHWDYC'이다. 오류 문자 중 오류 발생 위치의 문자와 일치하지 않는 알파벳은 G, H, W, D, Y 5개이므로 처리코드는 'Atnih'이다.

45. ②

Index 뒤에 나타나는 문자가 오류 문자이므로 이 상황에서 오류 문자는 'UGCTGHWT'이다. 오류 문자 중 오류 발생 위치의 문자와 일치하지 않는 알파벳은 U, C, H, W 4개이므로 처리코드는 'Atnih'이다.

직무상식평가　　　　　공통

46. ④

치유농업(治癒農業) … 농업과 농촌자원 혹은 관련된 활동 및 산출물을 활용하여 심리 · 사회 · 인지 · 신체적 건강을 도모하는 사업 및 활동을 의미한다. 치유농업의 범위는 식물뿐만 아니라 가축 기르기, 산림과 농촌문화자원을 이용하는 경우까지 모두 포함하며 목적은 보다 건강하고 행복한 삶을 추구하는 사람들과 의료 · 사회적으로 치료가 필요한 사람들을 치유하는 것이다.

47. ②

① **광합성 세균** : 산소를 소비하지 않으면서 유기물을 분해하고, 암모니아, 황화수소, 퓨트레신, 메칠메르캅탄, 아민류 등의 가스 물질을 영양원으로 하여 아미노산, 핵산 등으로 전환함으로써 유해 물질 제거한다.

③ **스트렙토마이세스**(Streptomyces) : 방선균의 대표적인 종으로 토양에 널리 서식하며 흙냄새로 알려진 지오스민(geosmin)을 생성하는 호기성 세균이다.

④ **효모**(yeast) : 곰팡이라고도 불리우는 진균이지만 세균처럼 단세포 생물로 대부분 출아에 의해 생식한다.

⑤ 트리코더마(Trichoderma) : 항생물질 생성이나 양분경합으로 다른 균의 생육을 저해하기도 하며, 버섯에 푸른 곰팡이병을 일으키기도 한다.

48. ①

산지촌은 산간지역에 이루어진 마을로 교통이 불편한 편이다.

49. ①

협동조합 기본법 제9조에 따라 협동조합은 공직선거에 관여할 수 없다.

※ **협동조합 기본법 제6조**(기본원칙)
　㉠ 협동조합은 업무 수행 시 조합원등을 위하여 최대한 봉사하여야 한다.
　㉡ 협동조합은 자발적으로 결성하여 공동으로 소유하고 민주적으로 운영되어야 한다.
　㉢ 협동조합은 투기를 목적으로 하는 행위와 일부 조합원등의 이익만을 목적으로 하는 업무와 사업을 하여서는 아니 된다.

50. ③

③ 협동조합 기본법 제10조 2항에 따라 국가 및 공공단체는 협동조합 등 및 사회적협동조합 등의 사업에 대하여 적극적으로 협조하여야 하고, 그 사업에 필요한 자금 등을 지원할 수 있다.
① 협동조합 기본법 제2조에 따라 협동조합의 정의이다.
② 협동조합 기본법 제2조에 따라 사회적협동조합에 대한 정의이다.
④ 협동조합 기본법 제5조에 따라 협동조합의 설립 목적이다.
⑤ 협동조합 기본법 제7조 협동조합의 책무와 관련된다.

51. ①

② 마이크로바이옴(Microbiome) : 인체에 서식하는 각종 미생물로 미생물(Micro)과 생태계(Biome)의 합성어이다.
③ 테라센티아(TerraSentia) : 작물 수를 세는 농업용 로봇이다.
④ 라이브 커머스(Live Commerce) : 실시간 스트리밍으로 상품을 판매하는 온라인 채널을 말한다.
⑤ 바이오차(Biochar) : 유기물과 숯의 중간 성질을 지니도록 만든 물질이다.

52. ②

분산 식별자(Decentralized Identifiers) … 블록체인 기술로 구축한 전자신분증으로 개인정보를 암호화한 뒤 블록 단위로 구성한 뒤에 개인 전자기기에 저장하는 것이 특징이다.

53. ①

㈎는 '농촌 관광', ㈏는 '푸드플랜'에 대한 내용이다. 농촌 관광의 일환으로 농협에서는 '팜 스테이 마을'을 선정하여 운영하고 있다. 이를 활성화하기 위하여 먹거리 운영에 지역주민이 참여하도록 하고 있다. 먹거리 제공 운영 인력의 전문성을 강화하기 위해 교육을 지원하고, 먹거리 제조에 참여하는 지역 주민들에 대해서도 전문가 강의 등 정기적인 교육을 실시할 방침이다.

54. ④

트래픽 양 변동, 접속 경로 변경 등을 진행하는 경우 관련 사업자에게 통지하고 협의를 해야 한다.

※ **부가 통신사 서비스 안정화 법령** … 넷플릭스 법이라고도 말한다. 2020년 12월 10일부터 시행되었고 과도한 트래픽을 사용하는 부가통신사업자에게 통신서비스 품질 유지 의무를 부과하는 전기통신사업법 개정안 시행령이다.

55. ④

① 빅데이터(Big Data) : 방대한 규모의 데이터를 말한다.

② 다크 데이터(Dark Data) : 정보를 수집 · 저장만 하고 활용하지 않는 다량의 데이터를 말한다.

③ 패스트 데이터(Fast Data) : 실시간으로 빠르게 유입되는 대용량 데이터를 말한다.

⑤ 스마트 데이터(Smart Data) : 실제 가치를 창출할 수 있는 양질의 데이터를 말한다.

56. ④

④ 신용카드 지불 정보를 처리하기 위한 프로토콜에 사용되는 기술은 아니다.

① 카드 사용자의 정보를 공개키로 암호화하기 위해서 사용된다.

② 카드 사용자가 제공한 비밀키를 공개키 방식으로 암호화해서 사용된다.

③ 정보의 위 · 변조를 방지하기 위해 사용된다.

⑤ 전자문서를 일정한 코드 값으로 만들기 위해 사용된다.

57. ⑤

⑤ MaaS(Mobility as a Service) : '복합 이동시스템'으로, 여러 교통수단의 연계를 통하여 최적 이동경로, 비용 정보, 호출 및 결제 서비스 등 이동 관련 전 과정을 단일의 플랫폼을 통해 개인화된 서비스를 제공한다.

① 자율주행(Automatic Driving) : 운전자가 직접 운행하지 않고 차량이 스스로 운행하는 것을 말한다.

② P2P(Peer To Peer) : 인터넷에서 개인과 개인이 직접 연결되어 파일을 공유하는 것이다.

③ 스마트 공조 시스템(Smart Duct System) : 차량 실내 환경(온도, 습도, 냄새)을 인식하여 쾌적한 환경으로 전환시켜주는 기술이다.

④ 인포테인먼트 응용 서비스(Infortainment Application Service) : 차량 내에서 IT 기술을 이용하여 정보검색 및 오락, 동영상 감상 등의 콘텐츠를 이용할 수 있도록 하는 서비스이다.

58. ②

② 어뷰징(Abusing) : '오용, 남용, 폐해'라는 의미로 클릭수를 조작하는 것이다. 검색으로 클릭수를 늘려 중복적으로 내용을 보여주어 인기 탭에 콘텐츠를 올리기 위한 행위이다. 언론사에서 동일한 제목의 기사를 끊임없이 보내어 의도적으로 클릭수를 늘리는 것이다.

① 파밍(Pharming) : 인터넷 사기수법 중에 하나이다. 웹사이트를 금융기관이나 공공기관 사이트의 도메인을 탈취하여 사용자가 속게 만드는 것이다.

③ 바이럴마케팅(Viral Marketing) : 마케팅기법 중에 하나로 소비자가 직접 기업이나 상품을 홍보하는 형태의 입소문 마케팅을 하는 것을 말한다.

④ 그레셤의 법칙(Gresham's Law) : 악화(惡貨)는 양화(良貨)를 구축한다는 의미로 소재가 좋지 않은 화폐라 좋은 화폐를 몰아낸다는 의미이다.

⑤ 스파이웨어(Spyware) : 팝업광고나 특정 웹사이트로 유도하여 컴퓨터에서 중요 정보를 빼가는 프로그램을 의미한다.

59. ①

블록체인(Block Chain) … 블록에 데이터를 담아 체인 형태로 연결하여 동시에 수많은 컴퓨터에 복제하여 저장하는 분산형 저장기술을 말하며, 공공 거래 장부라고도 불린다. 참여자들은 원장을 공유함으로써 모든 정보에 접근이 가능하며, 합의 과정을 통해 신뢰성이 보장된다.

60. ③

① CDN(Content Delivery Network) : 용량이 큰 콘텐츠를 인터넷망에서 빠르고 안정적이게 전달해주는 것으로 콘텐츠 전송망을 의미한다.

② FNS(Family Network Service) : 가족 중심으로 폐쇄적인 SNS 서비스이다. 외부인이 접근하지 못하고 가족만 들어올 수 있어 배타성이 강하다. 미국의 패밀리리프(Family Leaf)와 패밀리월(Family Wall)이 이에 속한다.

④ M2M(Machine to Machine) : 기계 사이에서 이뤄지는 통신으로 주변에 존재하는 기기들의 센서로 모은 정보로 통신하면서 주변 환경을 조절하는 기술이다. IP - USN, 스마트 그리드 등 기술을 가전기기, 헬스케어 기기 등과 접목한 기기이다.

⑤ SAN(Storage Area Network) : 각기 다른 데이터의 저장장치를 하나의 데이터 서버에 연결하여 통합적으로 관리하는 네트워크로 광저장 장치영역 네트워크라고도 부른다.

61. ②

② Odd Pricing : 단수가격전략을 의미하며 소비자의 심리를 고려한 가격 결정 방법 중 하나이다.

① Price Lining : 가격라인을 결정하는 방법이다.

③ Prestige Pricing : 가격 결정 시 해당 제품의 주 소비자 층이 지불할 수 있는 가장 높은 가격을 설정하는 전략을 말한다.

④ Loss Leader : 원가보다 싸게 팔거나 일반 판매가보다 싼 가격으로 판매하는 상품을 말한다.

⑤ Unit Pricing : 표준단위당 가격을 표시하는 정책을 말한다.

62. ①

지니계수(Gini's Coefficient) ⋯ 이탈리아의 통계학자 지니가 제시한 지니의 법칙에 따라 나온 계수로, 소득분배의 불평등을 나타내는 수치이다. 분포의 불균형을 의미하며 소득이 어느 정도 균등하게 분배되어 있는가를 나타내는데, 0이면 완전 평등한 상태이고 1이면 완전 불평등한 상태를 의미한다.

63. ⑤

경쟁 관계에 있는 제품이란 소비자가 잠재적으로 대체하여 선택할 수 있는 재화이다. 소비자가 A2022을 선택함에 있어서 다른 회사의 휴대폰을 쓸 것인지, 과거의 제품을 그대로 사용할 것인지, 또는 새로운 제품의 발매를 기다릴지를 고려해야 한다.

64. ②

㉠ 실질임금이 상승하면 생산비용이 증가하기 때문에 총공급곡선은 왼쪽으로 이동을 한다.

㉣ 정부지출증가는 총공급곡선이 아닌 총수요곡선을 이동시키는 요인이다.

※ **공급곡선의 이동** ⋯ 공급의 변화는 가격 이외의 요인이 변화하여 발생하는 공급량의 변화를 말하며 공급의 변화는 공급곡선 자체의 이동을 말한다. 생산요소의 가격이 올라간다면 공급자의 채산성은 낮아지게 된다. 따라서 공급자는 생산량을 감소시키므로 공급곡선은 좌측으로 이동을 하게 되고 반대로 생산요소의 가격이 하락한다면 공급곡선은 우측으로 이동한다. 기술의 발달은 상품의 생산비용을 낮아지게 하므로 공급이 증가하고 공급곡선은 우측으로 이동한다. 기업목표의 변화, 판매자 수, 미래에 대한 기대에 의해서도 공급곡선은 이동을 한다.

65. ④

매파 … 물가안정(인플레이션 억제)을 위해 긴축정책과 금리인상을 주장하는 세력이다. 긴축정책을 통해 금리를 올려 시중의 통화량을 줄이고 지출보다 저축의 비중을 높여 화폐 가치를 올리자는 주장이다. 반면 비둘기파는 경제성장을 위해 양적완화와 금리인하를 주장하는 세력이다. 금리를 인하하면 대출 및 투자와 소비가 증가하여 시장경제가 활성화시켜야 한다는 주장이다.

66. ①

최저임금의 하락은 기업들이 신규고용을 확대하여 실업률이 낮아질 수 있으며 정보통신 산업의 발달로 구인현황 정보가 쉽게 알려진다면 인력 수급 매칭이 쉬워져 실업률이 낮아진다.

67. ④

환율의 하락 시에는 외국 재화의 가격이 낮아지기 때문에 수입품의 소비가 증가한다.

68. ④

정보의 비대칭(Information Asymmetry) … 거래 당사자들이 가진 정보의 양이 다른 경우이며, 정보의 비대칭은 도덕적 해이와 역선택을 야기한다.

69. ⑤

의복 브랜드 노세일 전략은 가격차별의 사례가 아니다.

70. ④

④는 우월전략균형에 대한 설명이다.

※ **내쉬균형**(Nash Equilibrium)
- 미국의 존 내쉬가 도입하였다. 상대방의 대응에 따라 최선의 선택을 하면, 균형이 형성되어 서로 자신의 선택을 바꾸지 않게 된다.
- 상대의 전략이 바뀌지 않으면 자신의 전략 역시 바꿀 유인이 없는 상태다.
- 경쟁기업들의 행동이 주어졌을 때, 각 기업들이 자신이 할 수 있는 최선의 선택을 함으로써 나타나는 균형을 뜻한다.
- 정치적 협상이나 경제 분야에서의 전략으로 널리 활용되고 있다.

71. ②

개체 무결성 … 기본키를 구성하는 속성은 널(NULL) 값이나 중복값을 가질 수 없다는 것이다. 이 문제에서는 학번이 NULL이므로 개체 무결성을 위반한 경우이다.

72. ⑤

동시성 제어(Concurrency Control)의 문제점
㉠ 갱신 분실(Lost Update) : 두 개 이상의 트랜잭션이 같은 자료를 공유하여 갱신할 때 갱신 결과의 일부가 없어지는 현상
㉡ 비완료 의존성(Uncommitted Dependency) : 하나의 트랜잭션 수행이 실패한 후 회복되기 전에 다른 트랜잭션이 실패한 갱신 결과를 참조하는 현상
㉢ 모순성(Inconsistency) : 하나의 트랜잭션이 여러 개 데이터 변경 연산을 실행할 때 일관성 없는 상태의 데이터베이스에서 데이터를 가져와 연산함으로써 모순된 결과가 발생하는 것
㉣ 연쇄 복귀(Cascading Rollback) : 병행 수행되던 트랜잭션들 중 어느 하나에 문제가 생겨 Rollback하는 경우 다른 트랜잭션도 함께 Rollback되는 현상

73. ③

누산기(Accumulator) … 주기억장치로부터 데이터를 제공받아 가산기의 산술연산 및 논리연산의 결과를 일시적으로 기억하는 장치이다.

74. ⑤

브룩스의 법칙(Brook's Law) … 개발 일정이 지연된다고 해서 말기에 새로운 인원을 투입하면 프로젝트 일정이 더욱 지연된다는 이론이다.

75. ④

베타 검사 … 다수의 사용자를 제한되지 않은 환경에서 프로그램을 사용하게 하고 오류가 발견되면 개발자에게 통보하는 방식의 검사 방법이다.

76. ②

동기식 시분할 다중화(STDM) … 연결된 단말 장치들에게 전송할 데이터의 유무에 상관없이 일정하게 타임 슬롯을 할당해서 프레임을 구성하여 전송하는 방식을 의미한다.

77. ①

종합정보통신망(Integrated Service Digital Network) ··· 디지털 교환기와 디지털 전송로에 의하여 구성된 하나의 통신망으로 전화, 데이터, 팩시밀리, 화상 등 다른 복수의 통신 서비스를 제공하는 디지털 통신망을 말한다.

78. ③

CBC(Cipher Block Chaining mode) 모드는 암호문 블록을 마치 체인처럼 연결하는 방식이다.

79. ②

방화벽의 구성 방식 중에서 스크린 호스트 게이트웨이(Screened Host Gateway) 방법에 관한 내용이다. 스크리닝 라우터 및 베스터 호스트의 2단계 방어를 활용함으로써 보안성은 향상되지만 구축비용이 많이 든다. 동시에 가장 일반적으로 사용하는 방식이기도 한다.

80. ⑤

㉠ **벨 라파듈라 모델**(BLP, Bell – LaPadula Confidentiality Model)
• 첫 번째로 제시된 수학적 보안 모델이다. 기밀성 유지에 중점이 있다.
• 미 육군에서 근무하던 벨 – 라파듈라가 1960년대 메인 프레임을 사용하는 환경에서 정보 유출 발생을 어떻게 차단할 수 있을까라는 고민에서 고안해낸 MAC(강제적 접근 제어) 모델이다.
• 군대의 보안 레벨과 같이 그 정보의 기밀성에 따라 상하 관계가 구분된 정보를 보호하기 위해 사용
• 높은 등급의 데이터를 읽을 수 없고, 낮은 등급의 데이터에 쓸 수 없다.
㉡ **비바 모델**(Biba Integrity Model)
• 1977년 비바가 개발한 데이터 무결성을 위한 모델이다.
• 무결성의 3가지 목표 중에서 비인가자들의 데이터 변형 방지만 해결한 모델이다.
• 낮은 등급의 데이터를 읽을 수 없고, 높은 등급의 데이터에 쓸 수 없다.
㉢ **클락 – 윌슨**(Clack – Wilson) **모델** : 1987년 무결성 중심의 상업적 모델로 개발되었으며 무결성의 3가지 목표를 모두 만족하는 접근 제어 모델이다. 무결성의 3가지 목표는 비인가자들의 데이터 변형 방지, 내·외부의 일관성을 유지하는 것, 합법적인 사람에 의한 불법적인 수정을 방지하는 것이다.
㉣ **만리장성**(Chinese Wall) **모델** : 만리장성 모델은 브루어 – 나쉬(Brewer Naxh) 모델이라고도 불리며 비즈니스 영역의 한 회사에 최근 일을 한 적이 있는 파트너는 동일한 영역에 있는 다른 회사의 자료에 접근해서는 안된다는 개념이 핵심인 접근 제어 모델. 즉, 직무 분리를 접근 제어에 반영한다.

고생한 나에게 주는 선물! 머리가 어지러울 때
시험이 끝나고 하고 싶은 일들을 하나씩 적어보세요.

01	
02	
03	
04	
05	
06	
07	
08	
09	
10	

성공하기 전에는 항상 그것이 불가능한 것처럼 보이기 마련이다. - 넬슨 만델라

서원각 용어사전 시리즈

상식은 "용어사전"

용어사전으로 중요한 용어만 한눈에 보자

중요한 용어만 공부하자!

❋ **시사용어사전 1200**

매일 접하는 각종 기사와 정보 속에서 현대인이
놓치기 쉬운, 그러나 꼭 알아야 할 최신 시사상식
을 쏙쏙 뽑아 이해하기 쉽도록 정리했다!

❋ **경제용어사전 1030**

주요 경제용어는 거의 다 실었다! 경제가 쉬워지
는 책, 경제용어사전!

❋ **부동산용어사전 1300**

부동산에 대한 이해를 높이고 부동산의 개발과 활
용, 투자 및 부동산 용어 학습에도 적극적으로 이
용할 수 있는 부동산용어사전!

- 최신 관련 기사 수록
- 다양한 용어를 수록하여 1000개 이상의 용어 한눈에 파악
- 용어별 중요도 표시 및 꼼꼼한 용어 설명
- 파트별 TEST를 통해 실력점검